OBERTÖNE

Zeichnungen
ANNETTE MURSCHETZ

© 1997 Residenz Verlag, Salzburg und Wien
Alle Rechte, insbesondere das des auszugsweisen Abdrucks
und das der photomechanischen Wiedergabe, vorbehalten
Umschlagfoto: Akira Kinoshita
Satz: Fotosatz Rizner, Salzburg
Printed in Austria by Wiener Verlag, Himberg
ISBN 3-7017-1063-5

GIDON KREMER
OBERTÖNE

To Martin
with my
warmest
wishes

Gidon.
1997

Residenz Verlag

Allen gewidmet, die Stille suchen

PROLOG

Immer mehr scheint mir, daß sich das Leben zur Fahrt in einer Geisterbahn verwandelt. Hier geht es scharf ums Eck, dort fällt ein Gespenst ins Gesicht... Der Zug rattert in unbekannte Richtungen. Man lauert. Makabres und Burleskes durchdringen sich.

So verhält es sich auch mit diesen Notizen. Unter den Hauptdarstellern finden wir Zeitgenossen, die auf der Sonnenseite wandeln. Dann wieder erkennen wir Seelen, die nach lautem Dasein hoffentlich im Himmel ihre Ruhe gefunden haben. So oder so verfolgen mich Schatten: Begegnungen mit Personen, an die sich jene kaum erinnern würden. Was galt einer Maria Callas schon die Begrüßung eines jungen vielversprechenden Geigers? Ein Händeschütteln unter tausenden. Für jenen, der die Hand der Callas hielt, blieb es möglicherweise eine bewegende Erinnerung. So relativ ist die Symbolik der menschlichen Emotionen. Absolut ist nur ihre Zerbrechlichkeit. Wenn ich dennoch versuchen will, das eine oder andere in Worte zu fassen, so eher deshalb, weil Erfahrung für mich schon immer etwas Kostbares gewesen ist.

Die Geisterbahn steigert ihre Geschwindigkeit oder bleibt abrupt stehen. Die Kulissengeräusche werden leiser, entfernen sich, um die Fahrgäste hinter dem nächsten Tor umso lauter zu erschrecken. Noch bleibt unser Herz nicht stehen. Und so scheint es mir verlockend, hin und wieder ein Lächeln oder eine nicht vergossene Träne zu beschwören.

EINSTIMMUNG

Die Berührung

Die Probe zum Violinkonzert von Brahms in Osnabrück ging zu Ende. Ich befand mich, mit meinem Instrument in der Hand, auf dem Weg zur Bank mit dem Geigenkasten. Da sprach mich eine Frau an, die von einem Kind begleitet wurde. Das Mädchen sollte mir etwas vorlesen. Es begann ein Gedicht auf russisch. Plötzlich nahm ich wahr, daß das reizende junge Geschöpf blind war. Erst später erfuhr ich, daß es von Geburt an nie das Tageslicht gesehen und das Gedicht nach dem Gehör gelernt hatte. Seine Mutter fragte mich, was ich für eine Geige spiele. „Eine Stradivari", antwortete ich etwas verlegen. „Stell dir vor", sagte sie zum Mädchen, „zum ersten Mal hast du eine echte Stradivari gehört." Dann wandte sie sich zu mir und fragte, ob ihre Tochter die Geige anfassen dürfe. „Natürlich", sagte ich. Das Mädchen begann tastend mit seinen Fingern über die ganze Geigenfläche zu wandern; mit äußerst sachten Bewegungen, als ob es einen lieben Menschen zu erkennen versuche. Dem Gesicht waren dabei Aufregung und Begeisterung deutlich anzumerken. Die geschlossenen Augen standen dazu in schmerzhaftem Widerspruch.
Noch am gleichen Abend, als ich das Instrument zum Konzert auspackte und die ersten Töne darauf spielte, hatte ich das Gefühl, es sei von einem besonderen Geist beseelt. Das Nachspüren des Violinkörpers offenbarte dem Mädchen ein Geheimnis. Ihre Behutsamkeit übertrug sich auf die Stradivari, die Sehnsucht und Vertrauen an mich weitergab. Der Kontakt war für uns beide mehr als eine Berührung gewesen. Die vielen Obertöne, die sich an diesem Abend im Saal verbreiteten, zeugten von einer besonderen Kraft.

Meditation

„Werd ich zum Augenblicke sagen:
Verweile doch, du bist so schön!"

Entspricht Fausts Satz nicht den Regungen eines jeden,
der empfindet, daß er dem Erwünschten begegnet?
Nicht nur die fortschrittlichen Elektroniker glauben, es
sei möglich, den Augenblick festzuhalten, wenn sie ihre
tragbare Ausrüstung, ihre Videogeräte bis zur Vollkommenheit treiben. Leider, vielleicht aber auch glücklicherweise, ist nicht alles programmierbar. Schon vor
Jahrhunderten wußte der Mensch, daß man den Flug
eines Vogels nur bewundern und genießen, bisweilen
auch wehmütig betrachten kann, wenn man der Bewegung freien Lauf läßt. Ein gebannter Vogel, noch so
kunstvoll fotografiert, verliert seine Besonderheit. Er
ist bewegungslos, gewissermaßen tot.
Wir glauben, vieles zu können und erreichbar zu
machen, was früher unmöglich war. Flugzeuge bringen
uns in ferne Länder. Mit Hilfe der „Concorde" können
wir am gleichen Tag in zwei verschiedenen Kontinen-
ten Konzerte geben. Aber uns wird dabei Substanz
genommen, wie dem Vogel durch Fotografie. Auf solchen Reisen beobachten wir nicht mehr. Die Technik
übernimmt alles. Passagiere sind nicht viel mehr als
Gepäckstücke im Bauch des Apparates, Objekte, die im
Computer der Fluggesellschaft gespeichert wurden. Wir
meinen die Zeit zu überwältigen. In Wirklichkeit werden wir von ihr beherrscht. Sie bestimmt unser Leben.
Die Flugpläne sind nicht der einzige Beweis dafür.
Indizien findet man in vielen Situationen: in Termin-
kalendern, im eiligen Einkauf, in den Impulsen der Tele-
fonkommunikation oder am Konzertbeginn. Die Zeit

bildet den Rahmen unseres Lebens. So sehr, daß wir die Erfüllung der chronometrischen Norm schon als ethisch-korrektes Verhalten begreifen und mit Gleichgültigkeit auf herausfordernde Situationen reagieren.

Im Holocaust-Museum von Tel Aviv wurde ich auf ein winziges Detail aufmerksam. Für die Züge, die Millionen von Menschen in die Konzentrationslager brachten, erstellte man genaueste Fahrpläne. Wie bei gewöhnlichen S- oder U-Bahnen legte man Abfahrts- und Ankunftszeiten fest. Die Menschen wurden behandelt wie Stückgut. Und für die Beförderung zum Tode mußten die Opfer ihre Fahrkarten, welche den heute benutzten ähneln, auch noch selber kaufen. Für Reichsmark und Reichspfennig.

Märtyrer. Vögel. Künstler. Die Zeit verbindet alle. Wie oft behaupten wir, keine Zeit zu haben, um zu lesen, Musik zu hören, zu lachen, Freunde zu treffen, Ausstellungen zu besuchen, Ruhe zu finden. Doch die einzige Zeit, die wir wirklich besitzen, ist die Zeit unseres Lebens, wenn wir sie nicht untätig verstreichen lassen. Und ob man sie nutzt oder nicht, ob ein Vogel fliegt, regungslos verweilt oder auf einer Fotografie erscheint: Die Zeit vergeht. Denken, träumen, lieben – das bereichert uns. Der Wunsch nach mehr ist nicht selten eine Anmaßung. Die Jagd nach größerem Erfolg, mehr Luxus, einer intensiveren Auseinandersetzung, einer idealen Partnerschaft, dem perfekten Instrument oder der besseren Aufnahme ist Zeugnis unserer Unfähigkeit, bescheiden zu sein. Bei guter Gesundheit denken wir nicht daran, daß wir sie verlieren können, vergessen, daß allem Grenzen gesetzt sind. Das Wissen um den Tod sollte uns ermahnen, die Zeit zu genießen, zu schätzen und zu meistern.

Kehren wir zu Faust zurück. Das Stehenbleiben, das Festhalten, trägt wie Eigentum viel lähmendes Gift in sich. Nur derjenige vermag glücklich zu sein, der risikofreudig dem Lebensstrom folgt und sich nicht allem, was Fortschritt genannt wird, oder dem vorgeschriebenen „Muß" ausliefert. Nur wer sich von den Viren der Vorurteile oder der Technik, die die Zeit zu schrumpfen vermag, nicht anstecken läßt, kann sich am eigenen Leben freuen und wird die anderen weder behindern noch vernichten.

SPIELREGELN

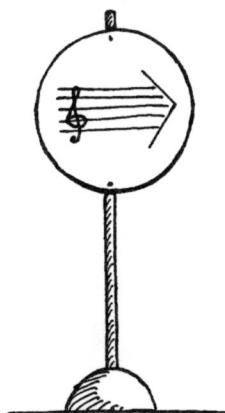

Erstes Honorar

1968 Moskau. Tatiana Grindenko und ich studierten am Tschaikowsky-Konservatorium, machten Fortschritte und nahmen jede Gelegenheit dankbar an, sie im Konzert zu überprüfen. Kurz zuvor war ich unter den Preisträgern des Wettbewerbs „Reine Elisabeth" in Brüssel gewesen. Inzwischen hatte auch Tatiana ihren ersten Preis mit dem „Goldenen Orpheus" in Sofia feiern können, der einige Auftrittsangebote mit sich brachte. Freilich tröpfelten sie eher, als daß sie sich en masse einstellten.

Die Moskauer Philharmonie hatte eine sogenannte Club-Abteilung. Hier koordinierte man Sammelprogramme, die verschiedenen Institutionen angeboten und verkauft wurden. Besonders tüchtige Agenten pflegten direkte Kontakte zu den Künstlern. Auch wir hatten einige von den Administratoren kennengelernt, sie waren damals beinahe die einzigen, die eine Möglichkeit eröffnen konnten, in Moskau die Bühne (und wenn nur für fünf bis fünfzehn Minuten) zu betreten. Auf diese Weise konnte man Erfahrung sammeln und zudem noch etwas verdienen. Das Geld war sicher nicht das Wichtigste, aber wir freuten uns trotzdem über jeden Beitrag, der den kärglichen Haushalt ein wenig aufbesserte. Mit Auslandsreisen war überhaupt nicht zu rechnen. Sogar im bescheidenen Rahmen der Club-Konzerte hat man uns selten angesprochen. Schließlich waren wir ja nicht an der Staatlichen Philharmonie angestellt. Unsere Namen sprachen sich nur allmählich herum, und Preisträger gab es mehr als genug.

Eines Tages aber klingelte das Telefon: „Gidon, wir sind dringend auf der Suche nach einem Geiger, könnten Sie einen Auftritt am Dienstag nachmittag in der Universität akzeptieren?" – „Ja, natürlich, mit großer Freude." – „Sehr gut, man wird Sie anrufen, wir geben Ihre Telefonnummer weiter."

Bald darauf meldete sich jemand aus der Moskauer Lomonossov-Universität: „Wir freuen uns sehr, daß Sie zugesagt haben, und sind Ihnen so dankbar! Also, am Dienstag erwarten wir Sie um 16.00 Uhr beim Eingang zum Konferenzsaal. Die Trauerfeier beginnt um 16.30 Uhr."

Erst jetzt erfuhr ich, wofür ich engagiert wurde. Eine junge Mitarbeiterin der Universität war gestorben. Nun sollte meine Geige die Trauerzeremonie musikalisch gestalten. In diesem Moment fühlte ich mich vollkommen unfähig, die Entscheidung zu ändern und mich aus der Affäre zu ziehen. Es ging schließlich um etwas sehr Menschliches. Außerdem hatte ich ja schon zugesagt.

Dienstag um 16.00 Uhr kam ich in die Universität. Nichts Besonderes fiel mir auf, die Aula war noch fast leer. In der Mitte des Saales stand, wie es in Rußland üblich ist, ein offener Sarg. Bedächtig und diskret versammelten sich Menschen um ihn. Man zeigte mir eine Ecke, wo ich meine Geige hinlegen konnte. Es war düster, und das gedämpfte, spannungsvolle Geflüster verstärkte den deprimierenden Eindruck. Der Raum wirkte dunkel wie eine Katakombe. Irgendwann begann die Zeremonie, die von meinen Geigentönen eingeleitet wurde. Ein Scheinwerfer beleuchtete den Sarg, ein anderer mich.

Zum Auftakt wählte ich ein Grave von Bach. Dann sprach jemand. Anschließend war die Geige wieder an der Reihe, dieses Mal mit einem Largo von Telemann. Es sprach ein anderer.

22

Eine Sarabande von Bach folgte. Mein Andachts-Repertoire war damals nicht übermäßig groß, aber noch reichte es. Plötzlich kam eine Gestalt auf mich zu und fragte, ob ich nicht den langsamen Satz der Siebten Symphonie von Beethoven spielen könnte, die Verstorbene hätte diese Musik besonders gemocht. Die dunkle Gestalt versuchte mir anzudeuten, worum es ging: ♩ ♫ | ♩ ♩ | ♩ ♫ | ♩ ♩. Das Thema wurde auf einem gleichbleibenden Ton in einer Ecke vorgemurmelt. Nein, entschuldigte ich mich. Es täte mir leid, aber ich könne es nicht, müßte sie enttäuschen. Die Gestalt zeigte Verständnis und entfernte sich. Ich wurde wiederum zum Vortrag gebeten. Nach etwa einer Stunde, als sich meine Liste langsamer Solostücke allmählich erschöpfte – es war ja kein Anlaß für Virtuoses –, spielte ich die Canzonetta aus dem Tschaikowsky-Konzert, so traurig wie nur möglich. Ohne Orchesterbegleitung klang sie sicher noch trister, als der Komponist sich das je hätte vorstellen können. Es war auch das Ende meiner Möglichkeiten. Die Trauerfeier ging indessen weiter. Nun schlich ich mich aus dem Scheinwerferlicht in den Schatten, packte die Geige ein und wollte unbemerkt aus dem Raum gehen. Schuldgefühle beschlichen mich, nicht genügt zu haben, über kein passendes Repertoire zu verfügen und keine Beethoven-Symphonie spielen zu können. Zusätzlich belastete mich das Gefühl, ein Fremder gewesen zu sein. Ich kannte ja weder die arme junge Frau, die gestorben war, noch sonst jemanden. Vor allem aber wollte ich selber, und das ganz egoistisch, so schnell wie möglich aus dieser Grabesstimmung hinaus. Ich war noch in einem Alter, in dem man sich nicht Staub und Asche nähern will. Damals bewegte mich die Unsterblichkeit weit mehr. Auf dem Weg zum Ausgang lief hastig ein Mann auf

mich zu, drückte mir die Hand, murmelte etwas von
Dank. Ich merkte, daß sich in seiner Hand ein Papier
befand, das er loswerden wollte. Vollkommen überrascht,
begriff ich dennoch, was es war. Verwirrt durch die
Situation, wollte ich ihm zu verstehen geben, das sei
doch nicht notwendig, es sei zu traurig hier, ich wäre
ohnehin gekommen. Er war aber nicht zu überreden:
„Nehmen Sie es ruhig, nehmen Sie es, es kommt nicht
von mir, es ist Staatsgeld!" Kurz und gut, wir wollten
nicht im Antlitz des Todes streiten. Es gelang ihm, sich
durchzusetzen. Als ich auf der Straße war und die Hand
öffnete, blickte ich auf fünfzehn zusammengefaltete
Rubel; ein außerordentliches Honorar, wenn man be-
denkt, daß ich in dieser Zeit laut Stavka (vom sowjetischen Staat festgelegter Lohn pro Spiel) offiziell nur
zehn Rubel und fünfzig Kopeken bekommen sollte. Der
Aufpreis war wohl wegen der sonderbaren Art dieser
Veranstaltung zustande gekommen. Eine solche Betrachtung kam mir allerdings zu jener Zeit nicht in den Sinn.
Und es gab keinen Anlaß, darüber zu lachen. Ich fühlte
mich nur erleichtert, daß es vorbei war. Dabei wurde
mir aber bewußt, daß man mit der Geige nicht immer
zu freudigem Anlaß gebraucht wird und nicht jedes
Geld, das man verdient, unbedingt fröhlich stimmt.

Drei Gesichter des Erfolgs

Brillanz

Mein erstes Gastspiel in Japan, sieht man von einem „Einspringen" für Leonid Kogan im Jahr 1975 ab, fand 1977 statt. Gleichzeitig trat dort das Chicago Symphony Orchestra mit Sir Georg Solti auf. Natürlich wollte ich an meinem freien Tag – wie selten habe ich später solche gehabt! – in eines dieser Konzerte gehen. Für das Orchester ist es sogar, soweit ich mich erinnere, der Beginn einer Tournee gewesen. Das riesige Bunka-Kaikan schien überfüllt, die Karten waren außerordentlich teuer. Der Eindruck, den die Musiker vermittelten, ließe sich mit pompös umschreiben. Weiß gekleidet, trugen sie die Hymne vor. Besonders bizarr sahen die spielenden Cellisten aus, wie sie, im Stehen spielend, ihre Instrumente auf den Stühlen hielten. Anschließend erklang Haydns Symphonie „Mit dem Paukenschlag". Ich empfand sie grob und aufdringlich. Dann folgte Richard Wagner. „Isoldes Liebestod" hinterließ den Eindruck einer wahrlich langwierigen Agonie. Mit jedem Takt wuchs in mir die Enttäuschung. Das sollte das beste Orchester der Welt sein? Das nannten sie Musik? Man muß bedenken, daß ich damals in Moskau wohnte und abgesehen von den einheimischen Ensembles nicht so oft Gelegenheit hatte, bekannte Orchester zu hören. Meine Erfahrungen blieben jahrelang auf Gastspiele internationaler Klangkörper in Rußland (unvergeßlich George Szell mit dem Cleveland Orchestra, 1961 in Leningrad) sowie auf Schallplatten beschränkt.
Was ich aber hier zu hören bekam, entsprach kaum meinen Erwartungen.

In der Pause sprach mich Herr Nishioka – unser Manager – an. Maestro Solti würde sich freuen, mich kennenzulernen. Wozu, dachte ich, denn ich selber spürte keinerlei Bedürfnis für ein Treffen. Außerdem war es mir längst zur Regel geworden, Höflich-keitsfloskeln zu meiden. Schließlich gelang es Nishioka-San – wie wir ihn, das Japanische imitierend, nann-ten –, mich doch zu überreden. Dem Gastgeber konnte man schwerlich widerstehen. So versprach ich, am Schluß hinter die Bühne zu kommen.

Im zweiten Teil des Konzertes gab es gleich zwei Wer-ke von Richard Strauss: „Don Juan" und „Till Eulen-spiegel". Das Orchester brillierte. Virtuos war es sicher. Die Bläser zeigten nun auch, was sie konnten. Soltis Art, das Ganze zu verwalten, erschien mir trotzdem fremd. „Success" lautete wohl das Motto des Abends, der mit dem Rákoczi-Marsch als Zugabe zum vollstän-digen Erfolg ausgebaut wurde. Die Ware hatte man glänzend und zu hohem Preis geliefert. Der Jubel war entsprechend.

Nachdenklich ging ich hinter die Bühne, wo eine große Menschenmenge auf den Maestro wartete. Auch Herr Nishioka war da und schaute mich zufrieden an. Ob es mir gefallen habe? Nun konnte ich – an den zweiten Teil denkend – erleichtert und ohne Gewissensbisse gestehen: „Ja, brillant!" Zwanzig Minuten dauerte es, bis sich endlich die Tür des Dirigentenzimmers öffne-te. Im selben Augenblick wurde ich von dem Manager in den Raum des Meisters geschubst. Er tat es höflich, aber mit Nachdruck. Japaner sind in beidem unüber-troffen.

Es war vollbracht – ich stand nun vor dem Maestro und überspielte die kleine Verlegenheit: „Vielen Dank – es war fabelhaft." Schüchtern gefolgt von: „Übrigens bin ich Gidon Kremer." Dann schloß ich mit dem üblichen: „Thank you, wonderful." Der Maestro nickte. Er schien wie abwesend zu sein.

Vergeblich erwartete ich, daß Sir Georg durchblicken lasse, warum er mich sehen wollte, oder zumindest eine Höflichkeitsformel von sich gebe, wie es so oft in solchen Situationen der Fall ist. Nichts dergleichen. Es dauerte auch nur zehn oder vielleicht fünfzehn Sekunden; eine Ewigkeit, in der ich es noch schaffte, einer Dame, vielleicht seiner Frau, die Hand zu drücken. Auch das änderte nichts an seinem Schweigen. Die Konfusion war total. Plötzlich wandte der Maestro sich an mich: „So. Und nun gehen Sie raus. Sonst kommen wir hier nie zu einem Ende."

Als ich aus dem Zimmer trat – sozusagen rausgeworfen –, kam mir in den Sinn, eine solche Behandlung vielleicht verdient gehabt zu haben im Alter von zwölf oder dreizehn Jahren als untertäniger Sammler von Autogrammen. Viele haben als junge Menschen so etwas getan. Es machte Spaß, die Sammlung wuchs. Dies hier aber war eine Lektion über das Verhältnis eines großen Künstlers zu seinem Publikum. In späteren Jahren konnte ich diese Haltung wiederholt beobachten. Nun allerdings von der anderen Seite: demütiges Lächeln, Zittern feuchter Hände, hysterische Aufschreie, endloses Verbeugen. Damals aber war es nicht leicht, den Schock dieser Ohrfeige zu überwinden. Erst im nachhinein ließ sich das als eine lustige Geschichte genießen.

Zufall? Mißverständnisse? Musikmachen als Kraftakt? Auch damit kann man zu einem großen Star werden. Als solcher bestimmt man dann zwangsläufig die Regeln des Umgangs mit der Welt, bei dem sich die Türen schließen.

Der junge, idealistische Künstler konnte sich damit nicht abfinden.

Siebzehn Jahre später.
Die „Unsterbliche Geliebte", ein Hollywood-Monstrum, hat uns ins Studio gebracht. Die Bemühung um das Fragment des Konzerts von Beethoven erlaubte es mir nicht, meine nie vergessene Geschichte mit dem Maestro zu klären. Bestenfalls würde er sich wahrscheinlich noch an den Rákoczi-Marsch in Tokio erinnern. Denn da erlebte er ein Schaumbad japanischer Anerkennung für die von ihm und seinem amerikanischen Spitzenteam gelieferte Musik. Mein Befremden konnte keineswegs die Siegesstimmung des Fürsten Franz II. von Rákoczi, der dem ungarischen Marsch zu seinem Namen verholfen hatte, dämpfen. Historisch betrachtet blieb der Star somit im Recht.

Nicht immer gestalten sich Künstler-Begegnungen hinter der Bühne so dramatisch. Das eine oder andere Händeschütteln kann von melancholischen oder gar ironischen Zügen begleitet werden. Die Flüchtigkeit der Prozedur bleibt dennoch vielschichtig. Ein Satz – zufällig, alltäglich, ehrlich, eitel oder ernst – kann alles und nichts ausdrücken.

Selbstkritik

Kurt Sanderling ist ein Künstler mit der Reputation eines Akademikers, aber in meinen Erinnerungen – wir musizierten zweimal in Ost-Berlin und später auch in Paris zusammen – gehört er sicher zu den integren, vielseitigen Musikern. Und besitzt jenen ehrlichen

Respekt gegenüber Komponisten und Kollegen, der inzwischen selten geworden ist.

Im November 1978 spielte ich dreimal das Sibelius-Konzert mit Kirill Kondraschin und dem Concertgebouw-Orchester in Amsterdam. Es waren erfolgreiche Abende, übrigens auch die letzten Auftritte von Kondraschin als sowjetischer Künstler. Am nächsten Tag bat er um politisches Asyl. Ein hoher Beamter in Moskau äußerte sich dazu: „Stellen Sie sich vor, zwanzig Jahre hat er eine Maske getragen!" Daß es zwanzig Jahre Belastungen waren, um wenigstens die persönliche Würde zu wahren, entging dem Minister freilich. Vielleicht, weil er selber eine Scheinexistenz führte?

Sanderling besuchte das erste Konzert, begrüßte mich im Künstlerzimmer, gratulierte, wirkte sehr aufrichtig. Selber fühlte ich mich an jenem Tag nicht in bester Form. Nervosität und Spannung blieben bestehen.

Am nächsten Tag trafen wir uns zufällig auf der Straße, er kam auf mich zu und gratulierte erneut. Da wir ganz allein waren, ohne die Belastung der Menge, die üblicherweise im Künstlerzimmer auftaucht, versuchte ich zu erklären, warum ich nicht ganz glücklich gewesen war. Das und jenes sei kaum gelungen, zu viele Dinge liefen nicht wie gewünscht.

Da unterbrach der Meister mich beinahe empört: „Mein Lieber! Wozu sagen Sie mir das. Ich hatte einen ganz wunderbaren Eindruck. Sie sollen ihn mir nicht verderben."

Der Ausbruch war zugleich ermutigend und beschämend. Abgesehen von seltenen und für viele unzugänglichen Formen von Großzügigkeit, bekam ich wunderbaren Anschauungsunterricht in Sachen Eigenkritik. Auch sie ist etwas sehr Privates und verlangt subtilen Umgang.

Erschöpfung

Detroit 1980. Am Vorabend eines Konzertes stehen Elena Baschkirova, meine Duo-Partnerin, und ich in der Hotelhalle. Aus der Zeitung wissen wir, daß auch Nathan Milstein dieser Tage hier auftreten wird. In welchem Hotel er wohl abgestiegen ist? Aber wozu sich darüber Gedanken machen? Wir kennen uns ja nicht ... Warte mal, schau – da ist er doch! Nervöses Ringen, ob ich ihn ansprechen soll. Wirkt es nicht aufdringlich? Immerhin spiele ich aber sein Stück, die Paganiniana. Milstein ist allein und begibt sich Richtung Restaurant. Sollen wir ihn einladen? Morgen ist es nicht mehr möglich. Er spielt zur selben Zeit in einem anderen Saal. „Mach es doch", sagt Elena, die wie immer unbefangener reagiert. Mit Ehrfurcht – er ist ja eine Legende – nähere ich mich dem Meister.

„Guten Abend, ich bin Gidon Kremer. Schön, Sie zu treffen. Sind Sie nicht auch auf dem Weg zum Abendessen?" Milstein schaut uns erstaunt an, erkennt mich. Innerlich unsicher fahre ich fort: „Wenn Sie nicht zu müde sind, würden wir uns freuen, Sie einladen zu dürfen." Wird der Meister die Chance einer Abwechslung wahrnehmen oder nur die Höflichkeit heraushören? Die Antwort kommt prompt: „Thank you, sorry, I am tired."

In Erinnerung. Die klaren, sonnigen, aber nie überhitzten Töne seiner Aufnahme des Mendelssohn-Konzerts. Die geometrisch scharf gelenkten Bach-Sonaten und -Partiten. Der Versuch, mit allen Tricks, etwa einer Bearbeitung des Mephisto-Walzers oder der Paganiniana, die Violine als omnipotentes Instrument zu empfinden. Die seltsame Kraftlosigkeit einer Interpretation der Schumann-Sonate, der die romantische Fülle absolut fehlt. Die Naivität einer Händel-Sonate, in der zugunsten des Spielerischen der Barockstil stark vom Instrumentalen verdrängt wird: All das von mir nicht als ein Abstempeln gemeint, sondern als subjektive Erfahrung erlebt. Im Konzert hatte ich den Meister nur einmal, und zwar in New York, gehört. Es war einer seiner letzten Auftritte.

Abschweifung. Soll man nicht fair sein und den Milstein bewundern, der bis ins hohe Alter – wer hat das je geschafft? – bei der Violine und dem Violinspiel blieb? Sollte man sich nicht auch eine andere Frage stellen, die so oft vermieden wird: Sind nicht Wunderkinder wie Milstein auf eine Art vergewaltigt worden, daß ihnen nur ihr Instrument blieb? Als große Könner wurden (und werden) ihre Namen zu Begriffen. Ihre Leistung verkauft sich beachtlich. Auf das Publikum, zu dem auch die nächste Musikergeneration gehört, hat der vitale Auftritt zusätzlich eine magnetische Wirkung. Und die Künstler selber? Wie selten findet man unter den Zauberern diejenigen, denen es gegönnt ist, Musik als etwas Universelles zu empfinden. So ist durchaus zu verstehen, daß manche Interpreten, die sich nicht mit dem Spielen und Zuhören zufriedengeben können, in Versuchung geraten, zum Taktstock zu greifen. Und die, die es nicht wagen, weil sie zuviel Respekt vor diesem Charisma erfordernden Beruf haben, um ihn aus Eitelkeit zu benutzen? Wenn das Schicksal ihnen nicht zu anderen Freuden – ob in der Kunst oder im Privatleben – verhilft, bleibt ihnen nichts übrig als die Suche nach Selbstbestätigung! Als Opfer einer frühen Begabung behaupten sie sich – nun schon als reife Menschen – bestenfalls in präzisen Instrumentaltönen. Oder schlimmstenfalls im Durchsetzen von Honoraren auf dem Markt. Ob im Entertainment auf der Bühne und im Grad ihrer Einflußnahme, durch die Zahl der verkauften Platten oder der errungenen Anerkennungen und Preise.

Davon muß man geradezu müde werden. Selbst die Treue zum Beruf, zur Geige, zur Stimme hat ihren Preis, und man kann nahezu von einem Glücksfall sprechen, wenn man wie Nathan Milstein seine Begeisterung im Spiel und durch das Instrument wiederfindet.

Zu guter Letzt: Gibt es nicht für uns alle Zeiten, in denen wir in erschöpftem Zustand die Einsamkeit eines Hotelzimmers vorziehen? Vielleicht sollte man sogar den Mut zu diesem für viele nicht annehmbaren Bekenntnis bewundern! Obschon ich das Nichtzustandekommen des Gesprächs später oft bedauert habe, war und blieb Milstein für mich bis zu seinem Tod eine ehrliche Künstlerpersönlichkeit. Auch an diesem Abend, mit jenem schlichten, geradezu prosaischen Satz: Ich bin müde.

La cuisine de l'art

Ein Star wird leicht zum Objekt von Manipulation. Die Manager überzeugen ihn, was wichtig sei, die Journalisten interpretieren, was sie bei Interviews heraushören, die Kollegen verbreiten Gerüchte und Meinungen. 1989 beschloß ich, mir den immer wieder verspürten Wunsch zu erfüllen und eine gewisse Zeit weniger oder gar keine Konzerte zu geben. Bald schon erreichte mich aus New York die Nachricht, ich sei schwer krank, stünde offensichtlich zwischen Leben und Tod. Ich konnte nur, wie einst Mark Twain seinem Verleger, antworten: „Die Gerüchte über meinen Tod sind stark übertrieben." Dann machte mir eines Tages die russische Fotografin Marianna Volkov ihr Buch zum Geschenk. Sie publizierte mit dem Schriftsteller Sergei Dovlatov in New York einen Porträtband mit kurzen Anekdoten über sämtliche bekannten Russen, die in die Emigration gegangen waren. Über mich – obwohl ich kein Russe bin – kann man da die folgende Story finden:
„Kremer ist ein Exzentriker, der offenbar Vergnügen dabei empfindet, mit Traditionen zu brechen. Häufig spielt er Werke der Avantgarde, die den durchschnittlichen Konzertbesucher verstören. Darüber ist sein Manager gar nicht glücklich und sorgt sich um den Kartenverkauf. Dazu meint Kremer dann: ‚Worüber sollen wir uns aufregen: In einem leeren Saal ist die Akustik viel besser!'" Eine hübsche Legende. Sie stimmt zwar nicht, ist jedoch unschädlich. Wie oft aber hat ein verfälschtes Zitat verhängnisvolle Konsequenzen. Das Telefon als künstliches Kommunikationsmedium ist besonders gefährlich. Kalt und minutiös verstärkt es eher die Gleichgültigkeit und negative Stimmung des

Partners. Eine unvorsichtig ausgesprochene Bemerkung, eine zufällig formulierte und gedanklich nicht überprüfte Antwort können leicht Schlagzeilen machen und gegen jemanden benutzt werden. Heinrich Böll bemerkte einmal, es falle ihm leichter, mit einem Chinesen zu kommunizieren, dessen Sprache er nicht beherrsche, als mit einem Deutschen.

Mißverständnisse, Legenden und Gerüchte gleichen Bakterien und Dünsten, vor denen man in der dampfenden Künstlerküche schlecht geschützt ist. Nicht immer hilft der Impfstoff „Schweigen". Auch das kann interpretiert werden: „Wissen Sie, gestern sagte Herr K. kein Wort über..."

Und schon ist eine neue Geschichte über einen Künstler im Umlauf, der in der Metro – angeblich aus Begeisterung – einem Stehgeiger einen 10 000-Rubel-Schein zugeworfen hatte.

Interviews

Ob laut oder geflüstert – das Wort ist eine Macht. Die Medien beherrschen die Szene, wissen sie zu nutzen. Ob gute Kritiken oder clevere Selbstentblößungen – das sind Vorgänge, die im heutigen Geschäft mit der Kunst sehr willkommen sind. Beides wird – soweit sich die Künstler und die öffentliche Meinung manipulieren lassen – geschickt zur erwünschten Steigerung eingesetzt.

Es gibt den Standpunkt, Interviews dienten der Publicity. Und es gibt die Künstler, die im Fragespiel Befriedigung für ihr unbegrenztes Selbstwertgefühl finden. Noch mehr: die ihren Wert steigen sehen im Maß und in wachsender Frequenz der Anfragen nach einem Gespräch.

Die andere Seite, die Zeitschriftenredakteure und Journalisten, die mit Interviews ihr tägliches Brot verdienen, vergißt man dabei leicht. Vor allem, welche Gefahr im Zwang zur Berichterstattung für den Künstler lauert.

Wie oft wurde ein mit mir geführtes Gespräch verfremdet, wenn nicht gar verfälscht. Sicher passierte das nicht nur mir. Es muß schon seinen Grund haben, wenn Vladimir Nabokov alle Mitteilungen nur schriftlich machte, obschon das bei dem Perfektionisten der Sprache auch auf sein Desinteresse am Plaudern hinweist. Korrespondenten haben oft Schwierigkeiten, weil sie mit der Sache selbst – in diesem Fall der Musik – meist sehr wenig zu tun haben, weniger jedenfalls als die Fachkritiker. Den Auftrag ihres Chefs im Kopf, wird für sie schon das Fragestellen zu einem Problem – für den Befragten nicht selten zur Tortur. Ich erinnere mich an einen Zwischenfall mit dem amerikanischen „Time"-Magazin. Man hatte vor, eine Übersicht mit erfolgreichen Nachwuchskünstlern zu publizieren, zu denen ich aus deren Sicht damals immer noch gehörte. Journalisten in verschiedenen Ländern wurden beauftragt, die Talente persönlich zu befragen, damit später ein Gesamtreport – Spezialität der Ausgabe – zusammengestellt werden könnte. So hatte ich das Vergnügen, einer von „Time" entsandten Gesprächspartnerin in Wien zu begegnen. Drei Stunden lang sprachen wir über alle Aspekte meiner Karriere. Das Wesentliche wurde genau unter die Lupe genommen. Ich gab mich unvoreingenommen, offen und gesprächig, bemühte mich einfach, der Dame, die ein Porträt anfertigen mußte, zu helfen. So lieferte ich aus meiner Sicht erwähnenswerte, möglichst berufsorientierte Informationen. Als die Journalistin das Hotel verließ, hatte ich das Gefühl, doch noch etwas Wichtiges vergessen zu haben. Deshalb rief ich sie an und bat sie, nochmals zu kommen. Wir sprachen eine weitere Stunde; es muß erwähnt werden, daß natürlich ein Aufnahmegerät während der beiden Sitzungen eingeschaltet war. Im Laufe dieser Verlängerung stießen wir aus irgendwelchen Gründen auf den Begriff „Cadenza". Ich erläuterte meinen Standpunkt, daß man nicht immer traditionelle Kadenzen spielen sollte.

Die Journalistin schaute mich etwas verlegen an. Obwohl sie als Wienerin sozusagen von Natur aus Affinität zur Musik haben müßte, schien ihr das unverständlich: „Kadenzen?" unterbrach sie mich, „ich dachte, es gebe sie nur für Klavier?" Im Verlaufe des anschließenden Dialogs wurde mir immer bewußter, daß es keine zufällige Lücke in den musikalischen Kenntnissen der sonst so aufmerksam zuhörenden Dame war. Meine

Zweifel, ob sie überhaupt von all dem, was ich sagte, etwas verstand, waren für den folgenden Prozeß nicht von Belang. Der Artikel selbst erschien nie. Er wurde zuerst vertagt, dann ließ die Zentrale das Thema fallen. Vielleicht, weil die eingetroffenen Informationen durch ähnliche – möglicherweise noch naivere – Reporter gesammelt worden waren oder weil ein aktuelleres kulturpolitisches Thema die jungen Talente verdrängte. Meine für eine angeblich seriöse Publikation geopferte Zeit war fruchtlos vergeudet, sozusagen „für die Katz". Nehmen wir ein anderes Beispiel. „Der Spiegel" stand mir bei meiner Übersiedlung in den Westen sehr zur Seite. Die Ausreise war natürlich als Politikum ein brisantes Thema. Die im Dezember 1979 erschienene „Spiegel"-Ausgabe dazu wirkte wie die Initialzündung der ganzen Entwicklung. 1987 wollte man ein neues Gespräch publizieren. Der Redakteur des Magazins besuchte mich und nahm einen langen Monolog auf Band auf. Ich versuchte dabei alles, was dem Augenblick entsprach, aus mir selbst zu schöpfen und ließ auf diese Weise – unaufhörlich rezitierend – den Partner nur verblüfft zuhören. Mein Besucher bekam zirka siebzig Minuten Text auf sein Aufnahmegerät – sicher ausreichend Stoff für eine Veröffentlichung. Trotzdem rief er mich am nächsten Tag an, um sich mit mir zu beraten, wie er damit umgehen solle – mein Monolog trage eben keinen Gesprächscharakter. Wir einigten uns, daß alles Bestehende zerschnitten, aufgeteilt und mit Fragen aufgefüllt werden könnte, um so als Montage eine Konversation zu simulieren. Das tat er auch. Daraufhin wurde mir der redigierte Stoff zugeschickt. Ich widmete noch fünf bis sechs Stunden der Korrektur meiner „Antworten". Die Arbeit stellte meinen journalistischen Partner zufrieden – zum Teil ersparte ich ihm dabei ja auch eigene Bemühungen um den Text. Der zweiten Korrektur widmete ich nochmals ein bis zwei Stunden, um einige aus meiner Sicht wichtige Details zu ändern. Zufrieden mit der investierten Arbeit, ließ ich dem „Spiegel" die Endfassung zukommen. Der erfahrene Reporter schien nun hocherfreut über Form und Inhalt des Artikels zu sein. Über unser gegenseitiges Verständnis sowie die Zusammenarbeit äußerte er sich ebenso positiv. Nach wochenlangem Warten und vergeblicher Ausschau nach dem Gespräch im „Spiegel" benachrichtigte mich der Journalist, er bedaure es sehr, aber es werde nicht erscheinen. Die Begründung: „Es ist zu professionell, zu werkspezifisch, zu persönlich und dadurch für die Leserschaft des ‚Spiegels' nicht geeignet." Wieder ein Fiasko.

Das Nichtpublizieren hat aber immerhin einen Vorteil. Was nicht erscheint, kann wenigstens nicht mißdeutet werden. Selbst Übersetzungen können dieses Problem auslösen. Im Jahre 1978 passierte so etwas in Israel, als ein veröffentlichter Text eines teils in deutsch, teils in englisch gegebenen Interviews aus dem Hebräischen, das ich nicht lesen konnte, ins Russische übersetzt wurde. Auf die Frage, ob ich denn keine Angst hätte, wie Rostropowitsch den sowjetischen Paß zu verlieren, weil ich ohne offizielle Genehmigung nach Israel gereist war, antwortete ich folgendermaßen – die Antwort brachte die hebräische Ausgabe: „Schade, daß Rostropowitsch nach seiner Abreise nie wieder – wenigstens um Konzerte zu spielen – nach Rußland zurückkehren konnte; so viele Leute, die seine Musik verehren, wünschten es sich." Auf diese Weise brachte ich mein Bedauern zum Ausdruck. Daraus wurde in einer russischen Emigrantenzeitung folgendes konstruiert: „Wenn Rostropowitsch ein sowjetischer Künstler wäre, würde er sein Land nicht verlassen und weiter dort Konzerte geben." Jeder der abgedruckten Texte entsprach nahezu meinen Worten, aber eben nur als Annäherung an den Sinn meiner Aussage. Auf der Suche nach anderen Wegen, immer noch mit sowjetischem Paß in der Tasche und in Moskau wohnend, wollte ich damals den allgemeinen Gram über die Tatsache zum Ausdruck bringen, daß Rostropowitsch und mit ihm seine Musik für immer das Land zu verlassen hatten. Mein Wunschdenken, er sollte sich um künstlerische Auftritte bemühen, trug freilich naive Züge, war doch das politische Komplott um den Cellisten wesentlich komplizierter. Der Weltstar wurde inzwischen ausgebürgert, und das heimatliche Publikum verlor die Hoffnung, seinen Liebling je wieder hören zu können. Die Ungerechtigkeit spielte sich vor den Augen der ganzen Welt ab. Die russische Zusammenfassung hielt sich strikt an die politischen Tatsachen und die formale Logik meines Satzes. Natürlich war es nie meine Absicht gewesen, Rostropowitsch für die Haltung der Parteibonzen verantwortlich zu machen. Der Emigranten-Presse schien es wiederum verdächtig, daß ich mit meiner von Moskau nicht genehmigten Präsenz in Israel, wo ich doch nach Rußland zurückkehrte, keine politische Mission erfüllte. So trug ein Akzent – subjektiv vom Journalisten gesetzt – zu jener typischen Verfremdung bei, die später zur Konfrontation mit dem Cellisten selber führte. Rostropowitsch und möglicherweise einige aus der Leserschaft der russischen Ausgabe hatten nämlich den Eindruck, daß ich ihn belehren wollte oder gar den Auftrag hatte, ein politisches Spiel zu treiben. Wenn schon eine Übersetzung so gefährlich sein kann, was soll man dann über die Deutung meiner Gedanken durch einen Redakteur sagen? Manchmal ist es tatsächlich hoffnungslos.

Soll man sich wundern, daß Schostakowitsch, bevor er jene Aufzeichnungen gestattete, die dann zur Basis des Buches „Testimony" („Die Memoiren des D. S.") von Solomon Volkov wurden, ungern Gespräche mit Journalisten oder Ausländern führte und wenn, dann nur offensichtlich nichtssagende, dem Sowjetregime politisch genehme Antworten gab? Warum sollte er irgendwelchen an ihm verdienenden, leichtsinnigen und sensationslüsternen Reportern Stoff liefern und sich selbst in größte Gefahr bringen? Zumal der Presse seine Zukunft und sein Befinden im Grunde genommen nichts wert waren, es sei denn, man konnte sie als Ware verkaufen.

Was hatte schließlich ein Celibidache davon, daß kolportiert wurde, er habe behauptet, Herbert von Karajan sei „Coca-Cola". Auch dies war eine Verfremdung, eine minimale, aber entscheidende Verschiebung des Gesagten. Nicht die Qualität von Karajans Kunst wurde von Celibidache bemängelt, sondern der Geschäftssinn jener, die Karajans Aufnahmen wie Coca-Cola verkauften.

Die Frage, ob und wann Interviews einen Sinn haben, hat jeder selbst zu entscheiden. Eine Freude sind sie selten.

Presseleute sind freilich nicht immer unmöglich. Es gibt unter ihnen – wie unter Musikkritikern – nicht nur die Spezies „Chamäleon". Manche fühlen, haben Ideen, lassen sich begeistern und verkaufen ihre zum Teil berechtigt pejorativen Einschätzungen nicht unbedingt. Ich erinnere mich an Hilke Rosenboom, die mir mit der Aufgabe, für den „Stern" eine Story zu schreiben, nachreiste. Sie war immer präsent, wenn sie die Möglichkeit zu einem Gespräch spürte. Dabei wirkte sie gar nicht aufdringlich. Eher abseits arbeitete sie, beobachtend und einfühlsam. Ich glaube, wir hatten Respekt voreinander. Die Veröffentlichung könnte man im Vergleich zu anderen als ein wahrhaft angemessenes Porträt bezeichnen. Zumindest konnte ich mich selber darin erkennen, obschon das Beschriebene zur Frage führte: Sollten Fremde – und vor allem die auf Bildertexte und Werbung fixierten Illustrierten-Leser – so viel Privates erfahren? Schließlich sollte der Beruf durch Töne wirken, die genügend Information bieten. Der Künstler ist ein Wesen, das Diskretion braucht. Er sollte das Recht darauf nie verlieren.

Das Kreative ist wie ein Fotofilm. Tageslicht kann es zerstören. Die Gefahr der Offenherzigkeit angesichts der Eindringlinge besteht immer, wie es das hervorragende Buch von Aron Bodenheimer „Die Obszönität des Fragens" beweist. Und was antworten Sie auf jene Frage eines Journalisten, der mich in Singapur verhörte: „Welche Inschrift wünschen Sie sich auf Ihrem Grabstein?"

Das Publikum, das nach Sensationen dürstet, ist bis heute in der Mehrzahl.

Maestro P.

Vor einigen Jahren trat der teuerste Sänger der Welt, Luciano Pavarotti, während einer Probenphase der New York City Opera auf die Bühne. Nach ersten Versuchen, sich einzustimmen – M-m, A-a-a-, O-o –, sagte er, hörbar für alle Anwesenden, zu sich selber, oder vielmehr zu seiner Stimme: „Gold."

Das Amüsement rundherum änderte nichts an der Tatsache, daß es in der Welt der Sänger offenbar eine ähnliche Währung gibt wie an der Börse. Jedenfalls muß sie repräsentativ und umsatzstimulierend genug sein, wenn damit gute, große Geschäfte gemacht werden. Das Ego und der Ehrgeiz der Beteiligten, ob Besitzer der Stimmbänder oder ihre Verwalter, werden zufriedener mit dem Wachsen des Bankkontos.

Ein bekannter Dirigent sagte mir einmal, Pavarotti habe der italienischen Oper im Verständnis des amerikanischen Publikums einen Schaden zugefügt, der bis zur vollständigen Überwindung wenigstens dreißig Jahre in Anspruch nehmen werde. Der Musik-Autor Joseph Horowitz spricht in seinem Buch „Understanding Toscanini" eine ganze Reihe von Mißverständnissen an, die die allgemein marktorientierte Kulturwirtschaft Amerikas mit ihrer Tendenz, aus Künstlern Idole zu machen, ausgelöst hat.

Was sind all diese Gedanken freilich wert, wenn ein Sänger auf die Bühne kommen und mit einem Atemzug Gold beanspruchen kann? Und erhält.

Der Preis – Ein Widerspruch

Jüngst erzählte man mir, ein Manager habe sich beschwert, ich verlange für ein Konzert zu viel Geld. Das gibt mir Gelegenheit, erneut über etwas nachzudenken, das mich schon früher beschäftigt hat. Wieviel kostet unsere Leistung? Wieviel ist sie wert?

Was Interpreten im Konzert verkaufen, läßt sich nur vage beschreiben. Es ist kein Produkt, das man mehrmals benutzen kann, es sei denn als Schallplatte oder Videoband. Aber sogar da ist unser Erzeugnis ein unfaßbares Gebilde, das erst durch unsere Sinne entsteht. Die vom Komponisten erlebten Klänge versuchen wir zu vermitteln. Wir sind sozusagen das Medium. Um als solches wirksam zu sein, müssen wir die Töne in uns selber verspüren, besser gesagt, sie uns aneignen. Wir bieten etwas an, das wir, wenn nicht gestohlen, so doch übernommen haben. Um diese Rolle zu erfüllen, um etwas Fremdes, das uns bekannt oder verwandt sein mag, zu unserem Eigenen machen zu können, braucht man große Fertigkeit und Können, Talent zum makellosen Umsetzen und schließlich die Fähigkeit zur Identifikation. Nur letzteres erlaubt uns, in andere Häute schlüpfen zu können. Der Vergleich mit Schauspielern drängt sich förmlich auf.

Für diese Fähigkeit, für den Willen und das Vermögen, uns mit Worten, Tönen und unseren Gefühlen glaubhaft in jemand anderen verwandeln zu können, werden wir mit Honorar und Applaus belohnt.

Heutzutage stehen Musiker und Clowns nicht mehr in Königsdiensten, wie das früher der Fall war. Man verdient den Lebensunterhalt jetzt mit seinen Talenten auf dem freien Markt der Kunst. Im Geschäft mit der Musik kann der Preis für die unterschiedlichsten Dinge allerdings identisch sein. Wer und was mehr kostet, hat selten mit den tatsächlichen Qualitäten oder Investitionen zu tun. Ein cleverer, artifizieller Vortrag kann den Verbraucher genausoviel kosten wie einer, der mit echten Leidenschaften durchdrungen ist. Dem Laien wird beides auf die gleich verwirrende Art angeboten, wie alt-neue Teppiche aus fremden Ländern. Im Unterschied zu den Teppichen bleibt jedoch ein künstlerisches Verkaufsobjekt oft undefinierbar. Die Geschäftstüchtigkeit seines Vertreters bestimmt mehr oder weniger, wieviel kassiert wird. Die Medien stellen eine Unmenge von Mechanismen für PR-Kampagnen zur Verfügung. Was der Künstler oder sein Vermittler, sein Agent, in Wirklichkeit anbieten, sind auch Blut und Herzklopfen, die Fähigkeit zu leiden und sich zu freuen – also Lebenskräfte. Wir kennen den Faustschen Seelenhandel: Das hier Beschriebene trägt verwandte Züge.

Als ich vor einigen Jahren in einer russischen Zeitung las, daß dort Blutspender in den Genuß eines Importhuhns oder von Jeans kommen, ging es mir durch den Kopf: Wir Künstler – und mit uns unsere Vertrauten – werden für den Verkauf unserer Lebenssäfte mit Juwelen und Antiquitäten belohnt. Eine Übertreibung? Was macht den Unterschied?

Er liegt vielleicht nur im Niveau der Preise, darin, was der Verbraucher auszugeben bereit ist: Angebot und Nachfrage. Die Produkte des bietenden Künstlers werden nur als Ware angesehen. Doch an diesen Transaktionen selber wollen Künstler lieber nicht mitwirken. Natürlich gibt es Ausnahmen: geschäftstüchtige Personen und Musiker in einem. Sie überlassen nichts ihren hochbezahlten Agenten. Man kann nur hoffen, daß die Imagination darunter nicht leidet. In Friedrichshafen schien der Veranstalter über Qualität und Leistung von mir und Oleg Maisenberg überrascht zu sein und konnte es nicht fassen, warum er für einen Violinabend einer Kollegin vor einigen Wochen viel mehr zu bezahlen hatte.

Das Einkommenspaket wird geschnürt. Zuerst werden die Steuern abgezogen. Im Westen kann man darüber noch diskutieren, in der Sowjetunion wurde man meist vor vollendete Tatsachen gestellt. Anschließend erwartet der Vermittler bis zu zwanzig Prozent des Honorars, nicht selten weist er noch Unkosten vor. Wenn wir die Reise-, Hotel- und Restaurantkosten – nicht selten auch der Angehörigen – abziehen, bleibt von der ursprünglichen Summe, die wir mit viel Kraft und am Rande eines Nervenzusammenbruchs eingespielt haben, nur ein Bruchteil übrig. Zusätzlich gibt es Kollegen und Partner, und die haben ihre eigenen Vorstellungen und Ansprüche.

Mittelmäßiges ist heute leicht zu verkaufen. Warum aber sollten herausragende Künstler vornehm zurückstehen und nicht an ihren „Marktwert" denken?

Eines darf man jedoch nie vergessen: Wahrheitsgetreue Kunst ist unbezahlbar. Sie kann sich nur um Gottes Lohn bemühen. Sie ist, wie das Leben selbst, ein Geschenk.

Etikette

Meine Freundin Anna und ich holten Reinhard Paulsen am Flughafen in Zürich ab. Sie trafen sich zum ersten Mal. Wir hatten vor, in den nächsten Stunden die kommende Saison zu planen. Im gleichen Flugzeug war auch mein Produzent Hanno Rinke von der Deutschen Grammophon mitgereist. Wir kannten uns seit Jahren, hatten einige konstruktive Projekte verwirklicht und die eine oder andere Krise zusammen gemeistert. Als Hanno Produzent war, sagte er einmal, er säße zwischen zwei Stühlen und werde dafür bezahlt, die Spannungen zwischen der Schallplattenfirma und den Künstlern aufzufangen. Später wechselte er von diesem Stuhl auf einen nicht weniger unbequemen – er übernahm das Marketing.

Vor der Ankunft hatte ich Anna die beiden ihr nicht bekannten Personen beschrieben.

Herr Paulsen – ein altmodischer, mir gegenüber immer korrekter Agent, dessen Arbeit sich als ein Treuebekenntnis ersten Ranges erwies. Seit wir uns kannten, bin ich nie von ihm enttäuscht worden. Er war weder der schnellste noch der kreativste oder wendigste unter den Managern. Was Herrn Paulsen auszeichnete, war seine Verläßlichkeit. Er gehörte zur alten Garde, die zum einmal gegebenen Wort steht. Und die Manieren dieser Generation wirken heute fast exotisch. In früheren Zeiten lernte man, wie einer Dame die Hand zu reichen sei oder wann man sich hinzusetzen habe. Das ist mir und meinen Zeitgenossen fast schon fremd geworden. Ich weiß es aber zu schätzen, auch wenn ich dabei gelegentlich ein Lächeln nicht unterdrücken kann.

Wie man im Spiel der Alten etwas Unnachahmliches erkennt, so lassen sich auch im Verhalten dieser Generation noch Züge bewundern, die wie aus einer anderen Zeit stammen. Sie erinnern an den Glanz und Komfort von schweren Ledersesseln in den Salons und Clubs der guten Gesellschaft.

Hanno gehörte schon zu einer anderen Generation: agil, smart, pragmatisch – als Medienvertreter ein Künstler und Jongleur zugleich.

Hier standen wir also zu viert in der Flughafenhalle. Ich hatte damals keinen Grund, mich über Hanno zu ärgern. Ich war aber im Zwiespalt und wußte nicht, wie ich mich auf zwei so verschiedene Charaktere wie Paulsen und Rinke gleichzeitig einstellen sollte. Was irritierte mich? War es die nüchterne Bemerkung des Geschäftsmannes Hanno, unsere neue Einspielung der Brahms-Sonaten mit dem hervorragenden Valery Afanassiev erreiche nicht die erwarteten Verkaufszahlen, weil der Namen des Pianisten nicht genügend „trage"? Für mich ein erneutes Beispiel von Schubladendenken: Namen verkaufen sich besser als Musik.

Die Situation lockerte sich durch einen kurzen Small talk über Urlaub auf. Hanno und ich bekundeten die Absicht, weiterhin zusammen zu produzieren, und besprachen die Reaktion der Presse auf meine letzten Aufnahmen. Kurz darauf verließ er uns, um nach Dubrovnik weiterzureisen. Herr Paulsen und ich verbrachten anschließend den ganzen Nachmittag zusammen, es gab sehr vieles zu klären. Der Tisch war belegt mit Unterlagen, verwandelte das Wohnzimmer in ein Büro. Manchmal glaube ich, auch ohne Geige genug zu tun zu haben: das Telefon, das Fax, die unbeantworteten Briefe, die Entscheidungen, die zu treffen sind. Die Arbeit reichte, um den ganzen Tag auszufüllen. Ich

kann gut verstehen, daß Herr Paulsen von einem un-
dankbaren Beruf sprach. Er arbeitete immer für andere, trug für jedes Mißverständnis die Schuld und wurde
auch noch als Parasit angesehen. Kann die Provision
das ausgleichen? Vielleicht war es Herrn Paulsens Glück,
Este mit sozusagen angeborener Kaltblütigkeit zu sein,
Abwehrmaßnahmen waren ihm zur zweiten Natur geworden. Seine Manieren und die aufmerksame Höflichkeit aber konnten als Garanten seines Niveaus wie
seines Erfolgs gelten.

Am nächsten Tag bestellte mir Herr Paulsen am Telefon ganz besondere Grüße für Anna. Er hätte im Flughafen ihren Satz wahrgenommen, daß sie sich freue,
ihn endlich kennenzulernen. „Schließlich mußte sie so
etwas ja nicht sagen", meinte er. Ich habe mich über
diese doppelte Höflichkeit – erst von ihr, dann von
ihm – sehr gefreut. Dennoch löste es in mir die Frage
über Manieren aus. Ist wirklich gemeint, was wir so
positiv aufnehmen? Oder hören wir, was wir heraushören wollen? Mit anderen Worten: Sind diejenigen
wirklich höflich, die so etwas formulieren, oder jene,
die es als wirkliche Höflichkeit interpretieren.

Tele-Vision

Wie oft stolpern wir über das Fernsehen, wie oft steht uns der Apparat im Wege, wie sehr werden wir von den Medien und ihren Vertretern belagert, ausgenutzt, belastet. Nicht jedem ist das bewußt, viele lieben es sogar, im Spotlight zu stehen. Das kann auch ein gutes Geschäft sein. Was aber hat Suntory-Whisky, für den ein Pianistenpaar im japanischen Fernsehen gemeinsam Reklame machte, mit Klavierspielen zu tun?

Fernsehen, ein Kind unseres Jahrhunderts, kann aber auch unsere Empfindungen bereichern. Das Medium hat so viele Möglichkeiten, Menschen zu erreichen, zu informieren, zu erziehen, zu erheitern, fühlen zu lassen. Zu dieser Erkenntnis kam ich dank meines lieben Freundes Manfred Gräter, jahrelang Chef des Musikprogramms beim WDR. Was das Fernsehen jedoch meistens aus kommerziellem Zwang tut, grenzt an eine Aufforderung zum Abschalten des Hirns. Hier wird vor allem Zeit verkauft. Mehr Zeit heißt mehr Werbung und mehr Umsatz. Das trifft auch für die Musik zu. Man kann einfach nicht an der Klangweltverschmutzung vorbeisehen, wenn das Multi-Mondial-Poly-TV und andere Unternehmen nicht mehr zwischen den „Drei Tenören" und Nike-Werbung unterscheiden. Ein Alptraum? Leider sind wir nicht mehr weit davon entfernt. Es fehlt bei einigen Künstlerdarbietungen – ähnlich wie bei Zigaretten – nur noch die Aufschrift „Kann Ihre Gesundheit schädigen" oder „Gefährlich für Gehör und Empfindung". Man interessiert sich vor allem für Leicht-Verdauliches. Wenn der da wohl allzu optimistische Yo-Yo Ma auch zu glauben vermag, durch eine Talk-Show Millionen Zuschauer für die Kunst gewinnen zu können, ich stelle das jedenfalls in Frage. Star-rummel hat wenig mit Erziehung zu tun.

Ebenso schädlich kann der Versuch sein, Musik als optisches Vehikel zu benutzen, wie es der eine oder andere clevere Regisseur, Adrian Marthaler zum Beispiel, tut. Ein Violinkonzert Mozarts, vorgetragen auf einer Rolltreppe im Flughafen Zürich, macht die Entfremdung jedenfalls nicht geringer.

Aber die Erde dreht sich weiter, und der Fernsehschirm leuchtet. Nur fehlt es an Künstlern, die den Zuschauern in isolierten, heimischen Räumen den Sinn von Konzentration bewußt machen.

Viola d'amore

Viele Richtungen zeitgenössischer Musik interessieren mich, von vielen verschiedenen Ideen und Stilen lasse ich mich anregen. Auch der Minimalismus und seine radikalsten Verfechter Steve Reich und Philip Glass zählen dazu. Obwohl ich diese Musik mit Engagement vorgetragen und aufgenommen habe, ist es doch nicht diese Entwicklung, die ich heute bevorzuge. Jedes System, das sich vor allem als System behauptet, ist mir ohnehin suspekt.

Als ich mich entschied, das Violinkonzert von Philip Glass mit den Wiener Philharmonikern unter der Leitung von Christoph von Dohnányi aufzunehmen, hatte ich gute Gründe dafür. Es schien geeignet, als Kontrastwerk auf einer CD mit dem kurz zuvor komponierten Concerto grosso Nr. 5 von Alfred Schnittke zu erscheinen. Außerdem ließ es sich innerhalb kürzester Zeit aufnehmen, ohne daß ich es zuvor im Konzertsaal spielen mußte. Die so entstandene Produktion kann als Dokument des Entwicklungsstandes dieses Genres am Ende des zwanzigsten Jahrhunderts gelten. Christoph von Dohnányi und die Wiener Philharmoniker waren wunderbare Partner, die Aufnahmesitzungen verliefen ohne nennenswerte Spannungen. Ich erinnere mich an die Worte des Konzertmeisters Gerhard Hetzel, er wünschte sich, alle Aufnahmen hätten die Frische dieser Sitzungen. Immerhin gehört die Minimal Music nicht unbedingt zum eher konservativen Repertoire der Philharmoniker.

Offensichtlich hatten sie aber an diesem Werk ihren Spaß. Auch eine geglückte Aufführung mit dem Chicago Symphony Orchestra und dem engagierten Riccardo

Chailly bestätigte meine Ansicht, Minimalistisches, scheinbar oder wirklich Einfaches, benötige maximalen Einsatz.

In der nächsten Saison folgte in London die britische Premiere dieser Komposition mit Leonard Slatkin und dem Philharmonia Orchestra. Schon bei der ersten Probe wurde mir bewußt, daß der amerikanische Dirigent Phil Glass nicht für einen großen Komponisten hielt. Immer wieder betonte er, daß andere amerikanische Werke, etwa das Violinwerk von John Adams, das ich auch aufführen wollte, viel besser und interessanter seien. Ein Jahr später sollte ich mich nicht nur des Werks von Adams erfreuen, sondern auch der intensiven Zusammenarbeit mit dem Komponisten. Nun spielten wir aber Glass, und ich wollte das Beste daraus machen. Ich glaubte an die Wirkungen, die man mit der eher schlichten Partitur erzielen konnte. Sonst hätte ich die Komposition nicht in mein Repertoire aufgenommen.

Dazu einige Anmerkungen über die Merkmale minimalistischer Partituren: Meiner Ansicht nach trägt ihre Durchschaubarkeit oft. Sie ist nur ein Gerüst, eine Formel für etwas, was mit der Energie des Interpreten ausgefüllt werden muß. Die Schlagzeugergruppe von Steve Reich und die Musiker, die ich mit Philip Glass selbst oft live gehört habe, waren die besten Zeugen dafür: wo sich genaue Vorstellungen von Form, Drive und Ausführung treffen, kann eine berauschende Atmosphäre entstehen. Kein Zufall, daß diese Musik so viele junge Leute animiert, die sich sonst von zeitgenössischer Musik einschüchtern lassen.

Das Problem dieser Musik liegt im Kern ihrer Struktur. Es sind die Wiederholungen, die für traditionelle Orchestermusiker mühsam sind. Nur ungern möchte man während der Proben die gleichen Formeln endlos repetieren. Man hat noch keine Übersicht. Das Werk ist einem noch nicht vertraut, und man empfindet das repetitive Element als mechanisch. Das Einüben entwickelt sich zur Geduldsprobe.

Mir war das vertraut. Ich hatte Phils Konzert schon mit vielen Orchestern interpretiert und entsprechende Erfahrungen gesammelt, war so darauf vorbereitet, daß einige Musiker sich kritisch äußern würden. Slatkin erschien offensichtlich skeptisch.

Die Probe in der Royal Festival Hall begann. Wir spielten den ersten Satz sozusagen vom Blatt. Die Mitglieder des Orchesters sind fabelhafte, routinierte Musiker. Die harte Konkurrenz zwischen den Klangkörpern in London fordert von ihnen eine Unmenge täglicher Arbeit. Nur hier ist es möglich, mit einem Ensemble am selben Tag drei Sitzungen à drei Stunden mit drei verschiedenen Programmen, Solisten und Dirigenten durchzuführen; eine Arbeitsmühle. Aber viele zeitgenössische Komponisten profitieren davon. Die Routine der Musiker, mit neuen Texten umzugehen, übertrifft den Durchschnitt bei weitem.

Wir hatten den ersten Satz nicht ganz fehlerfrei hinter uns. Maestro Slatkin empfand wenig Freude und blätterte die Partitur weiter zum zweiten Satz. Er wußte, daß am folgenden Tag noch während der Generalprobe Zeit blieb für Korrekturen.

Die Passacaglia hat – wenn man es negativ bewerten will – einen trivialen Aufbau. Basso ostinato, Stimmen des Themas „wandern" durch das Orchester und wechseln sich mit dem Solisten ab. Die Tonart ändert sich kaum. Alle Streicher haben durchgehend Figurationen zu spielen, um mit Duolen und Triolen die Melodie der Violine, die über allem schwebt, zu untermauern.

Genauer: Sie sollen das Gefühl erwecken, hier gehe es um etwas Grenzenloses, Ewiges.

Natürlich philosophiert man kaum beim routinierten Vom-Blatt-Spielen. Eher reagiert man seine Aggressionen ab: Was soll das? Primitive Musik! Nicht mehr als Tonika – Subdominante – Dominante! Warum müssen wir das aufführen? Wer hat sich das einfallen lassen? Wieder Gidon Kremer mit seinen Novitäten?

Selbstverständlich überträgt sich diese Einschätzung von so vielen sitzenden Streichern auch hinterrücks auf den stehenden Solisten. Die Blicke, die ausgetauscht werden, künden zudem nicht unbedingt vom Willen zur tatkräftigen Unterstützung. Und hier dirigiert der Maestro noch schmunzelnd an der Partitur vorbei. Auch wenn seine Gestik genau ist, den Ablauf leitet er nur formal.

Kein Wunder, daß am Schluß des Satzes laut geredet wird. Schon während des Spielens habe ich Geflüster wahrgenommen. Dann die Überraschung: Der erste Bratschist schlägt vor, die endlosen Duolen aufzuteilen. Abwechselnd sollten acht Takte von der linken Seite, acht Takte von der rechten gespielt werden. Der Dirigent schaut mich an, er scheint einverstanden. Ich weiß, daß dabei etwas nicht stimmt, will aber kein Spielverderber sein; der Alltag der Orchestermusiker ist mir vertraut. Warum soll ich ihnen das Leben erschweren. Ich erkläre mich dazu bereit. Allgemeine Zufriedenheit. Rauschen der Bleistifte.

Das Finale ist kurz und energisch. Einige Überraschungsakkorde sorgen für Heiterkeit in dem als redundant eingestuften Werk. Absichten des Komponisten? Fehler des Verlegers? Technische Probleme gibt es keine, vielleicht einige Balancefragen: Aber die lösen wir morgen. Slatkin ist sichtlich erleichtert. Ende der Probe.

54

Am nächsten Tag die Generalprobe. Alle sind konzentrierter und besser organisiert. Man weiß, was einen erwartet.

Zweiter Satz. Ich versuche, die große Linie nachzuspüren, will die nicht notierte Energie herausholen. Dabei bemerke ich beim Hören und im Blickwinkel, wie beim Wechsel der Bratschen nach jedem achten Takt ein kleines Loch entsteht: die einen beenden das Spiel, die andern beginnen es. Keine Spur von Einigkeitsgefühl, alles nur Fragmente, die formal korrekt ausgeführt werden. Was soll ich tun? Nichts. Jede Einmischung würde als Anmaßung empfunden, würde die Qualität des Orchesters in Frage stellen. „Behalte das für dich, lieber Gidon – abends wird es schon besser sein." Das sagt die innere Stimme, die jede Art von Aufregung meiden will.

Letzter Satz. Noch funkt es nicht so, wie es möglich wäre. Auch ich behalte mir etwas für den Abend vor. Proben sind für mich nur eine Einstimmung, eine Bestätigung, daß die Piste bereit ist für jegliche Art von Spontaneität während des Spiels im Konzert.

Wir sind schon in der Coda, die eine Reminiszenz an die Passacaglia darstellt. Ruhe und Meditation sollen herrschen. Aber was ist das? Ich nehme plötzlich wahr, daß die Bratscher ihr abgesprochenes Procedere des zweiten Satzes auch hier übernehmen. Wieso, warum? Nun explodiere ich, wohl wissend, was damit ausgelöst wird. Die Sache erscheint mir wichtiger. Mit dem Rücken zum Saal und teilweise auch zum Dirigenten, wende ich mich an die Bratscher – eindringlich, verzweifelt und aufgeregt zugleich. Was ich sage, ist einfach: „Wieso glaubt ihr, anders sein zu müssen? Ich weiß, daß das Proben dieser Musik mühsam ist, weiß auch, daß eine Probe nie ein Konzert sein kann. Trotzdem, aus welchem Grund glaubt ihr, alle müßten alle Noten spielen, nur ihr Bratscher die Hälfte? Haben die anderen Kollegen nicht auch die sich wiederholenden Figuren? Ich verstehe, daß von minimalistischer Musik sich nicht jeder angezogen fühlen kann. Das muß auch nicht sein. Aber es geht um Musik, um den Ausdruck von etwas, das durch einen lediglich mechanischen Vollzug zerstört wird. Begründet mir doch bitte euren Vorschlag. Wieso glaubt ihr, einen Vorteil haben zu müssen?"

Meine Stimme bebt immer noch, als ich vom Stimmführer die erste Erklärung höre: Nach acht Takten würde die Konzentration nachlassen. Sein Partner meint, es sei mühsam, so lange auf der C-Saite zu spielen ...

Ich selber weiß nicht mehr, ob ich lachen oder weinen soll, und frage die Gruppe, ob das ein Witz sei. Allgemeine Beleidigung. Ende der Probe.

Der Stimmführer kommt später unzufrieden hinter die Bühne: „Nicht aus Faulheit spielen wir nur die Hälfte, wir tun es um dieser Musik willen." Eine Bratscherin in Berlin wird später dazu sanft ironisch anmerken, man könne nach diesem Satz eine Massage gebrauchen ...

Sicherlich bietet die für viele Komponisten zur Gewohnheit gewordene Art, am Synthesizer zu arbeiten, wenig Chancen, sich in die Aufnahme- und Ausführungsfähigkeit von Instrumentalisten einzufühlen. Man muß sich aber ernsthaft fragen, ob der Eiffelturm oder das World Trade Center heute stünden, hätten die Bauarbeiter ein entscheidendes Wort bei der Konstruktion mitzureden gehabt.

Diva O.

Bei einem Empfang in Polen zu Ehren russischer Künstler, die sich an den offiziellen Kulturtagen beteiligt hatten, waren naturgemäß auch sämtliche Funktionäre präsent. Der große Bahnhof spielte sich nach jenem famosen Konzert ab, bei dem ich aus der Mitte des Orchestergrabens, auf einem winzigen Podest stehend, nach oben gefahren wurde, das Tschaikowsky-Konzertfinale als Balance-Akt gestalten mußte und ständig Angst hatte, einen Schritt zu weit zu machen.

Erleichtert, diesen Nervenkitzel überstanden zu haben, bewegte ich mich im Kreis der Cocktail-Party, als ich, ohne es zu wollen, hörte, wie die russische Primadonna, die Sängerin Elena Obraszova, mit dem damaligen russischen Kulturminister und ZK-Mitglied Pjotr Nilovitsch Demitschev ein Gespräch führte. Wie alle Künstler des Establishments, zu denen sie zweifellos gehörte, versuchte die Obraszova, die dilettantische Bewunderung des Ministers zu nutzen. Auf das Kompliment des Funktionärs, sie sei die größte lebende Sängerin, antwortete Elena Vasilievna, ohne mit der Wimper zu zucken: „Wissen Sie, Pjotr Nilovitsch, ich habe nur noch ein Ziel in meinem Leben: nach Amerika zu gehen und die Sutherland an die Wand zu singen!"

Amüsiert über ihre Haltung mußte ich noch oft an den Satz zurückdenken, war er doch typisch für das russische, von der Ideologie beeinflußte Denken: Bester, Stärkster sein. Gleichzeitig reflektierte er die damit identischen Züge eines Primadonnencharakters. Schon Mozart amüsierte sich darüber im „Schauspieldirektor". Man könnte noch herausfinden, ob die Obraszova ihr Ziel erreicht hat. Für mich blieb es ein Geheimnis.

Signale aus dem Unbewußten

Bevor ich abends schlafen gehe, denke ich ans Redigieren meines Buches „Kindheitssplitter". Jedes kleinste Detail beschäftigt mich. Ich fühle mich von Annas Kommentaren verunsichert. Es wird spät, und irgendwann überwältigt mich der Schlaf.
Um vier Uhr morgens wache ich auf, das Atmen fällt nicht leicht. Etwas bedrückt mich. Im Magen? Auf dem Herzen? Im Bewußtsein? Durch das Gehirn wandern Korrekturzeichen, Klammern, Worte, die man streichen müßte, Wiederholungen, Ergänzungen, aber auch „Freud, Beschneidung, Staubkugeln, jedoch, obwohl, deftig, robust…" Ich versuche wieder einzuschlafen. Die in der Nähe der Carmenstraße schlagende Kirchenglocke läßt mich alle fünfzehn Minuten wach werden. Das Bewußtsein wartet auf den nächsten Schlag. Gegen fünf Uhr finde ich das Fläschchen mit Baldrian-Tropfen. Werde ich alt? Noch ein Versuch. Langsam entsteht die Traumwolke.
Ich bin auf dem Ozean. Ein großes Schiff bewegt sich Richtung Hafen, den es endlich erreicht. Jetzt fehlt nur noch der Pier. Das Manöver erinnert an jenes, das Flugzeuge oft machen, wenn sie gelandet sind und an vielen anderen Maschinen, Containern, internationalen Lagerhallen vorbei auf das Gate zusteuern, das allen Passagieren unbekannt ist. Der kleine Bus mit dem Schild „Follow me" ist ein viel geschickterer Wegweiser als der große, sich wie auf Stelzen bewegende Jet. Hier im Wasser hilft kein Begleiter. Das Riesenboot sucht sich den Pier allein. Das Beklemmende und Schlimme ist, daß ich aus irgendeinem Grund an Bord angebunden bin. Ist es überhaupt ein Schiff?

Nein, jetzt glaube ich eher, in einem Lastwagen zu sein. Ich hänge aber an seinem Heck. Es ist wahrscheinlich der Musik-Transporter. Er sucht einen Platz zum Ausladen. Nein. Doch ein Schiff! Auf wundersame Weise dreht jetzt das Heck gegen die Wand. Ich empfinde eine Riesenangst. Sieht mich denn überhaupt jemand? Ich könnte doch ganz leicht erdrückt werden. Gott sei Dank passiert nichts. Im letzten Augenblick kann ich abspringen.

Umdrehen. Traumschnitt. Jetzt bin ich in einem Hotel. Schnell in den Konzertsaal. Abends soll ich das zweite Schostakowitsch-Konzert mit Rostropowitsch als Dirigent spielen. (Nur fünf Jahre später werde ich übrigens gerade dieses Werk zum ersten Mal mit ihm als Dirigent aufführen.) Das Konzert hat schon begonnen. Im ersten Teil wird Haydns Abschiedssymphonie gespielt. Ich bemerke erst jetzt, daß ich noch gar nicht umgezogen bin. Wo sind meine Kleider? Vergessen? Nicht mitgenommen? Die Uhr geht sehr schnell. In der Eile hält noch das Telefon aus einem nichtigen Anlaß auf. Sucht man mich schon auf der Bühne? „Nein, rufen Sie später an, jetzt geht es nicht", sage ich und lege den Hörer auf. Schnell, schnell in den Saal, man soll doch nicht auf mich warten. Ich ziehe auch Anna in den Sog der allgemeinen Panik.

Als wir die Straße überqueren, kommen uns die Musiker aus dem Konzertsaal entgegen. Sie spielen auf der Straße Themen der Abschiedssymphonie. Ist dies ein Zeichen, daß die Veranstaltung gar nicht stattfindet? Oder deutet es darauf hin, daß die Pause schon zu Ende ist? Einige Musiker machen Grimassen, die mir zeigen sollen: „Du kommst doch gar nicht dran." Es ist fürchterlich. Was ist fürchterlich? Rostropowitsch? Das Publikum? Haydn?

Unterwegs wird mir klar, daß ich vielleicht Haydn mit Rostropowitsch spielen sollte. Wieso denn? Wir haben doch gar nicht geprobt. Weder Haydn noch Schostakowitsch. Und was geschieht, wenn ich einen Einsatz verpasse? Ich gestehe mir ein, daß die Angst, mit ihm zu spielen, die Oberhand gewinnt. Wir sind uns doch seit „damals" nicht mehr begegnet. Hier meldet sich das Gefühl eines noch nicht verarbeiteten Konflikts. Ich sollte Rostropowitsch wenigstens vorher noch sehen.

Nun bin ich im Saal und suche den Maestro. Sein Zimmer ist voller Menschen. Ich versuche, die Gesichter zu identifizieren, kann dabei nur den Filmregisseur Grigory aus Moskau erkennen. Wieso hier? Wird er mir etwas erklären? Ich rufe ihn, Grigory ist aber in ein Gespräch verwickelt und reagiert nicht. Erkennt er mich nicht? Was ist los?

Die Pause geht zu Ende, als ich bemerke, daß mir noch die schwarzen Konzertschuhe und die Manschettenknöpfe fehlen. Kann sie mir jemand borgen? Wo sind übrigens die Noten? Die habe ich auch noch nicht gesehen. Und die Wirbel beim Stimmen der Geige halten nicht – sie drehen einfach durch... Rostropowitsch taucht nicht auf. Das Publikum versammelt sich. Was wird geschehen?

Der Schluß des Traums wird unterbrochen, die Wolke von einem schrillen Pieps an der Tür durchdrungen. Es ist die Expreßpost von der wie stets fleißigen Ruth. Ich springe aus dem Bett und merke, wie müde mein Körper noch ist. Der Baldrian hatte erst jetzt seine Wirkung gezeigt. Ich habe Schwierigkeiten, in die Ärmel des Hausrockes zu finden. Mit der Sendung gehe ich in die Küche und bemerke beim Kaffeetrinken ungewöhnliche Kopfschmerzen.

60

War es die Korrektur? Das Schiff? Der Konzertsaal? Anna? Schostakowitsch? Ich habe keine Ahnung. Es ist Zeit, mich an die Arbeit zu machen. Das Heft wartet. Das erste Kapitel muß schnell weg. Die „auch-ohnehin-aber-entweder" sind zu entfernen, das „Leningrader Intermezzo" zu beenden, die Klammern zu öffnen. Wie schaffe ich nur alles?

Viele Jahre später wiederholt sich der Traum. Das Aberwitzige aber bietet die Wirklichkeit. Am Abend danach spiele ich ein Konzert. Der Saal ist überfüllt und stickig; eine Belüftungsanlage existiert nicht. Beim Einstimmen für die Zugabe wird das Publikum Zeuge: Die Wirbel drehen tatsächlich durch...

Versagen

Die üblichen Träume: vor einem Konzert zu stehen oder sich schon in einem Konzert zu befinden, in dem man etwas spielen soll, das man buchstäblich noch nicht oder nicht mehr „drauf" hat. Die Panik des Versagens. Wodurch aber kommt sie zustande? Weil man von Kindheit an lernen mußte, Versagen sei Schande, sei Ohnmacht und werde bestraft?

Warum dieser Schreck, der, während man davon erzählt, gelegentlich durch Heiterkeit neutralisiert wird? Muß nicht das Versagen als ganz menschlich eingestuft werden? Versagen nicht auch Götter hin und wieder?

Sollte man bei Kindern nicht die Aufmerksamkeit mehr auf impulsives Leben lenken und die Gefahr des Scheiterns in Kauf nehmen?

Freude voranstellen, aber auch Mut?

Oft geschieht das Gegenteil. Die Erwachsenen übertragen ihre Angst, ihre Vorsicht, ihre Skepsis, ihre Müdigkeit, ihre Passivität, ihre Ambitionen auf die Zöglinge.

So entstehen Frust und Neurosen. Sicherlich keine neue Erkenntnis. Aber hat schon jemand den Blick auf die Bühnen geworfen, um zu fragen, wie viele verletzte Seelen berufliche Genugtuung suchen? Bezahlt, geschätzt, gepriesen, geliebt, ihre Wunden bleiben dennoch offen. Ist das der Reiz oder der Abgrund? Der Wert oder die Strafe? So oder so sind Neurosen gängige Ware. Für Ärzte wie für Manager. Deshalb werden gelegentlich die Träume vom Versagen zum Alltag, und der Alltag verwandelt sich in einen Alptraum.

Marotten

Einmal schrieb die „Süddeutsche Zeitung" über meine „Marotten". Der Kritiker befaßte sich dabei fast ausschließlich mit einer Programmänderung.

Obwohl ich das Recht eines jeden anerkenne, sich mit erwarteten und unerwarteten Abläufen in- und außerhalb der Musik auseinanderzusetzen, muß ich gestehen: Nichts war mir in diesem Zusammenhang fremder als der Begriff Marotte. Mein treuester Partner Oleg Maisenberg und ich hatten uns sehr darum bemüht, eine sinnvolle Dramaturgie des Programms aufzubauen. Im Verlauf der Tournee mußten wir feststellen, daß das von uns vorgenommene und von den Veranstaltern veröffentlichte Programm zu Übergewicht tendierte. So suchten wir nach einer besseren Lösung. Gehört Offenheit für Veränderungen zu Tugenden oder zu Marotten?

Jeder von uns hat seine Eigenheiten. Einige lassen sich besser verbergen oder treten selten hervor, andere sind buchstäblich offensichtlich. Ich denke an einen Kollegen, der während intensiver Proben regelmäßig aufspringt und darauf besteht, eine Zigarettenpause einlegen zu müssen. Bei einem anderen entdeckte ich seine Spezialität erst nach Wochen. In jedem Hotel, das wir betraten, wechselte er von dem für ihn reservierten Zimmer in ein anderes, unabhängig davon, ob das neue Gemach dann wirklich vorteilhafter war. Zuerst kam die Prozedur des Umzugs! Analog hierzu wechselte er auch in jedem Flugzeug vom Platz, der ihm zugewiesen wurde, auf einen neuen. Ich konnte den Grund dafür nie herausfinden, weil ich es unschicklich fand, danach zu fragen. Ich kenne Künstler, die keine Probe ohne vorherige Tasse Kaffee beginnen können, oder bei denen der Klavierstuhl ständig zu hoch oder zu tief eingestellt ist. Was noch als professionelle Geste einzustufen wäre, weil der Körper im Laufe der Jahre eine bestimmte Haltung einnimmt. Etliche Kollegen müssen eine Stunde vor Konzertbeginn im Saal sein, während andere eine Minute vor dem Auftritt dort erscheinen. Wieder andere müssen unbedingt etwas essen oder alle zwei Tage einen Geigenbauer oder Klaviermechaniker aufsuchen, weil sie glauben, ihre Probleme würden durch das Instrument erzeugt. Bei vielen wird das „A" zum Einstimmen immer zu hoch oder zu tief angegeben, oder sie werden durch das Licht aus der Fassung gebracht. Ich könnte diese Liste weiterführen, will aber keinen Katalog menschlicher Schwächen oder Stärken erstellen. Ich möchte hier nur an etwas erinnern, das allgemein bekannt ist. Musiker sind sensible Gemüter und sollten mit Vorsicht behandelt werden. Bei Künstlern ist genug explosives Psychomaterial vorhanden. Das Ziel sollte sein, diese Dynamik der Aufführung zugute kommen zu lassen. Das bedeutet, daß wir, wenn nötig, gegen auftretende Irritationen Schutzvorkehrungen zu treffen haben, unseren Freunden oder uns selbst gegenüber. Ob ich ein Mittel kenne? Eines kann ich gleich verschreiben: „Handle with utmost care!" Das andere wäre eine Mahnung: Denkt daran, wir spielen nicht nur auf unseren Instrumenten, wir sind das Instrument, wetter- und emotionsabhängig. Im Unterschied zur Elektronik genügen da kein besseres Akkugerät oder neuere Batterien. Die Substanz – wenn sie vorhanden ist – erscheint nicht auf Bestellung, sondern nur, und das im Glücksfall, dank äußerster Konzentration und der Bereitschaft zur Hingabe.

Magische Augenblicke sind, wie wahre Juwelen, eine Seltenheit in der von Talmi überfluteten Welt.

UNTERWEGS

Berühmt

Für die meisten ist berühmt zu sein etwas Erstrebens-
wertes, etwas, das man sich angenehm vorstellt. Wer
aber möchte wirklich auf dem Spaziergang in einer
fremden Stadt, beim Frühstück in einem bekannten
Hotel, im Konzertsaal, wo man oft spielt, oder in einem
Theater, in dem man noch nie war, mit einem Wort
überall, der Gefahr ausgeliefert sein, erkannt zu werden? Dabei spielt es keine Rolle, ob man ganz privat
erscheint und deshalb Diskretion wünscht, oder – dem
an jeder Ecke hängenden Plakat entsprechend – als
Stargast der Saison auftritt, und somit den anderen
sozusagen offizielle Erlaubnis gibt zu einem Kontakt.
Würden diese Blicke, die man schon so gut kennt,
gefallen? Würde man mit Begeisterung auf den nächsten Zug in diesem Spiel warten? Auf die schemenhafte
Gestalt, die sich nähert, mitten im Gedanken, den man
gerade mit einer Begleitung wechselt, unterbricht, um
verlauten zu lassen: „Sie sind doch …? Ich will Sie nicht
stören, aber könnten Sie bitte …" – „Ein … Autogramm
mit Datum. Würde es Ihnen etwas ausmachen, meinen
Namen …?" Oder: „Hätten Sie vielleicht noch ein
Foto?" Auch wenn das alles tatsächlich nett und un-
schuldig geschieht, wünscht man sich nicht trotzdem
manchmal die Kappe, die unsichtbar macht? Einmal
fehlte sie mir mitten im Indischen Ozean; als ich beim
Schwimmen feststellen mußte, daß man auch im Wasser erkannt werden kann …
Mit nicht geringem Vergnügen erinnere ich mich des
Herrn, der mich in einem Konzertsaal in New York
ansprach, kein Autogramm wollte, nur das Übliche sagte:
„Sie haben doch schon oft hier gespielt, wir haben es so

genossen! Wann kommen Sie wieder? ..." Und dann ...
„Wie war Ihr werter Name? ... Sie sind doch Accardo?"
Somit konnte wenigstens ein Kollege die Rolle des
barmherzigen Tarnhelms übernehmen. Lieber Salvatore,
ich bin dein Schuldner.

Ständige Adresse: Hotel

Wenn man durch die Hotels der Welt hastet, wo der Lärm einen auf verschiedene Arten verfolgt, könnte man leicht zum Umweltschützer und Menschenfreund werden. In der Hoffnung, irgendwann einmal eine Greenpeace-Organisation zu gründen, die sich um Baustopps an Hotels bemüht, in denen sich Gäste befinden, will ich über die verschiedensten Geräuschmöglichkeiten berichten, die in die Sparte internes Getöse fallen. Es ist mir ein Vergnügen, darüber zu schreiben, obwohl es während des Erlebens selber nie eines war. Also:
- der Fahrstuhllärm, rauf, runter, mit Stop und ohne,
- das Klingeln des Telefons für die Hausdame im Korridor und für den Nachbarn im Nebenzimmer,
- das Weckersystem, vom vorherigen Gast benutzt, aber nicht ausgeschaltet,
- die zufälligen Anrufe mit falscher Verbindung,
- die durchgestellten Gespräche, weil die Telefonvermittlerin des Hotels nicht fähig war, dem Wunsch nach Ruhe Rechnung zu tragen,
- die inzwischen offenbar in jedem Zimmer – Wand an Wand – obligatorischen Fernsehapparate,
- das Getuschel oder Liebesstöhnen aus dem Nebenraum, von dem eine eher symbolische Wand abschirmen soll. In Hotels mit wenigen „Sternen" gehört das zur Regel,
- die Duschen und Bäder, in denen sich ein unsichtbarer Nachbar zu späten Nachtstunden oder als Frühaufsteher vergnügt,
- die Blumen, die in reichlichem Ausmaß zusammen mit fünf Kilogramm Früchten oder Schokolade am Konzerttag von der Schallplattenfirma gerade dann

geliefert werden, wenn man sich nach einer langen
Reise oder Probe hingelegt hat,
- die Hausdame, die das Hemd unbedingt zurückbringen will, bevor ihre Schicht zu Ende ist,
- das Klopfen des Minibar-Auffüllers, der das ausge-
hängte Schild „Nicht stören" souverän mißachtet,
- die Uhr, die im Nachttisch eingebaut ist und jede
Minute zusammen mit dem Sekundenzeiger ein kleines Tick von sich gibt,
- der Hahn im Badezimmer, der dieses womöglich als
Geduldtest eingestellte Tick mit einem rhythmisch-
heftig tropfenden Klack beantwortet,
- das Gebimmel der Straßenbahn, das durch ein nicht
ganz dicht zu schließendes Fenster vom frühen Morgen bis spät in die Nacht fröhlich vor Unfällen warnt,
- die Air-condition, die zwar das Straßenbahngeräusch
neutralisiert, dafür aber mit einer Startbeschleunigung
auf einer Flughafenpiste zu vergleichen wäre,
- der Eisschrank, dessen automatisches Ein- und Aus-
schalten sich dem vorigen anschließt,
- die Bauarbeiten, die nach weltweiter, multinationaler,
grenzenloser Planung gerade im Hof ums Eck des
Hotels, wo man abgestiegen ist, weitergeführt werden,
- dasselbe über oder unter dem jeweiligen Stockwerk:
Teppiche werden gelegt, Wände gestrichen, Möbel
geschoben – das Übliche sozusagen…
- schließlich der Hotelumbau als Höchstleistung.
Hier geht mir die Luft aus, auch wenn ich mühelos
noch weitere Aufzählungen von Vorkommnissen folgen
lassen könnte, die das Hotelleben zum Abenteuer machen. Schutzmaßnahmen? Selbstverständlich. Man versucht, was man kann, um sich in Sicherheit zu bringen.
Die Industrie sorgt für Hilfsmittel, die diese unerträgliche Begleitmusik verharmlosen sollten.

Con sordino

Ohropax dürfte ein Begriff sein. In der Praxis hat es sich als Schutzmaßnahme gegen Lärm jeder Art bewährt. Die Firma garantiert die starke Reduktion des Störfaktors, wenn man sich genau an die Anweisung hält. Realistisch beurteilt sind es im besten Fall etwa 25 Prozent Lärmdämpfung, was einen bedeutenden Unterschied zur Werbung darstellt, die eine Verminderung von 25 Dezibel verspricht. Aber auch 25 Prozent sind schließlich, bei aller Bescheidenheit, nicht wenig, vor allem weil das Kügelchen im Ohr durch die psychologische Wirkung noch einen zusätzlichen Effekt erreicht. Sich vorzunehmen, nichts zu hören, bildet dabei eine beinahe autogene Leistung. Man könnte sich nur wünschen, bei einigen dürftigen Konzertleistungen die Ohren zu schließen …
Wie auch immer, nun liegt man endlich im Bett und genießt die vermeintliche Stille. Hoffentlich drückt das Ding nicht zu sehr im Ohr. Wenn es glückt, findet man im horizontalen Zustand auch für den Kopf eine bequeme Position, die dafür sorgt, daß es sich nicht verschiebt oder gar hinausfällt. Das merkt man ja sofort – das Alarmsystem des eindringenden Lärms funktioniert sozusagen automatisch. Wieviel Zeit habe ich denn noch? Mit dieser Frage im Unterbewußtsein versucht man einzuschlafen. Die verspätete Landung, das nicht rechtzeitig eingetroffene Gepäck, die sich hinziehende Probe, die unwahrscheinlich langsame – ich müßte beinahe sagen, auf indisches Tempo eingestellte – Bedienung im mit Mühe gefundenen Restaurant, das sinnlose, zeitraubende, auf ausdrücklichen Wunsch des Orchestermanagers gegebene Interview – all das ver-

sucht man zu vergessen. Wenn man genügend erschöpft ist, das magische Ohropax nicht vergessen hat, wird es einem gelegentlich gegönnt.

Es kann auch anders kommen: Ich wache auf. Wo ist heute der verdammte Lichtschalter? Na, endlich. Es ist kurz vor 18 Uhr! Wo bin ich eigentlich? Das Hotelzimmer verrät es: London. Was hat Terry gesagt? 18.15 Uhr? „A lot of traffic", versprach er. Das Konzert beginnt um 19.30 Uhr. Festival Hall – ein Saal, den ich nicht sehr mag. Dafür aber Riccardo Muti – wie gut hat er wieder geprobt! Es ist selten, daß sich ein Dirigent Zeit für das Werk des Solisten nimmt.

Was ist das aber für ein merkwürdiges Gefühl im Ohr? Ich höre doch nicht ganz normal. Das verfluchte Ohropax. Ein Teil des Dings blieb scheinbar stecken. Was mache ich bloß? Versuche es mal selber. Nein, tatsächlich ein Fluch. Jetzt ist es noch weiter hineingerutscht. Und nun? Schnell anziehen – Terry Harrison, mein englischer Manager, wartet schon. Vielleicht kann er helfen. Später in der Empfangshalle: „I have a problem – a real one." Wir fahren zum Arzt. Welch ein Segen, daß Terrys Bekannter zu dieser Stunde noch zu finden ist. „Don't worry", sagt er nur, „I'll fix it … Give me ten minutes." Eine Riesenwasserspritze verrichtet ihre Arbeit. Das Ohr ist befreit. Nun schnellstens in den Saal… The traffic… Regen steht den üblichen Vorstellungen von Geschwindigkeit im Wege. Und in London heißt es ohnehin: Nice day today, isn't it. Als wir ankommen, spielt das Orchester schon die Ouvertüre… Applaus… Ich schaffe es gerade noch, die Geige zu stimmen – vom gewohnten „Warmspielen" keine Rede mehr. Auftrittsbegrüßung. Die Einleitung – Schumann: das geniale, unbequeme Konzert. Nach langem Tutti – was jetzt? Ich höre alles doppelt so laut wie gewollt. Jeden Kratzer, jeden Hauch, jede Berührung der Saiten durch den Bogen. Wie man mir später erklären wird, entfernt eine Wasserspritze auch den sich natürlich bildenden Filter im Ohr. Mit jeder Schwingung wächst das Gefühl, daß ich nur Geräusche und kaum Töne – sogar im poetischen zweiten Satz – produziere. Der Witz bringt es so schön zum Ausdruck: „Pferdehaare gegen Katzendärme". Was für eine Tortur! Endlich die Coda. Applaus. Händeschütteln von Muti, vom Konzertmeister. Hat jemand etwas gemerkt? Ich hoffe nicht. Es ist keineswegs eine Angelegenheit des Publikums. Die Musikliebhaber bilden sich ein, für teure Karten nur Genuß erkauft zu haben. Die Kritiker haben sowieso was auszusetzen: Schumanns Spätwerk – die kritische Periode …

Das Beispiel blieb kein Einzelfall. In Berlin ist es mir ähnlich ergangen. Dieses Mal dachte ich, klug zu sein und nicht vor dem Konzert zum Arzt zu gehen. Ich glaubte sogar, selber mit dem Problem zurechtzukommen. Was kann man doch mit geschickten Fingern, die so oft so viele schwarze Pünktchen „treffsicher" zum Erklingen bringen, alles schaffen. Ich mußte meine Ansicht zu manuellen Fähigkeiten während des zweiten Satzes des Beethoven-Konzerts korrigieren. Als ich etwas ganz „himmlisch" vortragen wollte, blieb mein Atem stehen. Nun hatte ich während der nächsten Sekunden auch mal zu schlucken. Daß ich das hätte vermeiden sollen, wurde mir sofort bewußt. Mit dem Schluckprozeß schob sich das immer noch verbliebene Stückchen Ohropax direkt in meinen Hörkanal. Die Stille, die sich im Saal verbreiten sollte, stellte sich jetzt in meinem Ohr ein, das total taub wurde. Den Rest des Werkes spielte ich auf „Autopilot" eingestellt. Über die Intonation hatten nur meine Finger, ein Ohr jedoch keine

Kontrolle. Die Musik um mich herum entfaltete sich zwar, aber ich kann behaupten, nur halb dabeigewesen zu sein. Eine groteske Situation: Jetzt wußte ich besser, wie sich der taube Beethoven gefühlt haben muß. Insofern war es eine wahrlich historische Interpretation. Und Nikolaus Harnoncourt, das ungekrönte Haupt alles Authentischen, stand – sich dirigierend der Musik widmend – nebenan und ahnte von allem, was in mir vorging, gar nichts.

Lange Schnur – kurzer Draht

Der Erfinder des Telefons dachte sicher, er habe einen Traum verwirklicht. Viele seiner Zeitgenossen hatten wohl völlig neue Empfindungen, als sie sich trotz Distanzen, Mauern und Grenzen verständigen oder besser gesagt: hören konnten! Für uns alle hat der Apparat eine nie vermutete Bedeutung erlangt. Er vermag unter Umständen sogar ein Haustier zu ersetzen. Durch Telefonkonversation überwinden wir die Einsamkeit, wir sprechen aus Langeweile oder im Streß, im Beruf und im Privatleben. So oder so sind wir alle längst Sklaven dieser Einrichtung geworden. Und mit dem Faxgerät wird unsere Abhängigkeit von Ersatzmitteln für lebendige Kommunikation noch größer.

Natürlich wurden in den letzten Jahren einige Erfindungen gemacht, die das Prozedere erleichtern sollen: der Warte-Knopf etwa. Während eines Gesprächs kann der Partner plötzlich sagen: „Einen Augenblick bitte, jemand läutet gerade." Gelegentlich wird einem noch nicht einmal das mitgeteilt. Sie hören plötzlich ein Mozart-Konzert oder absolute Stille und sind sich selbst überlassen. Kein Zähler kündigt an, wann man sich einem wieder zuwenden wird. Nur das Piepsen im Apparat, das bei Überseegesprächen besonders intensiv und oft wahrzunehmen ist, erinnert daran, daß die Post, das Hotel oder die Telefonzentrale auch noch daran verdienen. Nicht immer ist klar, warum man von dem Gesprächspartner im Stich gelassen worden ist. Möglicherweise hatte er geschäftliche Gründe. Niemand geht das etwas an. Die Stille oder die Musik im Hörer sollen beruhigen. Das Stillose daran ist nur, daß die Unterbrechung mitten in der Konversation geschah. Unzählige Mittel können abrupt die Intimität des Dialogs zerschneiden: die vorbeifahrende Straßenbahn, der Lärm im Treppengeschoß, die hereinkommende Sekretärin, der Kellner, der die Rechnung auf den Tisch legt – einzig wie geschaffen, einem die Aussage zu verweigern.

Ich höre die Advokaten der Technik, des Rationellen, des Geschäftigen sprechen. Sie sehen die Angelegenheit von der anderen, der „nützlichen" Seite, und verteidigen sie. Ich sage ihnen: Jeder hat die freie Wahl, sich das gefallen zu lassen oder nicht. Was mich betrifft, will ich mich klar ausdrücken: Wenn ich „Warten Sie" höre, lege ich lieber gleich auf. Dann habe ich meine eigene Ruhe, keine erzwungene.

Die Einsamkeit beim Warten auf einen Anruf. Die Sehnsucht nach menschlicher Stimme. Ich denke an das Monodrama von Cocteau. Wem gelang es noch, die Verbindung von Verzweiflung und Telefon so kunstvoll zu gestalten? Was es bedeutet, von der Welt abgeschnitten zu sein, kann man auch aus schlichten Gründen – einfach, weil die Zentrale defekt oder jemand über das Kabel gestolpert ist – erfahren: Der Apparat ist plötzlich stumm. Auch das passierte mir – ob in New York, Zürich, Moskau oder Paris. Kein Schütteln half, kein noch so sorgfältiger Versuch, die Kabelteile wieder zu verbinden, keine Meldung an den Störungsdienst. Die Abhängigkeit vom Gewohnten, die Kommunikationssucht wurde da besonders deutlich. Gould, Rubinstein und Nabokov zogen die Unerreichbarkeit vor. Und wer weiß, vielleicht komme ich auch noch zu dieser Überzeugung. Vorerst bleibe ich „am Draht". Immer noch nicht abfinden kann ich mich mit der Berechnung der Telefongrundgebühren in Hotels, was

das Leben aller Heimatlosen – Künstlern und Geschäfts-
reisenden – besonders belastet. Die Hotelinhaber wissen, daß man am Sentiment der ewig Reisenden viel
verdienen kann, und nützen dies im wahrsten Sinne des
Wortes gebührend aus. Und doch sind die Telefon-
rechnungen etwas ganz Prosaisches im Vergleich zur
Agonie der Gefühle, der man ausgesetzt ist, wenn eine
noch immer geliebte Stimme, die man monatelang zu
erreichen versuchte, beim geglückten Kontakt kaltblütig verlangt, nie im Leben wieder angerufen zu
werden.

Es war Mittagspause. Ich spielte in einer Fabrikhalle.
Die Arbeiter versammelten sich mit ihren Butterbroten
um das Podium. Die sogenannte Stunde der Kultur
ersetzte die Politstunde. Unsere Brigade bildete eine
der vielen kleinen Gruppen, die die Funktion von
Kulturträgern erfüllten und dabei ihren Mitgliedern ein
Monatseinkommen einbrachten. Sie bestand neben mir
noch aus einem Sänger, einer Sängerin, einem Tanz-
paar und dem üblichen Klavierbegleiter, der jedem diente. Die Tänzer waren besonders auf ihn angewiesen,
boten sie doch, wie so oft bei diesen Gelegenheiten,
einen Chopin-Walzer, der aus irgendeinem Grund
meistens als „Siebenter" galt. Der Sprecher rezitierte
gelegentlich ein patriotisches Gedicht. Gleichzeitig
übernahm er – das sicherte ihm ein doppeltes Salär –
die Funktion des Ansagers. Ich war trotz meines Titels
„Laureat des internationalen Wettbewerbs" noch Stu-
dent und eher die Ausnahme unter den philharmoni-
schen Profis. Die von mir gebotenen Stücke, Paganinis
„Campanella" und Tschaikowskys „Melodie", entsprachen aber genau dem Standardrepertoire solcher Bri-
gaden. Da mir, was das Überqueren der Staatsgrenzen

anging, Beschränkungen auferlegt wurden, nahm ich jede andere Chance, Musik zu machen, wahr.

An diesem Tag aber geriet der noble Ausklang des Tschaikowsky-Werkes sozusagen unter die Räder: ein in der Nähe des aufgebauten Podiums klingelndes Telefon, dessen Hörer niemand abnahm, mischte sich regelmäßig unter die von uns produzierten Klänge. Trotzdem spielten Yuri Smirnov, mein Pianist, und ich das Stück zu Ende. Das Pflichtgefühl eines Soldaten, durchstehen zu müssen, war uns vom sowjetischen System beigebracht worden. Das unmusikalische Verhalten entsprach dem eines Wehrpflichtigen – man hatte bis zum bitteren Ende zu kämpfen, stand unter Befehl, in diesem Fall für die Musik. Den Arbeitern sollte die Kulturstunde als Aufklärung dienen. Was sie bewirkte, war schwer nachzuvollziehen. Das Telefon aber klingelte weiter.

Zwölf Jahre später, im Jahre 1988, spielte ich in einer kleinen Kirche in Boston mit drei Freunden die späten Schostakowitsch-Quartette. Unser Auftreten fand im Rahmen des ersten amerikanisch-sowjetischen Festivals statt. Schon seit acht Jahren durfte ich nicht mehr in der Sowjetunion spielen. Ich bemühte mich aber immer wieder, eine Brücke zum von mir verlassenen Moskau zu schlagen. Zum Großteil von amerikanischen Enthusiasten organisiert, zeigte der allgemeine Rahmen des Festivals seine tückischen, amateurhaften Seiten: die gewählten Konzertorte, die Zeiten des Beginns, die Werbung – vielem fehlte die professionelle Handhabung. Als wir spät nachmittags in einer Kirche mit dem 13. Schostakowitsch-Quartett, einem der traurigsten, aus Todesgedanken des großen Komponisten gesponnenen Kunstwerk unser Konzert begannen, läutete brüllend laut in unmittelbarer Nähe des Podiums ein Telefon.

Ein-, zwei-, drei-, viermal. Die Spannung dieser äußerst depressiven Musik war damit endgültig zerstört. Mir blieb nichts anderes übrig, als die Aufführung zu unterbrechen. Erst als die Türen überaus laut geschlossen worden waren, konnten wir einen neuen Anlauf starten. Nach dem Konzert fiel mir ein, daß ich mich ja schon einmal in einer analogen Situation befunden hatte. Als ich über diese eigenartige Wiederholung nachdachte, erinnerte ich mich auch an einen Satz aus der politisch eindeutig tendenziösen Gesellschaftskunde der Studienzeit: „Zwei Welten, zwei Systeme, zwei Lebensarten." Das saß noch tief in den Knochen. Dessenungeachtet mußte ich mir selbst erwidern: Nichts dergleichen, es ist dieselbe, eine Welt. Das Klingeln eines Telefons bedeutet immer eine Unterbrechung, ob die des Gesprächs, des Gefühls oder des Gedankens. Das Medium hat vielleicht in vielen Wertsystemen einen Platz – sicher aber keinen in der Musik.

Ordinario

Die Tage und Nächte unter dem nie wirklich dunklen Nordhimmel im Monat August, die Ruhe in diesem entlegenen Teil unseres Planeten, ließen mich immer wieder an den so anderen Rhythmus des ganz normalen Konzertbetriebs denken. Tatsächlich könnte man, wie es Arno Grün tut, von der „Normalität des Wahnsinns" sprechen.

Christoph von Dohnányi sagte mir einmal halb im Spaß, halb im Ernst: „Kein Hund würde unseren Lebensrhythmus akzeptieren, jeder würde weglaufen."

Traurig, aber der Wahrheit nah...

Der Alltag

Das Aufwachen... Die Alpträume drängen sich beim Ausgang. Wer hat heute Vorrang? Die Schlange? Der stumme Schrei? Das Ersticken? Herr Unterwassergehen? Mademoiselle Berührung? Nackte Leichen. Nackte Künstler. Nackte Gebäude... Das Tempo einer gestern gesehenen Robert-Wilson-Inszenierung, wie immer von langsamen und verkrüppelten Bewegungen erfüllt, bestimmt das Ausblenden der Traumwelt. Die sprengende Lautstärke einer nahezu stummen Musik begleitet das vage, nach und nach wahrzunehmende Tageslicht. Ein letzter Versuch, dem Verfolger zu entgehen, endet mit der Feststellung, es sei unmöglich, die entscheidende Befreiung zu erwirken: Alle Organe erscheinen steif, die eigene Stimme wirkt kraftlos, der Atem fehlt. Die Körperteile sind erlahmt. Der Kopf unter der Decke, die Hand unter dem Kissen und der Fuß unter den Beinen haben keinen Bewegungsraum mehr. Die versperrte Passage öffnet sich langsam. Es war „nur" ein schlechter Traum. Die Realität ist zurückgekehrt. Die Schatten sind verschwunden. Spät abends täuschte das unbekannte dunkle Hotelzimmer. Die Vorhänge blieben einen Spalt offen und lassen jetzt das Licht der Morgensonne herein. Der angebrochene Tag kann wahrgenommen werden, und durch die unterstützende Partnerschaft der Sonnenstrahlen wird deutlich, daß es Zeit ist aufzustehen, zu frühstücken, zu arbeiten, zu schreiben, zum Flughafen zu eilen, einen Anruf zu machen. Die Schulzeit liegt Jahre zurück, und doch erinnert dieses Morgenlicht an das damals aufgezwungene Erwachen, ein Enkelkind dessen... Die Uhr zeigt 6.38 Uhr... Mein Gott – die glücklichen Seelen, die noch Stunden Zeit haben, um sich zu wälzen, um zu träumen, zu lieben …

Es kann auch anders gehen. Aurora wird abrupt vom scharfen Klingeln des Weckers oder Telefons zur Ordnung gerufen. Die Technik meldet sich zu Wort, indem sie jeden Freiraum der Phantasie raubt. Die Pünktlichkeit übertrumpft die Morgenfee. Die hochgepriesene Futura behauptet sich als Herrscherin mit elektronischem Stolz.

7. November. Noch vor kurzem ein politischer Festtag in der Sowjetunion. Der Tag beginnt, die Sachlichkeit überwiegt; das Kofferpacken, das Notizenmachen, das Zeitunglesen, das Rechnungbezahlen, das Notenprüfen, die Korrektur eines Manuskriptes, das Taxibesteigen, die zwei Löffel Zucker im Kaffee. Parallel läuft das vorprogrammierte Tonband der erwünschten Verbindlichkeiten: Den anrufen, der sagen, das anschauen … (her, him, to do, not to forget, il y a des choses … comme toujours …)

7.49 Uhr. All das ist vorbei. Man sitzt im Auto (zum Flughafen), am Schreibpult oder in einem Transitsaal (mit Bleistift, Radiergummi und den inzwischen verlorenen Gedanken). Man läuft hektisch durch den Duty-free und versucht „sinnvoll" einzukaufen – für sich, die Freunde in der nächsten Stadt oder zu Hause. Für … Weihnachten. Die Erfahrung des Gestern verfolgt einen im Sitzen, im Gehen, im Laufen: eine mißglückte Passage, ein unnötiger Kommentar, eine kämpferische Auseinandersetzung, das schuldbewußte Einschlafen – das macht die Flughafen-Musik. Sie wirkt aleatorisch und scheint – wie in der Hölle – keine Coda zu haben …

Im Flugzeug die Suche nach dem noch freien Abteil für die Geige, Lektüre der Morgenpresse (Konzertkritik?). Die geschult freundliche und übertrieben geschminkte

Stewardeß ändert wenig am Gefühl des inneren Lärms und dem lauwarmen, weil nicht mit siedendem Wasser abgebrühten Tee. Sie verstärkt nur das Empfinden, im Niemandsland zu sein und „ziellos zu reisen" (Antoine de Saint-Exupéry).

Gegen 9.27 Uhr – 10.27 Uhr – 11.27 Uhr – das Ankommen. In die nächste Stadt, ins nächste Hotel, zur nächsten Probe. Endlos viele Gesichter. In Asien wird man sich des Befremdens bewußter – für uns sehen viele nahezu gleich aus. Hier trügt der Schein des Unterschieds …

11.56 Uhr. Die Probe nimmt ihren gewohnten Lauf. Man sucht (mindestens vermittelt man es) gemeinsame Wege mit dem Dirigenten. Wer ist der Maestro heute? Ist er nett, arrogant, berühmt, verunsichert, ein Freund, ein Kollege, Machiavelli oder Mephisto?

Man kämpft mit ihm oder gegen ihn und bewirbt sich mit seinen nicht selten ungehörigen Untertanen um die Sache. Es wird durchgehend unterbrochen. Das Werk zersplittert sich in hundert Fragmente, die abends – wenn es glückt – zusammenwachsen sollen. Wie oft gelingt das später nur deshalb nicht, weil sich ein kleines „Rad" dieser musikschaffenden Beziehung nicht fügen will und sich zwischen den Pulten oder neben Wort und Ton verliert. Wie verzweifelt sucht dann der Gestalter (Dirigent oder Solist) dieses Rad im Konzert durch erhitzte eigene Bewegungen zu ersetzen. Und wenn er selber dieses Rad verlor oder gar nie besaß? Oh, diese sinnlosen Versuche, der Leere zu entwischen …

13.02 Uhr. Die Arbeit ist vorbei. War es überhaupt eine? Hat sie jemand ernst genommen? Der Erfolg ist noch nicht vorauszusehen, genauer – der dem Erfolgswahn Erlegene will genährt werden. Nein, noch kein

Mittagessen (wer hat heute eingeladen – die Schallplattenfirma, der aus einer anderen Stadt, anderem Land angereiste Manager? Erwartet man von ihnen womöglich, daß sie ihre eigene Kreditkarte nicht vergessen haben?). Das kommt später ... Zuerst ist man selber die „Nahrung". Das Interview. Die Routine der Wiederholung: Von wo? Wohin? Was ist das Liebste? Wem zu verdanken? Warum so viel (so wenig) Zeitgenössisches? Lieblingspartner? Lockenhaus? Seit (bis) wann? Wieso? Wie so? Wie? So! Zu Ende. Zum Glück ging das noch schnell.

13.48 Uhr. Hoffentlich schließt das Gasthaus noch nicht. Gott sei Dank! Die Freude eines Bissens, einer Suppe – die Vorfreude auf das (meistens zu süße!) Dessert ... Dabei dreimal, nein viermal – „Herr X. Maestro bitte zum Empfang, ein Anruf für Sie." (Funktioniert die Leitung? Schon aufgelegt?! Kann man die Frage beantworten, die Stunde, die Probe, den Termin bestätigen? Warum das alles gerade jetzt?) Zurück an den Tisch. Wo waren wir? Ach ja. – „Wenn ich daran denke ..." (Wenn man noch denken kann, ist nicht alles verloren ... Wie ist es mit dem Fühlen?!) Es war „ihnen" ein Vergnügen?! Schön-Well-Buono. – Der „Job" ist getan. Nun schnell aufs Zimmer.

15.15 Uhr. Der Hotelportier überreicht den Schlüssel und die sechs, sieben Zettel: „Y. called – please call back", fax – fax – fax – alles rollt in den Händen, im Fahrstuhl, fällt schließlich vor der Tür hinunter – der Schlüssel gewinnt den Wettkampf!

15.52 Uhr. Das Telefon wird abgeschaltet, ohne benutzt zu werden – das „Don't disturb"-Schild ausgehängt. Das Bett wird geöffnet ... (Meine Güte! Wieder nur ein Kissen!) Der Vorhang, der sich später bestimmt einen Spaltbreit öffnet, wird zugezogen (wenn er sich das überhaupt gefallen läßt!). Ob Ohropax oder ein autogener Schlafbefehl (Erfolgsquote sehr gering) – die Schutzfunktion wird aktiviert. Hoffentlich ... Der Schlummer überlegt sich unterdessen noch, ob er einen Besuch machen soll ...

17.28 Uhr. Wie soll man in eineinhalb bis zwei Stunden auf die Bühne? Wie schafft man es nur heute? Müde, nervös, unsicher. Mit Kopf und Händen vom Reisetag (Probe, Gespräch, Nachrichten) verschmutzt. Eine Dusche steht zur Verfügung. Ab und zu der Luxus eines Glases starken Tees (wenn man doch nur ein Gebäck hätte!). Es ist schon ...

18.21 Uhr. Das Auto wartet, das Taxi muß gesucht werden, der Spaziergang soll bequem und gesund (?) sein. Wenn sich nur der Weg finden läßt ... Der ewig versteckte Künstlereingang. Nach sieben vergeblichen Bemühungen, die geschlossene Türe zu öffnen ...

18.51 Uhr. Einspielen, schwere Stellen prüfen, Manschettenknöpfe in die Löcher bekommen. Die Feststellung, daß die Fliege, die schwarzen Socken oder die Lesebrille vergessen wurden. Die Posaune neben dem Künstlerzimmer, die Veranstalter zur Begrüßung, der Höflichkeitsbesuch des Dirigenten vor der Ouvertüre, der Wunsch einer unerwartet eingetroffenen Bekannten nach dem Ticket – woher kenne ich sie? – die Billette, die versprochen, an der Kasse hinterlegt, aber nicht zu finden sind, das zu tiefe oder zu hohe „A" der Oboe (wenn sie zu finden ist), die schwierigen Passagen des eigenen Abendwerkes vom Tuttigeiger im Nebenraum einwandfrei gespielt ...

20.12 Uhr. Wie lange ist das erste Stück? Was ist es eigentlich? Schon wieder das „Meistersinger"-Vorspiel? Wie früher in der Sowjetunion Schostakowitschs Festliche Ouvertüre?

20.15 Uhr. Applaus.
20.17 Uhr. Der Auftritt. Silence. Die ersten Takte vermitteln Unsicherheit. Liegt es beim Orchester? Bei mir? Die Akustik ist befremdend. In der zweiten, dritten Reihe sitzt jemand mit der Partitur – noch schlimmer mit der Solostimme! Blättert aber an einer andern Stelle. Was für eine Ausgabe hat er? Augen zu… Zähne zusammenbeißen. Seele öffnen!
20.58 Uhr. Aus. Töne aus. Kräfte aus. Alles aus. Gott sei Dank. „Ist nicht das Schönste, ohne zu spielen, auf die Bühne zu gehen, um sich zu verbeugen?" höre ich Tatianas Stimme, vor zwanzig Jahren. Wie oft noch? In Deutschland mehr. In England, Japan, Amerika weniger… Auf jeden Fall nicht der Leistung entsprechend. Der Tradition!!! (Wie diejenige der Holländer, die das schlimmste Geschehen mit „standing ovations" begrüßen. Ein großzügiges Publikum… eine großzügige Tradition.)
21.03 Uhr. Im Künstlerzimmer. Durst. (War es Arthur Schnabel, der gesagt hat, Konzerte gebe es nur, um Durst zu bekommen?) Zwei Flaschen, wenn vorhanden (nicht in den „wichtigen" Musikzentren), helfen wenig. Immer noch Durst. Schnellstens dazwischen das verschwitzte Hemd wechseln. Autogrammjäger klopfen schon.
Türe auf, die Menge, die vielen Hände (sanft, stark, schmerzvoll, weich wie eine Meduse, zitternd wie eine Jungfrau, schüttelnd wie ein Boxer – wer gewaschen, wer parfümiert, wer beides nicht).
21.35 Uhr. Symphonie durch die Lautsprecher. Alles klingt wie eine gute oder schlechte CD. Der Hausklang täuscht. Die Töne scheinen bekannt zu sein. Hat man nicht schon alle Symphonien hinter den Kulissen gehört?

86

22.11 Uhr. Alles aus. Die Menge verschwindet. Cocktailparty? Die Fortsetzung der Fragen des Vormittagsgesprächs? Oder ein Dinner? Hausgäste, Firmen, Fotografen, Vertreter? Gesichter, die Masken ähneln, hinter denen sich viele Statisten verstecken? „Kein Wein? – Wieso, Sie Armer?" Oder wie gewohnt: „Wohin geht es morgen? ... Sie Glücklicher." – „Haben Sie überall so einen Erfolg? Ich wünschte, meine Tochter würde auch Musikerin. Könnten Sie ihr bitte etwas ins Büchlein schrei ..."

Warum dauert es so lange? Die anfängliche Bereitschaft zum Geschwätz verliert ihren Elan. Die Erschöpfung zeigt sich ungeschminkt. Dazu noch die Nervosität in der Erwartung eines Nachtgesprächs. (Mit wem wohl? Wahrscheinlich wieder mit sich selber?)

0.58 Uhr. Das Zimmer wird erreicht. Der Anruf erfreut erwartungsgemäß nicht. Andere Folgen. In Los Angeles ist Nachmittag und für jemanden dort gerade wichtig zu wissen, was ich im Jahre 1999, am 9. Juni um 21.19 Uhr spielen will.

Der Koffer wird vorbereitet. Nun sind es zwei Kissen und ... das Heulen des Ambulanzwagens. Zum Glück nicht für einen selber. Morpheus, im Unterschied zur Ambulanz, eilt aber nicht. Er ist lange unterwegs. Meine Güte, bin ich müde!!! Der Wecker wird trotzdem eingestellt. Für 6.40 Uhr. Der Beruf verpflichtet. Und die Musik, die man spielt, ist doch „sooo schööön!"

Tägliches Brot

Bielefeld. Eine Frau steht lange hinter der Bühne an. Endlich kommt sie zu Wort. Das Übliche: „Bitte – ein Autogramm. Sie haben so schön gespielt. Ich werde es nie vergessen."

Die Fortsetzung verblüfft mich jedoch: „Sagen Sie mir doch bitte, was Sie heute zu Mittag gegessen haben."

Und als Reaktion auf meine Verwirrung: „Nein, nein, lachen Sie nicht, es ist von größter Bedeutung."

Sollte ich antworten, wie viele Kalorien ich zu mir genommen habe, oder der Dame erklären, daß ein wahrer Künstler, um etwas zu leisten, immer hungrig sein muß?

Im Verkehr

New York. Ich überquere die 57. Straße. Diagonal. Plötzlich bekomme ich einen gewaltigen Stoß in den Rücken und falle um.

Der Täter, ein Schwarzer auf einem Fahrrad, fährt einfach weiter und fängt auch noch an, mich zu verfluchen. Als ich den ersten Schock überwunden habe, bleibt nur festzustellen, ob noch alle Gelenke funktionieren. Der Ellbogen hat eine große offene Wunde. Die Hände bluten. Die Menschenmenge reagiert kaum. In dieser Stadt ist sie an alles gewöhnt. Nur ein Herr bleibt stehen. Besorgt holt er sein Rasierwasser aus der Tasche und reicht es mir zur Desinfektion. Ich bedanke mich und versuche es zu verwenden. Dabei schaut mir der einfühlende Helfer direkt ins Gesicht und fragt verwundert: „Are you Gidon Kremer?" Ich nicke. Der Mann stellt sich als Bratschist aus Boston vor. Ohne zu vergessen, das übliche „nice meeting you" respektvoll hinzuzufügen, setzt er seinen Weg fort.

Gegenüber der Carnegie Hall kann man offenbar auch ohne Geigenkasten leicht erkannt werden. Eine Tatsache, mit der wilde Fahrradfahrer nichts zu tun haben.

Innerer Spiegel

Leningrad. Hotel Europa. Nach dem Mittagessen gehe ich aufs Zimmer, in der Hoffnung, mich vor dem Konzert ausruhen zu können. Im Fahrstuhl blicke ich in ein bekanntes Gesicht. In Sekundenschnelle bestärkt mich mein Gedächtnis: Ja, es ist der hervorragende Schauspieler Evgenij Leonov. Kein Sinn, ihn anzusprechen. Wir kennen uns nicht persönlich. Außerdem ist er sowieso mit sich selbst beschäftigt. Ich kann ihn aus der Nähe beobachten. Leonov scheint meine Anwesenheit nicht wahrzunehmen. Sich im Spiegel betrachtend, bemerkt er mit all seiner Überzeugungskraft: „Fett wie ein Ferkel!" Als unfreiwilliger Mithörer amüsiere ich mich im stillen: Jeder hat seine Nachmittagssorgen.

Maskerade

Deutschland. Mit Oleg Maisenberg fahre ich auf der Autobahn von Hamburg nach Bremen zum Konzert. Es schneit ununterbrochen, was zu einem aberwitzigen Verkehrschaos führt. Das schlechte Wetter nötigt uns zu äußerster Vorsicht. Wir verspäten uns, schaffen es gerade noch, kurz vor Konzertbeginn anzukommen. Die Probe muß ausbleiben. Das Publikum sitzt längst im Saal. Unsere Koffer mit der Konzertkleidung lassen auf sich warten. Sie befinden sich im Wagen des Veranstalters, unseres Freundes Werner Lutz, und dieser steckt immer noch im Stau. Wir beginnen in den Reisekleidern und ziehen erst nach der Pause die Fräcke an. An diesem Abend erhält selbst die Kleidung Beifall. Die Kostümierung, so stellen wir fest, hat doch ihren Platz im Bewußtsein des ebenfalls feierlich gekleideten Publikums.

Fehlstart

Moskau. Am Vorabend eines Recitals im Saal des Tschaikowsky-Konservatoriums findet eine öffentliche Generalprobe statt. Andrej Gawrilov und ich bereiten uns
gut darauf vor und üben bis zum letzten Augenblick bei
mir zu Hause. Kurz vor dem Weggehen klingelt das
Telefon. Unsere Probe im Konservatorium müsse am
Konzerttag vorverlegt werden, weil der Saal vom Staats-
orchester der UdSSR benutzt werde. Die Nachricht
lenkt ab. Da keine andere Lösung in Aussicht steht,
müssen wir zustimmen, obschon dies wieder Streß bedeutet.
Andrej geht das Auto starten, ich muß mich noch
umziehen. Wir sind gut gelaunt, die Arbeit verlief zufriedenstellend, und wir hatten Spaß miteinander. Es ist
schon sechs Uhr – höchste Zeit, das Haus zu verlassen.
Moskau kannte damals sogar in den frühen Abend-
stunden keinen Verkehrsstau: Die Straßen sind breit,
und Autos gab es sowieso nicht zu viele. So ließ sich die
inzwischen bekannte Nervosität der Vorkonzertstunden
in den Taxis von Paris bis Mexico City vermeiden. Ein
beneidenswerter Zustand.
Als wir im Konzertsaal ankommen, wird uns das Podium
gezeigt. Ein nagelneuer Steinway. Ein Wunder, wieso
gerade hier? Ob wir noch ein wenig spielen wollen?
Nein, eigentlich nicht, hatten wir doch bis zur letzten
Minute zu Hause geprobt. Dann vielleicht etwas trin-
ken? Ja, gerne.
Nicht immer denken die Veranstalter an die Bedürfnis-
se der Ausführenden, etwa den Wunsch, Flüssigkeit zu
sich nehmen zu wollen. Ab und zu glaube ich in der
Künstlerbetreuung sogar eine Gesetzmäßigkeit zu ent-

decken: Je größer der Saal, je berühmter das Fest, desto kleiner die Chancen, persönliche Zuwendung zu bekommen. Als Beispiel kann ich Salzburg nennen. Im Künstlerzimmer eine Flasche Soda-Wasser zu entdecken, grenzt an ein Wunder. Die sprudelnden Brunnen der Stadt erfreuen während der Festspiele die Touristen und zieren unzählige Werbeposter der Geschäftswelt. Die Musiker aber dürfen verdursten.

Zurück ins Haus der Künstler. Den Schluck heißen Tee vor dem Konzert weiß ich an diesem Tag wirklich zu schätzen. Langsam ist das Publikum wahrzunehmen, der Saal beginnt sich zu füllen. Ich öffne den Geigenkasten und ... Nein, nicht die Welt der schönen Töne ist darin zu erblicken, sondern ein erschreckendes Loch. Ein wie von Alarm ausgelöster Schockzustand bemächtigt sich meiner. Durch das Telefonat abgelenkt, hatte ich in der Eile vergessen, die Geige einzupacken. Als ich den Deckel schloß, blieb sie auf dem Klavier liegen. Zum Glück ist meine Straße, die Hodynka, nur zwanzig Minuten vom Konzertsaal entfernt. Andrej, der sich köstlich über die Situation amüsiert, ist bereit, in der Zwischenzeit Chopin-Etüden zu spielen und mir auf diese Weise aus der Patsche zu helfen.

Meines Werkzeuges plötzlich beraubt, realisiere ich, wie sehr ich mit der Last des Kastens von sechs Kilo verwachsen bin, wie sekundär dazu die Meditation über Künstlerbetreuung gewesen ist. Vor allem aber, was für eine Konzentration von Musikern rund um die Uhr, nicht nur während des Auftritts, erwartet wird. Auf der Bühne vergessene Noten, verpaßte Züge und Flugzeuge, Gedächtnislücken, unbeantwortete Briefe oder noch zu bezahlende Rechnungen – all das beweist, wie auch in der Atmosphäre der Obertöne gelegentlich Unvollkommenheit herrscht.

Der Zauberlehrling

Florenz. Während der Tournee der „*Kremer*ata" über-
nachteten meine Freunde und ich im kleinen romantischen Hotel „Mona Lisa". Groß war die Überraschung,
als ich in meinem Zimmer eine Jacuzzi-Badewanne
entdeckte. Noch nie zuvor hatte ich eine bedient.
Abends mußte man aber auf diesen Luxus verzichten.
Weil das Gerät einen großen Lärm verursacht, hatte
die Hotelführung beschlossen, es nur tagsüber benutzen zu lassen. Frühmorgens trieb mich die Erwartung
des Genusses ins Bad. Um diesen so ausgiebig wie
möglich – als Ausgleich für die Schlaflosigkeit – zu
gestalten, beschloß ich, Badeschaum zu verwenden.
Als der „Jacuzzi"-Motor eingestellt war und ich mich,
auf Verwöhnung programmiert, schon in der Wanne
befand, öffnete ich gleich zwei Packungen der Zauber-
flüssigkeit, die mich in jedem Hotel in Verführung
bringt. Naiv genoß ich den sich verbreitenden Duft,
bis er zu einer ausweglosen Situation führte. Der
Schaum – bald würde er bis zur Decke stehen – war
nicht zu stoppen. Die topmoderne Anlage war auf zehn
Minuten automatisches Funktionieren eingestellt und
spielte mir einen Streich. Nur die Musik von Paul Dukas
schien noch zu fehlen.
Sicher würde die vertraute Aufnahme Toscaninis, die
symbolisch mit der Situation zu korrespondieren schien,
meiner cartoon-ähnlichen Panik den letzten Schliff
verliehen haben.

Künstlers Zeitgefühl

Eines Abends, nach einem Abonnements-Konzert in Kaunas, kehrte ich in mein Hotel nach Vilnius zurück. Der lange Reiseweg von über hundert Kilometern war für die Heimkehr nach Mitternacht verantwortlich. Wieder blieb ich ohne Abendessen. Alle Restaurants hatten um 23.30 Uhr geschlossen. Zur späten Stunde mußte zudem noch gepackt werden. Als ich das hinter mir hatte, ging ich zur Etagenfrau, der bekannten „Dejournaja"; ein russischer, vom Französischen abgeleiteter Begriff.

Die Dame, die die Schlüssel aushändigt, ab und zu Tee verkauft und darauf aufpassen soll, daß um Gottes willen keine Freunde oder Freundinnen mit aufs Zimmer genommen werden, konnte man auch mit dem Weckdienst beauftragen. Wegen des frühen Fluges hatte ich Angst, den Wecker zu überhören. Sicher ist sicher, dachte ich, und außerdem ist es ihr Job. Die Etagenfrau nahm meine Bitte zur Kenntnis. Ich ging auf mein Zimmer, begleitet von Selbstmitleid über die Kürze der bevorstehenden Nacht. Es folgten noch einige Telefonate. Wie so oft waren es Versuche, mit sich selber oder mit denen, die am anderen Ende der Leitung waren, ins reine zu kommen. Nach einem Konzert völlig erschöpft, sehnte ich mich ganz besonders nach einer menschlichen Stimme. Das Telefon, ohnehin nur ein Kommunikationssurrogat, brachte an diesem Abend wenig. Die ferne Stimme verstand mich nicht, es war sinnlos. Kurz nach ein Uhr nachts begab ich mich deprimiert und hungrig – was kann einem auf Reisen Schlimmeres passieren – ins Bett. Der Koffer war gepackt, nur die Zahnbürste wartete auf die allmorgendliche Aktion.

Ich wurde vom Klingeln des Telefons geweckt. Eine männliche Stimme, es war der Manager der Philharmonie, klang hektisch: „Sie verpassen Ihren Flug, der Wagen wartet schon längst." Mein Schuldgefühl wachte als erstes auf. Ich begann dem Manager zu erklären, die Etagenfrau habe mich nicht aufgeweckt, und versprach, in fünf Minuten unten zu sein. Verdammt nochmal, doch verschlafen, auf nichts ist Verlaß. Ich putzte die Zähne, zog schnell meinen Anzug an, griff nach dem Koffer und eilte, so schnell ich konnte, durch den langen Etagenkorridor zum Ausgang. Mit offenem Pelzmantel, wie ein Esel von beiden Seiten mit Koffer und Geige bepackt – ein gutes Bild für einen Comic-Strip. Trotz der Morgenstunde, der üblichen Aufbruchszeit, war es noch ganz still im Hotel. Beim Fahrstuhl gab es unvermeidlich Kontakt mit der auf zwei Stühlen schlummernden Dejournaja.

Sie hob ihren Kopf, öffnete ein Auge und fragte etwas verwundert: „Sie reisen schon ab?" – „Ja, selbstverständlich", antwortete ich, beinahe empört über ihre Ruhe, „und Sie haben mich nicht aufgeweckt. Nun verspäte ich mich womöglich." Meine Nervosität ließ sich kaum im Zaum halten, die Schläfrigkeit der Dame steigerte sie nur. „Wirklich?" Ihre Stimme klang kühl und müde. „Sie wollten doch um sieben Uhr geweckt werden."

Erst in diesem Augenblick – nicht früher, nicht später – schaute ich zum ersten Mal auf meine Uhr. Es war ... zwanzig Minuten vor zwei. Was sollte das bedeuten? Völlig verstört begab ich mich zurück in mein Zimmer. „Das ist wohl ein schönes Konzert", hörte ich hinter meinem Rücken die Etagenfrau fluchen und ihren unterbrochenen Schlaf bedauern.

Nie erfuhr ich, was den Manager dazu gebracht hatte, mich anzurufen. War er betrunken, oder gab es einen

anderen Grund, weshalb er „zwanzig vor zwei" mit
„zehn nach sieben" verwechselte? Später war nur her-
auszubekommen, daß er mich aus einer Bar angerufen
hatte. Vilnius konnte in den siebziger Jahren, nicht nur
den Ausländern, sondern auch den Einheimischen,
nachts einiges mehr bieten als Moskau.

Das Eigenartigste an meinem Zustand war, daß ich nach
einer knappen halben Stunde Schlaf mich wieder ganz
frisch gefühlt hatte. Es war wohl mein normaler
Lebensrhythmus, der seinen Halt in einem Wecker fand.
Blind verließ ich mich auf einen Zeitplan, auf Verein-
barungen. Ich bin sogar überzeugt, an dem frühen Morgen keine Müdigkeit gespürt zu haben. Die Misere verfolgte mich, die späten Telefonate und der knurrende
Magen taten ein übriges. Das Aufwachen blieb mir
praktisch erspart.

Natürlich erschien die Geschichte erst in der Erinnerung lustig. Distanz besaß wie so oft Heilkraft.

Podiums-Etüden

Im Winter wurde mir am Zeh ein eingewachsener Nagel entfernt. In Moskau. Am selben Abend sollte ich vors Publikum treten. Nicht nur der Schmerz war das Problem. Ich konnte auch den Konzertschuh nicht anziehen. Der Fuß war geschwollen und wollte aus dem gleich nach der Operation angezogenen Winterstiefel nicht heraus. Man wunderte sich wohl, warum ich so respektlos gekleidet auf der Bühne erschien. Vor knappen fünf Jahren wiederholte sich die Situation in Paris und zwang mich, in einem Schuh und einem Socken auf die Bühne zu hinken, um Sofia Gubaidulinas wundervolles Offertorium zu spielen.

In New York schnitt ich mich während der Zubereitung eines Sandwiches einmal in die Spitze des Mittelfingers meiner linken Hand. Wie oft hatte meine Mutter den bekannten Satz gesprochen: „Sei vorsichtig, du könntest dich schneiden!" Nun war es soweit. Zwei Tage später mußte ich in Los Angeles auftreten, drei Tage darauf in der Carnegie Hall. Absagen gehören nicht zu meinen Gewohnheiten. Plastikkappen halfen nicht viel, der Schnitt war tief. Was tun? Ich mußte eben den Schmerz überwinden. Wie sehr das Violinspiel eine Millimeter-Angelegenheit ist, wurde mir an diesen Abenden bewußt. Die Zuhörer wunderten sich vielleicht, warum ich an offensichtlich einfachen Stellen zusammenzuckte und Übergänge nicht immer einwandfrei gestaltete.

Sänger mit Halsschmerzen oder Bronchitis können sich dem Publikum gegenüber mit dem Begriff „indisponiert" rechtfertigen. Aber: „Gidon Kremer hat sich in den Finger geschnitten"? Das geht nun wirklich nicht.

Auch wenn der beim Spiel entstehende Schmerz in keinem Verhältnis zum winzigen Schnitt steht.

Das ist der Beginn eines Blicks hinter die Kulissen, wo das Heitere, Zufällige, Ärgerliche eine eigene Partitur bilden. Und die ist keine revidierte Fassung und nicht bloß Begleitsatz für die Klänge, die von den Zuhörern genossen werden.

Eine Frage:

Was machen Sie, wie ist Ihre natürliche Reaktion, wenn Sie irgendwo an Ihrem Körper, im Schlaf oder während eines Gesprächs, beim Musikhören oder im Restaurant, spüren oder mit dem Ohr wahrnehmen müssen, daß sich eine Mücke in Ihre Nähe begibt, sich sozusagen im Anflug befindet? Oder sogar schon den ersten Versuch macht, ihren Stechrüssel unter Ihre Haut zu stecken? Ich höre Sie sagen: „Natürlich versuche ich mit einer Handbewegung, einem Schütteln, einem Schlag oder einer Körperdrehung dem zu entkommen."

Die Techniken sind verschieden. Als Alternative sehe ich Sie Ihrer Aggression freien Lauf lassen. Das Erwischen gelingt nicht oft, die Weibchen – wie man weiß, stechen nur sie – sind schon ganz clever: Così fan tutte. Allerdings bewältigt man mit etwas Glück oder Schlauheit das Problem bisweilen doch. Dem Prozentsatz des Erfolgs müßte sich eines der großen Statistik-Institute in Amerika oder Deutschland widmen. Vielleicht käme es dann zu einer Eintragung – mit jährlicher Korrektur – im Guinness-Buch der Rekorde, die dem generellen Charakter dieses Werks entspricht. Mir fehlen die Worte, um die Genugtuung über das Zustandekommen eines blutigen Flecks zu beschreiben.

Eine zweite Frage ist möglicherweise etwas schwieriger zu beantworten.

Was würden Sie tun, wenn Sie dieselbe Mücke auf Ihrer Stirn spürten, dabei aber im Freien stünden und einen langen, pausenlosen letzten Satz eines Bach-Konzertes zu spielen hätten? Genau! Das war auch meine Entscheidung. Indem ich mich der Musik widmete, verblutete ich, von dieser winzigen Vampirin attackiert. Sie nahm sich die Zeit – und Bach gab ihr ja die Möglichkeit mit seinen endlosen Sechzehnteln –, mich soweit sie nur konnte auszusaugen. Gott sei Dank waren irgendwann auch ihre Möglichkeiten erschöpft. Eine Orgie als Abendmahl für die Protagonistin, ein großer juckender Stichfleck für den Solisten. Das Publikum, hoffe ich, merkte nichts. The show must go on. Wir müssen ja Profis bleiben.

Die Fragen werden fortgesetzt. Was meinen Sie, was ein Dirigent einem Solisten oder ein Solist einem Dirigenten sagt, wenn sie sich nach dem gespielten Werk kräftig die Hände schütteln? Sie glauben wohl: „Dankeschön!" Oder: „Du warst fabelhaft!" Respektvoller: „Sie sind fabelhaft."

Wie wäre es jedoch mit:

„Bin ich nicht toll?" Oder:

„Noch einmal geschafft!"

Hier eine Auswahl der ganzen Litanei:

„Wieso setzte der Oboist zu spät ein, habe es ihm doch schon während der Probe gesagt…"

„Sorry… Entschuldigen Sie bitte, ich war am Schluß zu schnell…"

„Es war schon gut, aber die Kadenz gefällt mir trotzdem nicht…"

„Das Publikum ist doch unmöglich: so laut – und dieses Husten."

„Das Klavier schlecht gestimmt und der Saal miserabel."

100

Könnten Sie sich aber vorstellen, daß dieses Hand-
schütteln einfach bedeutet:

„Guten Abend!" oder: „Helfen Sie mir bitte, wie heißen
Sie? Habe wieder Ihren Namen vergessen."

„Gleichwohl nett, Sie kennenzulernen, aber ich spreche kein Französisch."

„War das nicht das beste Konzert der Tournee (der
Saison oder meines Lebens)?"

Es gibt Alternativen für Selbstvergessene, In-sich-selbst-
Verliebte, und Situationen, in denen solche Worte den
Umständen, dem Spiel, der Leistung viel mehr ent-
sprächen.

Bevor wir das Podium verlassen, taucht in der Erinnerung so einiges auf, das ich an diesem unbequemen
Ort – Yevgenij Mrawinski charakterisierte ihn als Guil-
lotine – erlebte. Ich war in Washington, D. C. Auf dem
Programm stand das Beethoven-Konzert, mit dem ich
durch Amerika reiste. Wir spielten es mit dem English
Chamber Orchestra schon zum zehnten Mal. Aber die
Nervosität begleitet mich bei diesem Werk ständig, ist
es doch *das* Violinkonzert. Der Dirigent, Sir Charles
Mackerras, verhielt sich dabei lediglich korrekt, nicht
mehr. Man mußte sich mit Inspiration selbst helfen;
„self-service" gewissermaßen. Ich schloß die Augen. Gelegentlich erscheint die Muse in der Dunkelheit. Als ich,
ihr folgend, am Pult vorbeiblickte, sah ich in der ersten
Reihe des Saales ... einen Hund! Erschrocken versuchte ich in den Text zu schauen, um mich nicht ablenken
zu lassen. Wer weiß, was noch alles passieren würde.
Wie sollte ich in diesem Augenblick, mitten im Werk,
wissen, daß es im Kennedy-Center Sitze für Blinde
gibt?

Die nächste Episode – ebenfalls aus dem Fundus der
Kleinigkeiten – handelt von der Verbeugung. In Rom

sah ich plötzlich in der ersten Reihe einen Mann ein Schild halten: „Lai dzivo briva Latvia" – Es lebe das freie Lettland. Gibt es hier eine Demonstration? Will man mich etwa in die Politik hineinziehen? Lebt hier, fern vom Heimatland, unweit vom St.-Peters-Dom, ein Nachfolger des lettischen Präsidenten? Merkwürdige Gedanken gingen mir durch den Kopf. Was hat das alles mit Alban Berg zu tun? Nein, trotz Sympathie für ein unabhängiges Lettland – erst Jahre später bekam mein Heimatland den Status eines freien Landes – empfand ich in diesem Moment keinen Patriotismus.

Von Hunden oder Demonstrationen einmal abgesehen, hat man vor allem mit Routine zu tun:

– Die Frackgürtel fallen vor den Augen aller Zuhörer zu Boden.

– Saiten reißen. Was macht man nun? Sie haben es sicher oft erlebt, und einigen unter Ihnen ging durch den Kopf: „Der Arme, so ein Pech." Oder auch: „Na, der hat sich ja wohl nicht gut genug auf das Konzert vorbereitet, und das bei diesen teuren Karten." Derjenige, der das Problem hat, denkt nur in Mikrosekunden-Geschwindigkeit: „Soll ich, kann ich noch zu Ende spielen? Welche Saite ist es? Brauche ich sie denn oft?" Paganini bewältigte so seine eigenen Kompositionen, wer weiß, was er sich da noch einfallen ließ! „Soll ich den Konzertmeister um sein Instrument bitten? Hat er ein gutes? Wird er es mir geben?" Es sind Zwischenfälle bekannt, da der Solist die von ihm erbetene Geige des Konzertmeisters nicht erhielt, weil dieser sich weigerte.

Wenn Sie dann schließlich das neue Instrument ergriffen haben, sind Sie überrascht über den Klang: „Mein Gott, damit kann ich ja keinen anständigen Ton erzeugen! Wie spielt er denn auf so einem Kasten? Der

102

Kinnhalter ist doch fürchterlich und tut einem noch weh. Dazu stimmt die Geige gar nicht. Was jetzt?"
Im Glücksfall ist das Publikum wild vor Begeisterung. „Schau doch, der kann auch mit einem fremden Instrument zurechtkommen." Ein Zwischenfall der Japanerin Midori in Tanglewood, als ihr zwei Saiten im selben Konzert platzten, ging regelrecht durch die Weltpresse und sorgte sogar für zusätzliche Publicity. Dem exaltiert spielenden Misha Maisky rissen einmal sogar drei. Dann, nach dem Konzert beim Abendessen, die sich wiederholende Frage: „Sind Sie auf so etwas vorbereitet? Nehmen Sie immer auf die Bühne zusätzliche Saiten, Instrumente und Bögen mit?" Misha tut es! Ich muß da enttäuschen. In Wirklichkeit fühlt man sich wie von einer automatisch funktionierenden Tür eingeklemmt. Oder: das Glas liegt am Boden, der Flascheninhalt zerrinnt auf der Hose, beides in Hotels und Flugzeugen mehrmals erprobt. Kurz und gut, eine Notsituation.

Noch schlimmer kann es sein, wenn man nicht mit dem Orchester, sondern allein oder nur mit einem Partner auf der Bühne steht. Da ist mit keiner Solidarität zu rechnen. Pianisten produzieren eine dem Klirren der Saiten entsprechend saure Grimasse und spielen ungerührt weiter. Dabei passiert die Katastrophe meistens ohne die kleinste Schuld des Interpreten. Das Verabschieden vom Publikum – wenn auch nur für fünf Minuten – ist für uns Geiger unvermeidbar. In der Berliner Philharmonie führte ich einmal die Schostakowitsch-Sonate auf. In einer lauten Passage riß mir die A-Saite. Am nächsten Tag las ich in der Zeitung: „Die Partner hatten große Schwierigkeiten, miteinander zu kommunizieren. Mitten im Spiel mußte einer von ihnen die Bühne verlassen, der andere folgte. Meine

Nachbarin sagte nur, hoffentlich schlagen die sich nicht." Die Musikkritiker haben schon ein weiches Herz.

Aber die Geschichten über reißende Saiten behandeln nur eine der vielen Möglichkeiten eines Bühnen-Desasters. Instrumente sind immer in Gefahr. Doch nicht jede Notsituation geht zwangsläufig schlecht aus. Eine Kindheitserinnerung: Swjatoslaw Richter spielte in Riga die drei letzten Klaviersonaten von Beethoven. Mittendrin fuhr ihm das ganze Pedalgestell weg. Ein Klavierstimmer wurde gerufen, legte sich unter den Steinway, als sei es ein Auto, und Richter begann die ganze Sonate von Anfang an. Die Wiederholung des Werks, vom Künstler wahrlich genossen, beeindruckte noch mehr.

Bögen. In Stuttgarts „Liederhalle" befand ich mich mit Martha Argerich im Finale der Schumann-Sonate. Plötzlich merkte ich, daß sämtliche Bogenhaare das Griffbrett überschütteten. In den ersten Sekunden hatte ich den Eindruck, sie seien alle ausgefallen. Dann erst stellte ich fest, daß der Bogen – ein wertvoller Hill noch dazu, unlängst in London zu hohem Preis erworben und nicht versichert – gebrochen war. Die Romantik der Musik hielt Schritt mit der Nüchternheit, mit der ich den Verlust wahrnahm.

Und dann noch:

– Der knarrende Boden. Wo genau?

– Das Licht direkt, blendend in die Augen gerichtet. Bei der Probe war es woanders.

– Der quietschende Stuhl des Partners. Merkt es das Publikum nicht?

– Das Geräusch hinter der Bühne. Kann niemand aufpassen, damit es dort ruhig wird?

– Die vorbeifahrenden Züge, die U-Bahn oder die Tram. Was wohl früher gebaut wurde – die Carnegie Hall oder der unter ihr knurrende JFK-57 Street-Express? Ausnahme? Eher die Regel. Ambulanzen und Feuerwehrautos begleiten die Partituren nicht nur in New York und gehen mit der Klangwelt Hand in Hand.

– Die Fernsehkamera, die sich vor den Augen bewegt und auf der Suche nach optimalem Bild den Körper-Kontakt mit dem Ausführenden nicht unbedingt meidet. Die Erfinder und Verwalter der Geräte setzen ihre Prioritäten. Die von ihnen konstruierten „Körper" haben eine unwahrscheinliche Sehkraft und Sehschärfe. Aber leider keine Ohren.

– Das tiefe oder hohe Notenpult, dem tiefen oder hohen Stuhl für Pianisten ebenbürtig.

– Die Umblätterer, die ständig zu früh oder zu spät sind. Haben wir nicht oft genug gesagt, daß es jemand sein muß, der Noten lesen kann?

– Die lieben Kinder, die, von den Eltern motiviert, in die erste Reihe gesetzt werden und zu den Klängen mit ihren kleinen Beinchen den vermeintlichen Takt schlagen.

– Das zu spät gekommene Publikum, das seinen Streß abreagiert, sowie diejenigen, die am Schluß des Abends ihren Mantel ohne zu warten holen wollen.

Nein, das Konzertpodium ist einer der ungemütlichsten Orte auf Erden. Wer es nicht glaubt, muß es selber ausprobieren.

Rot sehen

Die Reise nach Spanien, die wir in München antraten, brachte Aufregendes. Kurz nachdem wir die vorgesehene Flughöhe erreicht hatten und uns das Essen serviert wurde, hörten wir ein Geräusch, ein merkwürdiges Pfeifen. Das Flugzeug schwankte, und allen Stewardessen und Stewards stand die Panik ins Gesicht geschrieben, so sehr sie es auch zu verbergen suchten. Sie eilten durch den Gang und nahmen uns Flaschen und Eßtabletts weg. Die Passagiere wurden gebeten, sich auf eine Landung vorzubereiten. Die Nichtraucher-Zeichen leuchteten auf.

Nach ungefähr zwanzig Minuten konnten wir verunsicherten Flugzeuginsassen feststellen, daß Zürichs Flughafen Kloten zu sehen war. Spannungsvolle Stille. Keine zusätzliche Information mehr aus dem Cockpit. Als wir uns erleichtert auf der Landebahn befanden und die Feuerwehr, Militär- und Krankenwagen erblickten, wußten wir immer noch nichts über den Grund der Notlandung. Es wurde erst viel später erklärt. Der Jet hatte Kerosin verloren, und die Gefahr, daß es beim Austritt mit einer heißen Fläche in Berührung kommen könnte, muß groß gewesen sein. Vierundzwanzig Stunden dauerte es, bis eine Maschine nach Madrid weiterfliegen konnte.

Unser Recital-Programm schloß mit einer besonderen Zugabe ab. „Ferdinand", ein Stück für Violine und Sprecher des englischen Komponisten Alan Ridout, begleitete uns inzwischen in viele Länder. Elena konnte dabei ihre schauspielerische Begabung und ihre Fähigkeit, leicht mit Sprachen umzugehen, zum Ausdruck bringen. Überall sorgte das Stück für Erfolg – ob auf

deutsch, französisch, italienisch oder in seiner Original-
sprache englisch.

Nicht so in Spanien. Ferdinand, der Held der Geschichte, war nämlich ein junger, freundlicher Stier, der die
Blumen mehr liebte als den Kampf. Sozusagen ein
Pazifist. Etwas, das in der ganzen Welt als rührend oder
gar witzig empfunden wurde, wirkte auf manche Spa-
nier als Affront gegen die nationale Stierkampf-Tradi-
tion. Mehrere Musikliebhaber (oder waren es Aficio-
nados?) verließen empört den Saal. Sie glaubten, wir
wollten uns über sie mokieren. Das begriffen wir freilich erst, als einige Türen laut zuflogen. Natürlich genoß der größte Teil des Publikums die Zugabe trotzdem.
Pazifismus, Humor und Musik – was könnte positiver
aufgenommen werden und internationaler sein?

Ein anderes Mal überraschte in Spanien nicht so sehr
das Publikum, ich selber war die Überraschung – für
die Zuhörer wie die Kollegen jedenfalls. Es war auf
einer Tournee mit dem Chamber Orchestra of Europe.
In der Pause brachten mir ein paar Mitglieder der
Gruppe eine bunte, stilisierte Rokoko-Gesichtsmaske
aus Papier, die sie am gleichen Tag in einem Spielwaren-
geschäft gefunden hatten. Das brachte sie auf den Einfall, ich könnte darin das letzte Stück, das „Moz-Art
à la Haydn“ von Alfred Schnittke dirigieren. Das amü-
sante Werk muß laut Partitur in voller Dunkelheit
beginnen. Die aleatorisch aufgebaute Spannung findet
ihren ersten Höhepunkt in dem vom Licht begleiteten
Akkord.

Ich ließ mich überreden, schwieg aber darüber. Auf der
Bühne legte ich mir im stockdunklen Saal die Maske an
und wartete. Meine Freude, die ich hinter der Maske
leicht verbergen konnte, war groß, als ich sah, daß die
Spieler vor Lachen kaum mehr ihre Instrumente halten

konnten. Das Publikum, zu dem ich ja mit dem Rücken stand, merkte zuerst nichts – erst bei der Verbeugung nahm es die Verfremdung belustigt wahr.

Diese Europa-Tournee im Jahr 1988, in deren Verlauf ich alle Mozart-Konzerte spielte, fand in Spanien ihren Abschluß. Die Zusammenarbeit mit den damals noch sehr jungen Musikern war für mich eine der schönsten Erfahrungen. Das Gefühl, sich auf derselben Wellenlänge zu bewegen, habe ich später oft mit ihnen gehabt.

Unser vorletztes Konzert besuchte Vladimir Spivakov, mein Studienkollege aus Moskauer Jahren, zusammen mit den Mitgliedern seines Orchesters, das den stolzen Namen „Moskauer Virtuosen" trägt. Begrüßungen, Gratulationen, das Übliche... Und dann am nächsten Tag ein Kompliment des Meisters an die Orchestermanagerin June Megennis: „Ein sehr gutes Kollektiv, wobei es noch viel besser spielen könnte." Meinte er damit etwa „virtuoser"?

Bilder einer Ausstellung

Was doch so alles – außer dem Instrument – im Violin-
kasten Platz findet: Bögen, Saiten, Kolophonium,
Dämpfer, Reinigungsmittel, Bleistifte, Radiergummi,
Brillen, Stützen, Talisman … Fotos!
Auch ich plazierte da seit meiner Kindheit Bilder, die
mir von Bedeutung waren: Porträts von Van Cliburn
oder Jacques Brel, für die ich schwärmte; weibliche
Gestalten, von denen ich eine Gunst erwartete; humor-
volle Postkarten, wie die vom Heiligen Intonatius, oder
Aufnahmen meiner Töchter Ailika und Gigi, die her-
anwuchsen und mein Herz erwärmten. Lika schickte
mir einmal eine Postkarte mit einem traurigen Äffchen
drauf, das ausrief: „Papi, wo bist du?" Und Bilder der
fröhlichen Gigi, die noch immer einen Ehrenplatz hinter den Bögen haben, erinnern ständig an all das, was
ich in der Ferne vermisse.
So begleiten uns Musiker jene, die uns viel bedeuten,
so wie Landschaften und Symbole, die berühren.
Lika ist inzwischen erwachsen und will Schauspiele-
rin werden. Das war der eigentliche Anlaß, warum
Alexandra und ich mit ihr für einige Tage nach Avignon
zum Theaterfest fuhren. Begeistert von Ariane Mnouch-
kines Théâtre du Soleil wollte ich meine Freude mit
den jungen Damen teilen und neue Inszenierungen
sehen.
Eines Abends verschlug es uns in eine nur mühsam
gefundene Präsentation russischer Amateure, die aus
dem nördlichen Archangelsk angereist waren. Einen
ganzen Monat lang gab die Liebhabergruppe Vorstellungen im Rahmen des Fringe Festivals von Avignon.
Ein wenig zu spät erreichten wir den Saal, in dem bei

vollständiger Dunkelheit der Auftritt schon begonnen hatte. Der Raum für etwa einhundert Zuschauer war halbleer. Wir fanden in der Dunkelheit leicht noch drei Plätze in der Nähe des improvisierten Podiums. Die restliche Stunde genossen wir eine in Reimform gehaltene Darstellung des Provinzlebens in dem nicht nur sprachlich uns so vertrauten Land. Die Schauspieler bedienten sich einer Reihe von Requisiten, darunter auch selbstgebastelter Musikinstrumente.

Ein großes Holzbrett mit der Aufschrift „Yamaha", das regelmäßig als Höhepunkt eines Verses zu Boden fiel, gehörte neben einer singenden Säge dazu und sorgte beständig – wenn schon nicht für dramaturgische –, so wenigstens für akustische Akzente.

Die Überraschung war groß, als sich die Akteure zum Schluß der Vorstellung in unsere Richtung begaben. Ihre Aufgabe war offensichtlich, das Publikum mit dem Dorfleben vertrauter zu machen, indem sie es daran teilhaben ließen. Ein großer Schauspieler nahm mich kräftig an der Hand und zog mich zur Bühne. Ohne zu ahnen, daß ich ihn verstehe, lockte er mich mit den Worten: „Komm, komm, wirst gleich Rostropowitsch sein!" Danach drückte er mir zwei Metallröhren in die Hände und zeigte, wie man sich ihrer bedienen kann. Den dabei von mir produzierten Lärm möchte ich ungern noch einmal hören. Aber ins kleine Orchester fügte er sich rhythmisch gut ein.

Alexandra, die sich engagiert als Fotografin ausbildete, hatte zum Glück ihre Kamera mitgenommen. Und so schmückt meinen Geigenkasten seit der Zeit auch ein Schnappschuß, bei dem ich als Schlagzeuger, ein Traum meiner Kindheit, auftrete.

Die Vorstellung hieß im übrigen: „Ist's Dir nicht lieb – höre nicht zu."

110

Höflichkeit

Das Publikum besteht nicht immer nur aus Musik-
besessenen und Kollegen. Touristen, die zufällig in einer
Stadt weilen, können dazu gehören, ebenso – wenn auch
eher selten – Prinzessinnen und Prinzen, Königinnen
und Könige. Letztere zeichnen sich nicht in jedem Fall
durch Liebe zur Musik oder zu den Musikern aus. Die
Zeiten einer Königin Elisabeth von Belgien, die das
Geigenspiel selber ausübte, Violinunterricht bei Virtuosen von Ysaye bis Oistrach hatte, scheinen vorbei zu
sein. Früher gehörte das Beherrschen eines Instrumen-
tes zum guten Ton bei Hof. Übriggeblieben ist davon
nur die Höflichkeit, sich gelegentlich der Kultur zu
widmen. Sicher gibt es auch unter den gekrönten Häup-
tern Ausnahmen. Ich denke an Königin Fabiola und
König Baudouin, die die Tradition des bekannten
Brüsseler Musikwettbewerbs weitergeführt haben, oder
Königin Sophia von Spanien, die immer wieder Musikern zur Seite steht. Auch die Großherzogin von
Luxemburg, die Enkelin von Königin Elisabeth, die sich
noch gut an ihre geigende Großmutter erinnert, zeigte
sich einmal durch Violintöne von Mendelssohn bis
Kancheli sehr angetan.
Meine Kontakte zu Königshöfen blieben eher spärlich.
Die Aufzählung würde bescheiden ausfallen, obschon
Könige, Fürsten, First Ladies, Staatsoberhäupter, Mini-
sterpräsidenten und hohe Geistliche nicht selten zu
meinem Publikum zählten. Freilich handelte es sich bei
ihren Besuchen oft um offizielle Anlässe. Dann und
wann saßen wir auch am gleichen Tisch, aßen gemeinsam zu Abend, und ich hatte die üblichen Fragen zu
beantworten oder Anekdoten zu erzählen. Natürlich gibt

es Kollegen, die diesen Umgang mehr pflegen als ich und sich viel mehr darum bemühen, in den Genuß solcher Gespräche zu kommen. Das sei nur nüchtern festgestellt. Auch wenn hin und wieder diese Kontakte sogar ganz nett sein können, beschränkten sich die meinen im großen und ganzen jedoch auf Small talk – natürlich auf erlauchtem Niveau!

Ein Zwischenfall anläßlich eines solchen Treffens blieb mir im Gedächtnis haften. Es passierte anläßlich der Bernstein-Gala in London. Queen Elizabeth war nebst Prinzgemahl Philip, Duke von Edinburgh, anwesend. Wir Künstler wurden ihnen nach dem Konzert vorgestellt. Man hatte uns vorher beigebracht, das Paar mit „Majesty" anzusprechen, auch dem lieben englischen Teenager, der in Bernsteins „Chichester Psalms" solistisch mitsang und sichtlich aufgeregt war. Sein englisches Blut erreichte den Siedepunkt. Das Königspaar trat ein. Eine Mischung aus spannungsvoller Stille, Blitzlichtern und spürbarer Neugier begleitete die Zeremonie. Prinz Philip folgte seiner Gemahlin, die an allen vorbeischritt und jedem die Hand drückte: „Thank you Majesty." Beim jungen Sänger blieb der Duke stehen und fragte ihn: „Wie alt bist du?" – „Vierzehn, your Majesty." – „Na, dann ist deine Karriere als Sänger sicher bald vorbei!" Der Junge errötete verlegen und war sprachlos. Die Königin, ohne es böse zu meinen, blieb auf demselbem Niveau und wünschte ihm trotzdem alles Gute. Dem königlichen Paar lag die Pferdekunde offensichtlich näher als die Wissenschaft von der Musik. Vierzehn Jahre sind für ein Pferd sicherlich viel kritischer als für einen Sänger.

Worte und Begriffe

Es hat schon etwas Gesetzmäßiges, wenn in Amerika, dem Land, das die Dinge gern beim Namen nennt, von der Kunst, Malerei, Film und Musik, als „Leisure and Entertainment" gesprochen wird. Die Sprache der Amerikaner wird im Gegensatz zu den Sitten der Europäer nicht durch Tradition gehemmt. Die Informationen zur Kunst findet man da in den Tageszeitungen oft in der Rubrik „Unterhaltung". Auch in meinem japanischen Arbeitsvisum heißt es seit Jahren Entertainer. Die meisten Pop- und Rockproduktionen oder die Broadway-Shows sind diesen Spalten angemessen. Trotzdem finde ich bemerkenswert, daß in Ländern, die sich als Königreiche der Information bezeichnen könnten, die Musik und unsere ernstesten Absichten zur Vergnügungsindustrie zählen.

Um der Sache noch ein wenig näherzukommen, will ich den Begriff Show unter die Lupe nehmen. „To show" heißt „zeigen". Den Amerikanern ist das „Show-off" sehr vertraut im Sinne von „sich zeigen" – eine alltägliche Redewendung. Mit „to show off" meinen sie „sich am besten verkaufen". Der Begriff wird auch als Ausdruck der Bewunderung gebraucht: „He really showed off." Und als Kritik, wenn gemeint ist, daß das angestrebte Ziel verfehlt wurde. Der Ausdruck bewährt sich in der Minimalistik der Umgangssprache für beide Bedeutungen. „To show", „to show off", „what a show" bedeutet im Deutschen „Zur-Schau-Stellen", „Schau-Spiel", „eine Schau abziehen". Vielleicht besitzt diese von Hollywood und vom Fernsehen beeinflußte Entwicklung des Denkens und Bewertens ihren Ausgangspunkt ja sogar irgendwo in der Alten Welt.

Wahrscheinlich sind wir, ohne dies direkt auszudrücken, mit derselben Krankheit infiziert, nur geschickter, unsere Vorliebe für die Schaulust zu kaschieren.

Wie auch immer. Es war bizarr, als wir uns in Aspen, Colorado, in einer Kirche befanden und auf einem handgeschriebenen Plakat lasen, daß alle nach der Messe zu Donuts (Berliner Pfannkuchen) und Kaffee eingeladen seien. Wir sollten „Die sieben letzten Worte unseres Erlösers am Kreuz", das geniale Quartett von Joseph Haydn, aufführen. Vorher kam der Bühnenverwalter zu uns und fragte: „Guys! When is your show over?"

Zwei Welten

Im Dezember 1975 fuhr ich nach Tallin. Es war Weih-
nachtszeit. Aber nicht dieser Umstand brachte mich in
die noch vielfach den Geist der Vergangenheit atmende
Stadt im Baltikum. Oft war ich hier zu Gast gewesen,
mochte einfach die Luft und kehrte so immer gerne in
die Stadt, die meinem Riga so ähnlich ist, zurück. Den
Anlaß gab nicht selten mein Beruf. Vielleicht klingt das
ein wenig zu distanziert, denn Freundschaft spielte keine
geringe Rolle.

Alfred Schnittkes Erste Symphonie sollte zum zweiten
und, wie sich später herausstellte, zum letzten Mal für
die nächsten zehn Jahre aufgeführt werden. Kurz zuvor
war sie in Gorki von den Parteibonzen als ideenarm
bezeichnet und auf typisch sowjetische Art mit einer
Aufführungssperre belegt worden.

Eri Klas, unser guter Freund, ein lustiger Geselle und
brillanter Dirigent, hatte den Mut, das Werk aufs
Programm zu setzen. In Estland war noch so einiges
möglich, was in Moskau schon hoffnungslos erschien.
Das Konzept von Alfred verlangte im ersten Teil des
Programms die Aufführung der Abschiedssymphonie
von Haydn, als Happening gewissermaßen. Am Schluß
seines eigenen Werkes erklangen nämlich als Rück-
blende-Zitat die letzten „Papa-Haydn-Takte". Diese
sollte ich auf dem Balkon, im Publikum sitzend,
spielen. Das Programm wurde ergänzt durch Haydns
Doppelkonzert für Violine und Klavier, ein relativ
unbekanntes Werk, das im Laufe der Schnittke-Sym-
phonie eine Basis für eine kleine Improvisation bildete.
Die beiden Solisten, Alexei Ljubimov und ich, hatten
nach Alfreds Anweisungen die Kadenz zu spielen und

wurden von einer Jazz-Band zunächst begleitet, dann schließlich übertönt.

Die Proben liefen gut, die Erwartung der Aufführung – als kleine Freiheits-Demonstration – schien nicht nur die Musiker zu erfreuen. Das Ereignis war schon zum Stadtgespräch geworden. Die Symphonie, quasi verboten, galt seit Jahren als ein Dissidenten-Werk. In welcher Musikmetropole der Welt würde eine solche Aufführung wohl zu einem derart heißen Gesprächsthema?

Am Vortag wandte sich während der Probe jemand an mich und fragte, ob ich nicht Lust hätte, am Abend in einer Kirche zu spielen. Ein solcher Vorschlag, dem man an einem anderen Ort keinerlei Hintergedanken unterstellen würde, klang hier wie ein Akt der Konspiration. Ich mußte nicht zweimal raten, worum es ging, schließlich war ich auch in einer deutschen Familientradition aufgewachsen. In der Sowjetunion wurde Weihnachten offiziell nicht gefeiert. Das Kirchenfest hatte so, am Rande der Legalität, eine ganz eigene Bedeutung bekommen. Abends ging ich, die Geige gewissermaßen „unter dem Arm", in die „Ole-Kirche". (Wenn ich in Filmen sehe, wie man auf diese Weise einen Geigenkasten trägt, weiß ich gleich, daß der Regisseur keine Ahnung von Musik hat, oder daß es sich um eine Verschwörung handelt und nicht um ein Kunstereignis.) Es war kurz vor sechs Uhr und die Kirche brechend voll. Jemand erkannte mich und zeigte mir den Weg zur Empore. Die Messe begann feierlich und schön. Wie wunderbar paßte dazu die Bach-Chaconne. Ich hatte geradezu die Vorstellung, sie sei eigens für dieses Ereignis geschaffen worden. Noch bewegender erschien mir der Unterschied zum Konzertsaal; es kam mir vor, als sei ich nicht Gidon Kremer, sondern einfach die Geige selbst, die immaterielle Stimme der Musik. Am nächsten Tag kam während der Generalprobe wieder jemand zu mir und flüsterte ganz leise: „Vielen, vielen Dank." Auch ohne diese Worte hatte ich während des ganzen Weihnachtsfestes schon gefühlt, daß ein Geschenk, das man gibt, schöner sein kann als eines, das man selbst erhält.

Am folgenden Abend konnte man eine Bestätigung für diese Erfahrung finden: Wir alle schenkten den Menschen im überfüllten Estonia-Saal Schnittkes Symphonie; eine bescheidene Geste im Vergleich zu dem, was dieses Werk an sich für die Musikgeschichte bedeutet.

1977. In der Neuen Welt. Miami. Der Beginn meiner ersten Amerika-Tournee mit Ksenija Knorre als Duo-Partnerin. Das Konzert fand in einer Universität statt. Trotz des Winters herrschte Hitze – die Menschenmenge im Saal verstärkte den Eindruck. Wieder spielte ich die Bach-Chaconne. Plötzlich, mitten im Stück, hörte ich ein Geräusch, einen Schrei, dann mehrere. Der unerträgliche Lärm zwang mich zu unterbrechen. Nun hörte ich es deutlich skandiert: „Let our people go, let our people go." Wen? Warum? Hinter der Bühne – die Erklärung: Es handelte sich um eine der vielen zionistischen Gruppen, die sich um die Ausreise von Juden aus der UdSSR bemühten. In den siebziger Jahren fanden in Amerika häufig solche Demonstrationen statt. Noch ein Anlauf, und wieder erliegen die Töne dem Getöse. Schließlich trieb man einige Demonstranten aus dem Saal. Polizei? Sicherheitsdienst? Kollegen? Musikliebhaber?

Ich begann zum dritten Mal mit dem Stück, jeden Augenblick eine neue Provokation erwartend. Kurz davor hatte man in der Carnegie Hall während des

Konzerts eines Kollegen eine Bombe mit Farbstoff auf die Bühne geworfen. Eine russische Tanzgruppe wurde mit auf die Bühne gestreuten Nägeln überrascht. Ich konzentrierte mich auf die Töne und dachte: Was hat all das mit mir zu tun? Wieso setzt man sich nur für Juden ein? Es gibt doch noch so viele andere Völker im Sozialistischen Paradies, die nicht weniger leiden, sich nicht weniger unter dem Druck des Systems befinden, die genauso das Recht haben müßten zu gehen. Wer wird sich um sie bemühen? Johann Sebastian Bach?

Gedanken eines fahrenden Gesellen

Wenn man ständig die Meridiane überquert, die Welt in ihrer geographischen Dimension durchmißt, hat man ganz selbstverständlich mit verschiedenem Publikum zu tun. Jedes Volk hat seine Sprache, seine Bräuche, Erfahrungen und Interessen, seinen Charakter, seine Mentalität.

Für uns Europäer mag es unbegreiflich bleiben, daß in Asien die Konzertsäle für klassische Musik häufig überfüllt sind, obwohl die Länder eine ganz andere kulturelle Tradition besitzen. Ist es vielleicht das Ansehen in der Gesellschaft, das zum Beispiel Japaner mit diesen Konzertbesuchen zu erhöhen suchen? Vielleicht dösen sie ganz gemütlich in ihren Sitzen, sind nur da, um später den Vorgesetzten sagen zu können: „Oh, klassische Musik – wie wundervoll." Nein, ich will es nicht glauben, besonders, wenn ich an die Stille im Saal denke, an den Respekt, den sie uns entgegenbringen, der in keinem anderen Land so ins Auge und Ohr sticht. Es hat schon etwas Faszinierendes, bisweilen auch Abstoßendes, in der Menge der Autogrammjäger zu stehen, die sich in Reihen anstellen, um dem Künstler persönlich zu begegnen und ihm die Hand zu drücken. Warum nur gibt es diesen Brauch, der bisweilen sogar Gefahren birgt. Unlängst wurde mir bewußt, wie schmerzhaft ein zu starkes, zu unsensibles Händeschütteln sein kann. Das Heilen eines zerdrückten Fingergelenkes dauerte Wochen! Kein Wunder, daß einige Betreuer ihre Künstler schützen, indem sie ihr Publikum bitten, darauf zu verzichten. Das muß aber noch kein Verzicht auf das „Foto bitte" bedeuten. Ich las jüngst in einem Buch über Japan, daß Angehörige dieser Nation, die ja bekanntlich mit einem Fotoapparat zur Welt kommen, ihr Bedürfnis, ständig knipsen zu müssen, möglicherweise mit der Philosophie des Tao verinnerlicht haben. Mit jedem Klick sagen sie gewissermaßen: Jetzt, jetzt, jetzt. Sie wollen im Bild des Lebens sein, wollen persönlich Anteil nehmen an dem, was sie gerade aus der Ferne des dunklen Saales sehen und hören. Etwas Ähnliches findet man bei Eingeborenen in ihrem Bedürfnis, einen Fremden anzufassen. Vielleicht zittern, jauchzen, schreien die japanischen Mädchen am Bühnenausgang vor Freude, um irgendeiner Freundin davon zu berichten. Führen sie eine Liste der geglückten „handshakes"? Ein bewundernswertes, einzigartiges Publikum.

Mich begeistert die Emsigkeit der Japaner, ihre Begabung zur Imitation und zur Übernahme fremder Kultur, ihr unglaubliches Organisationstalent, nicht nur bei den Shin-kanzen, den pünktlichen Schnellzügen, sondern – mit derselben Präzision – bei den lange vorausgeplanten, ausführlich bedachten Tagesplänen für uns, die wir nicht nur eine ganz andere Sprache, sondern eine ganz andere Musik mitbringen. Eine Änderung des Plans kann allerdings zu einem unlösbaren Problem werden. Die Kette des Verantwortungsmysteriums zu durchbrechen, gelingt nur wenigen Künstlern.

All das ist in Großbritannien – noch extremer in Australien – nicht vorhanden. Engländer, deren Vorstellungen von Respekt sicher nicht weniger ausgeprägt sind, betrachten einen zwar sehr aufmerksam, tun es aber lieber mit Distanz. Einen Kontakt zu ihnen herzustellen bedeutet, sich lange darum zu bemühen, um akzeptiert und in den engen Kreis aufgenommen zu werden. Und dann? Dann sollen sich angeblich Wunder der Wärme, der Treue, der Hinwendung ereignen. Leider stand die Hektik, die ich – ob bei Aufenthalten in London oder im Durcheilen Australiens – selber vermittelte, einem Näherkommen im Wege. Es ist sehr wohl möglich, daß mir die Engländer verständlicher wären, könnte ich mich auf ein anderes Zeitmaß einstellen. Schließlich faszinierte mich seit meiner Jugend das herrliche Buch von Laurence Sterne über „Tristram Shandy", genauso wie Somerset Maugham oder Bernard Shaw. Zudem liebe ich bis heute das englische Theater, und meine Karriere begann mit der Romantik von Elgars Violinkonzert und den Begegnungen mit Opern Brittens.

Damit man mich nicht falsch versteht: Ich versuche hier nicht, Völker, Sitten, Temperamente einzuordnen. Was ich möchte, ist lediglich, im hoffnungslos flüchtigen Blick eines fahrenden Gesellen, eines Interpreten, der ständig aus einem „Interconti" ins andere pendeln muß, etwas Allgemeines zu erfahren; mit all den Fehleinschätzungen, Abwehrmechanismen, Vorurteilen und kleinen Überraschungen, die ihn begleiten. Ich kenne kaum jemanden, der sich die Zeit nimmt, mehr als einen kleinen Einblick in ein Kabuki- oder Nô-Theater zu gewinnen, oder der sich ins British Museum begibt. Ich selbst war im Laufe von zwanzig Jahren, die ich London besuchte, zweimal dort. Immerhin aber bleibt die Möglichkeit, die leicht in eine Notwendigkeit oder Besessenheit umschlagen kann, zur Erforschung der jeweiligen Nationalküche. Nicht nur bei Touristen, auch bei Künstlern. Westliche Menschen – in diesem Fall gibt es wenig Unterschiede zwischen Japanern, Amerikanern, Franzosen oder Deutschen – unterhalten sich am liebsten, gleich nach den Klagen über zu hohe Preise und Steuern, über die verschiedenen Restaurants, die sie kennengelernt haben.

Man sagt, Liebe gehe durch den Magen. Ich würde das etwas abändern: Die Liebe zur Kunst benützt unmittelbar die Geschmacksdrüse. Schon Brecht sprach darüber, wenn auch in anderem Zusammenhang: „Erst kommt das Fressen, dann kommt die Moral." Bei Brecht aber, man denke an die „Flüchtlingsgespräche", wird deutlich, wie stark das Bedürfnis nach geistiger Nahrung gerade in Zeiten des Mangels, der Einschränkungen, der Not ist. Dies erkennend, meine ich, wir sind alle viel zu verwöhnt, um wahre Kunst schätzen zu können. Ist ein Konzert, und da denke ich vor allem an die romanische Welt, nicht ein besonderer Anlaß für das Diner danach? Das Essen, das durch die Anwesenheit der Künstler, die freilich einfach hungrig, einsam oder auch gesellig sind, den Gastgebern besonderen Glanz verleiht, die Gemeinde versammelt und dem sonst langweiligen Provinzleben etwas Ablenkung oder gar „Farbe" bringt? Wäre ich aber diesem Gedanken erlegen, hätte es das Treffen mit Pfarrer Josef Herowitsch und die mit seiner Hilfe entstandene „Oase Lockenhaus" nie gegeben.

Und der Applaus? Auch wenn er als Bestätigung für das Interesse der Anwesenden gemeint ist, gibt es zahllose Varianten: stürmisch oder fahl, von Massen rhythmisch gesteuert oder, aus Verlegenheit nach einem neuen Werk, sanft verebbend. Arthur Schnabel soll gesagt haben, daß die Leute leider immer klatschen, auch nach schlechten Aufführungen. Dann gibt es zusätzlich die Möglichkeit eines oder mehrerer Buh-Schreier – das Exquisite bei Recitals, die Tradition in der Oper. Einmal erlebte ich in Wien etwas derartiges.

Ich spielte die „Vier Jahreszeiten" mit dem Polnischen Kammerorchester unter der Leitung von Jerzy Maksimyuk, als Abschluß einer kleinen, erfolgreichen

Tournee. Auch diese Aufführung gelang im großen und ganzen. Und doch hörten wir vor dem Applaus – nur ein, zwei Sekunden zum Verklingen des letzten Tons haben dazu gereicht – ein ausdrucksvolles und einsames Buh. Eine Provokation? Ein entfernter Verwandter Vivaldis? Die Buhs kann man ja als Künstler auch sammeln. Ich habe einige schöne in meiner Kollektion. Ob Steve Reich, Gija Kancheli, Alfred Schnittke, Arthur Lourié, György Kurtág – viele herausragende Werke unserer bedeutendsten Zeitgenossen wurden damit geadelt. Der leicht verschwindende Applaus – das ist schwerer zu verkraften, ab und zu auch zu verstehen.

Ich kann durchaus akzeptieren, daß die sogenannten Lunch- oder Kaffeekonzerte in Amerika von Damen besucht werden, die zwar Geldgeberinnen sind, aufgrund von Alter und Hörkapazität dem einen oder anderen Werk aber einfach nicht mehr folgen können. Ich sage nicht, daß sie keine Kraft haben für starken Applaus. Das englische Publikum ist mir vollkommen unverständlich, wenn es nach hervorragender Schauspielleistung – mit den größten Künstlern – nur freundlichen Beifall spendet. Respekt? Vor wem? Vor sich selber?

In Frankreich, Italien und Holland gilt das ganze Gegenteil: Selbst das Mittelmäßige wird oft unwahrscheinlich temperamentvoll aufgenommen. Man fragt sich, ob es an der Leistung liege? Hat es nicht einfach damit zu tun, daß Populäres immer besser ankommt? Oder der Träger eines großen Namens das Podium betritt? Mit dem Populären ist das so eine Sache. Man erklärte mir einmal in Japan, wieso die „Vier Jahreszeiten" mit den „I Musici" so einen andauernden Erfolg haben; das Ensemble könne jedes Jahr durch alle Städte Japans fahren, die Konzerte wären immer ausverkauft. „Warum?" fragte ich verblüfft. Die Antwort war einleuchtend. Die Aufnahmen von „I Musici" gehören schlicht zu dem Band, den alle japanischen Schulen im Kurs „Musikalische Ausbildung" benutzen. Ist das nicht auch eine Art Manipulation?

Und Deutschland, Österreich, Schweiz – die Länder, wo ich nach dem „Transit" aus Moskau vermutlich am meisten und liebsten gespielt habe? Worte der Dankbarkeit für all die Aufmerksamkeit und Unterstützung, die man mir gegeben hat, sollten ein objektives Urteil nicht trüben. Glücklicherweise – sonst wäre es doppelt schwer, darüber zu schreiben – ist es in vielen Aspekten positiv: Es gibt beim deutschsprachigen Publikum noch Interesse, Bedürfnis, Musik zu hören, Enthusiasmus und Disziplin. Das kann ich bestätigen, bin ich doch selbst mit einigen Fasern meiner Abstammung ein Deutscher. Was ich eher unter die Lupe nehmen sollte, ist die Tradition. Sie ist, wie überall, gefährlich. Unsachlichen Journalismus und eine Menge Vorurteile gibt es auch da. Die Schreiber zitieren gerne Adorno und halten Sibelius und Rachmaninow in Verbindung mit dem Nationalen noch immer für zweitrangig.

Bin ich zu streng? Bin ich zu prätentiös? Vergesse ich, daß Konventionen im vorigen Jahrhundert nicht weniger den kulturellen Alltag prägten als heute? Daß dank solcher Persönlichkeiten wie Fürst Rasumowskij oder Nadeschda von Meck wahre Meisterwerke entstanden? Wie viele Kunstförderer dieser Art gibt es noch? In Wirklichkeit sind es oft die Bescheidenen, die sich in idealistischer Weise und selbstlos bemühen, den einen oder anderen Höhepunkt im Kulturleben ihrer Stadt zu sichern. Es ist besonders ihnen zu danken, daß wir Künstler noch nicht untergegangen sind und – besessen tätig – unser bisweilen privilegiertes Leben leben, auf alle Fälle aber unser Brot verdienen.

Ich vergesse es nicht. Ich verbeuge mich vor all diesen Menschen. Und doch gibt es auch Probleme. Jeder mag selbst wählen, was er davon erkennen oder abwenden möchte, wenn der Spiegel, der hier vorgehalten wird, zu stark reflektiert. Wir Künstler sind es gewohnt, als unantastbar – angreifbar allenfalls für Kritiker – zu gelten. Die vermeintliche Nähe, die gelegentlich bei einem Empfang entsteht, schmeichelt den Gastgebern. Wenn man danach hört: „Ach, ist der nett, hätte ich gar nicht erwartet", denkt man entrüstet: Mein Gott, was erwarten die denn? Monster? Um gerecht zu sein: Auch das Publikum ist uns oft fern. Man erkennt es bestenfalls am Grad der Stille im Saal. Wenn sie sich einstellt, sind für uns Japaner und Engländer, Franzosen und Amerikaner, Italiener und Russen gleich. Leider aber ereignet sich so etwas selten: Die Stille, ein Traum.

MAGIER UND MEISTER

Unio mystica

Manche Menschen tauchen einfach auf. Sie sind so selbstverständlich da, als sei dies schon immer so gewesen. Arvo Pärt gehört zu ihnen. War es eine Präsentation der estnischen Gruppe „Hortus musicus" in Riga, der ich beiwohnte, war es die Freundschaft mit Alfred Schnittke, die wir beide pflegten, war es schließlich einer meiner Tallin-Besuche, bei dem mich Arvo nach Hause eingeladen hatte? Es spielt heute keine Rolle mehr.

Wichtig ist vielmehr: Arvo war und bleibt ein estnischer Komponist, auch wenn er jetzt mit österreichischem Paß in Berlin lebt. Damit soll keine nationale Beschränkung ausgedrückt werden. Pärts langatmende Musik aus Estland besitzt internationalen Charakter. Für viele Menschen ganz unterschiedlicher Herkunft gilt sie nahezu als sakral.

Was begründet diese Behauptung? Vielleicht liegt es daran, daß seine Tonwelt nicht nur bewegt. Sie verlangt das hörende Eindringen, das Mitatmen. Sie spricht nicht nur an, sie wirkt gewissermaßen von innen; man entdeckt sich in ihr. Als Arvo noch über die „Tabula rasa" nachdachte, die einen neuen Stil – nach dem Glöckchenklang „Tintinabuli" genannt – gegenüber seinem früher extrovertierten deklarierte, fragte er mich, ob er auch etwas Schlichtes, Stilles komponieren dürfe? Natürlich, antwortete ich mit dem Vertrauen, das man Freunden entgegenbringt. Was schließlich entstand, erschien überraschend bescheiden, provozierend einfach und war doch ungemein heikel. Nicht nur, daß sich Seiten über Seiten mit einer Tonart, meist a-Moll, auseinandersetzten, was eine enorme Intonationsgenauigkeit von allen – den Solisten Tatiana Grindenko und mir sowie dem von Eri Klas geleiteten Orchester – verlangte; es war eher die noch nicht durchschaubare Notwendigkeit zur Konzentration, die nach Bewältigen der Notenwerte auf uns als Aufgabe förmlich einstürzte. Nichts durfte den Zustand der Bewegungslosigkeit im zweiten Satz – senza motto – zerstören. Siebzehn Minuten lang wagte man kaum zu atmen, weil die Gefahr bestand, dadurch den Bogenstrich zu beeinflussen.

Zuerst dachte ich, das sei nicht zu schaffen, Arvo habe sich verkalkuliert, es müsse gekürzt werden. Und sicher denken bis heute noch viele Orchestermusiker, die ja auch nur lange, schlichte Töne zu spielen haben, bei der ersten Probe des Stückes so. Nichts dergleichen. Arvo forderte gleich vom ersten Treffen an höchste Aufmerksamkeit gegenüber der Dynamik, genaue Übergänge sowie Verzicht auf unangemessenes Vibrato. (Wie leicht meint man, Vibrato könne den Klang erwärmen, beleben; bei „Tabula rasa" widerspricht jedoch die kleinste unmotivierte Schwingung der kompositorischen Intention und zerstört den Text.) Pärt verlangte zudem das „In-sich-Hineinhören", die Vertreibung eigener Unruhe, das Vertrauen jeder geschriebenen Note gegenüber wie der Folgerichtigkeit ihres Platzes und ihrer Stellung in der Gesamtkomposition.

Die Aufführung selber wurde durch all diese wie äußerlich wirkenden Anweisungen zum Mysterium. (Man könnte es etwa mit Stockhausens „Indianer-Liedern" vergleichen – ebenfalls ein visuell und musikalisch beeindruckendes Werk.) Die in die Stille ausklingenden Töne des Kontrabasses vermitteln beides: Trauer und Unio mystica. Man fühlte sich durch Klang verwandelt.

Der äußere Erfolg des Stückes stand dazu fast im Widerspruch. Aber der Erfolg kam – zuerst in Tallin, dann in

Moskau. Ich bestand darauf, das Werk kurz danach auf Tournee mit dem Litauischen Kammerorchester unter Saulius Sondeckis in Deutschland und Österreich zu spielen. Die vielen bürokratischen Hürden – es regierte ja noch Gosconcert – konnten überwunden werden, und so lernte auch das westliche Publikum diese wundervolle Musik kennen. Zu einem Dokument dieser Zeit, im wahrsten Sinne des Wortes zur historischen Aufnahme wurde unser Konzert in Bonn, das später von Manfred Eicher zusammen mit anderen Kompositionen Pärts auf ECM veröffentlicht wurde und den Kult um seine Musik auslöste.

Woher diese Kraft der Stille? Sicher aus dem Glauben. Aber nicht aus Opposition, etwa zu Zeiten allgemeiner Unterdrückung, wie das in Rußland früher der Fall war, oder als Schutz gegen die anarchistische Zügellosigkeit, wie sie heute an der Tagesordnung ist. Vielmehr aus dem tiefen Bedürfnis des Dienens, das über das Bewußtsein der eigenen Unvollkommenheit, der eigenen Sünde hinausstrebt. Wenn dies mit solcher Hingabe betrieben wird wie bei Pärt, kann auch ein Kunstwerk entstehen. „Tabula rasa" sehe ich befreit von allen, auch modischen Kompositionstechniken, von Innovationssucht, in der manche zeitgenössischen Komponisten befangen sind. Pärts Musik ist eine gleichsam nackte Musik. Wie jene von Schubert oder Webern geht sie sparsam mit Tönen um. Wie die Filme eines anderen, jüngeren Balten – des Litauers Sharunas Bartas – ein Maximum an Ausdruck mit einem Minimum an Dialog verbinden. Jedes Bild, jeder Ton ist bis aufs äußerste geprüft und sozusagen als notwendig erachtet worden: Das läßt sich leicht auf andere Kompositionen von Arvo übertragen; vielleicht mit der Einschränkung, daß nicht alle so genau durchatmet sind. Gerade dabei gerät man dann ins Grübeln, ob er „Tintinabuli" nicht zur Methode werden ließ. Das wäre sicher ein Verlust. Doch wenn ein starker Glaube Pärt weiterhin beflügelt, ist diese Gefahr weniger groß.

In den folgenden Jahren nach der Niederschrift von „Tabula rasa" fühlte sich Pärt in Estland – damals noch Teil des mächtigen Imperiums der Sowjetunion – zunehmend eingeengt. Das war kaum verwunderlich. Zu direkt bekannte er sich zu seiner inneren Welt, die einem totalitären Staat und seinem Anspruch auf allumfassende Kontrolle außerordentlich suspekt erscheinen mußte. Arvo und seine Familie emigrierten. Sie sahen keinen anderen Ausweg. Zuerst Wien – dann Berlin.

Unsere Treffen mehrten sich, wobei die Musik nicht stets, sogar immer seltener, den ersten Rang in unseren Gesprächen einnahm. Die Welt der privaten Erfahrungen und alltäglichen Pflichten trat darin mehr und mehr in den Vordergrund.

Manfred Eicher wurde durch seine Begeisterung und die Arbeit mit Pärt zu einem zusätzlich verbindenden Glied. Jeder versuchte auf seine Art, Pärt aufzubauen, seiner Musik zum Durchbruch zu verhelfen. Ich glaube, Manfred und ich empfanden das nicht nur als eine Aufgabe, sondern geradezu als ein Bedürfnis. Neue Mitstreiter wurden gefunden. Ich nahm „Fratres" mit Keith Jarrett und „Spiegel im Spiegel" mit Elena Baschkirowa auf, spielte in London mit Karina Georgian das „Weihnachtskonzert" für Violine und Cello. Schließlich entstanden sein „Motet" und das „Stabat mater". Der Titel der Platte „Arbos" vereinte uns, viele gleichgesinnte Künstler verschiedener Schulen und Nationen. Im Jahre 1987 schuf John Neumeier mit seinem Hamburger Ballett Shakespeares „Othello". Die Musik von Pärts „Tabula rasa" und Schnittkes „Concerto grosso" lag der inspirierten Aufführung zugrunde. Als ich sie in Paris sah, erfüllte mich gleich der Wunsch mitzuwirken. Die Musik und die Musiker wurden zum wichtigsten Bestandteil der Inszenierung. Es war zum ersten Mal nach vielen Jahren, daß Tatiana wieder in den Westen reisen durfte. Zuerst in Hamburg, dann im Jahre 1989 in Salzburg fanden wir uns alle, Alfred, Arvo, Saulius, Tatiana, ich, wieder zusammen: Auch die Tänzer, besonders Gigi Hyatt und Gamal Gouda, waren bewegend. Die Reinheit von Pärts „Spiegel im Spiegel" wie die atemraubende Stille des zweiten Satzes seiner „Tabula rasa" entsprachen nahezu ideal der Unschuld und den tiefsten Gefühlen von Verliebten. Die Produktion und der Puls stimmten.

Grenzgänger

Meinen ersten großen Eindruck von Nikolaus Harnoncourt bekam ich im Jahre 1979, noch vor meiner Aufnahme der „Vier Jahreszeiten" mit Claudio Abbado. Damals besorgte ich mir eine Schallplatte mit dem Concentus Musicus, der von Harnoncourt geleitet wurde. Seine Frau Alice spielte bei dem Werk den Solopart. Der Eindruck, durch einige Video-Bänder von Monteverdi-Opern ergänzt, war überwältigend – so eine lebendige Musik, so ein freudiges Musizieren, so viel Phantasie im Klang und in der Artikulation habe ich von einem Künstler, der vorwiegend mit alten Instrumenten arbeitete, nicht erwartet. Die früher gehörten Aufführungen hatten mir trotz des Originalklanges wenig zu sagen gehabt. Wie so oft bei Modischem, zu dem eine Zeitlang auch die Beschäftigung mit Barockmusik gehörte, fühlte ich die Parallele zur Funktionalität im Wirtschaftsleben.
Harnoncourt war davon weit entfernt. Die Spielfreude, die Herausforderung zum Zuhören, die gesetzten Akzente – das meiste zeugte von Wissen, Begeisterung und Berufung. Das Terrain eines nichtssagenden Musizierens wurde gar nicht erst betreten. Seine Musik verlangte mit jeder Phrase das Mitfühlen, Mitdenken. Kurz und gut – Harnoncourt sprach an.
Als mir Unitel einige Zeit danach vorschlug, an einem Mozart-Zyklus mit Harnoncourt mitzuarbeiten, fühlte ich mich herausgefordert und in Versuchung gebracht. Schon seit Jahren spielte ich Mozart nur selten, wie so oft das meidend, was allzu bekannt ist. An allen Hochschulen nämlich, bei allen Wettbewerben und bei allen Orchester-Probe-Spielen sind Mozarts Violinkonzerte

obligatorisch. Dazu haben sie alle Kammerorchester der Welt – ihrer bescheidenen, bequemen Besetzung und des Marktwertes von Wolfgang Amadeus wegen – im Repertoire. Ich jedoch zog Gegenströmungen vor. Nur Anfang der achtziger Jahre unternahm ich den Versuch, mit der wunderbaren Bratschistin Kim Kashkashian die Duos und die „Sinfonia concertante" zu spielen. Eine Erfahrung, die später, bei Aufführungen mit Yuri Bashmet und Tabea Zimmermann, gelegentlich sogar Steigerungen erlebte.

Harnoncourt besuchte die Festspiele in Lockenhaus. Unsere Begegnung war recht ungezwungen. Er interessierte sich dafür, ob ich bereit wäre, mich mit den durchgearbeiteten Partituren anzufreunden. Die Frage machte mich mehr als glücklich, deutete sich doch eine Möglichkeit an, etwas Neues zu lernen. Wir einigten uns auf den Ablauf und beschlossen, mit der „Sinfonia concertante" zu beginnen. Stufenweise wollten wir den ganzen Mozart-Zyklus bewältigen. Ich war dem Schicksal dankbar und wartete auf die Partituren, die, detailliert bezeichnet, bald auch ankamen. Was für eine Freude war es, eine neue Sprache zu entdecken. Ich schämte mich für mich selber und viele meiner Kollegen, so lange in Unwissenheit gelebt zu haben. Das wichtige Buch von Leopold Mozart, über die Artikulation und das Geigenspiel jener Zeit, war kaum jemandem von uns bekannt. Sogar am Tschaikowsky-Konservatorium wurde darüber nur nebenbei gesprochen. Nie zuvor hatte ich die von Mozart selber so markant geschriebenen Autographe der Konzerte gesehen. Zusätzlich gewann ich meinen Freund Robert Levin dafür, Kadenzen und Eingänge zu komponieren. Die sonst häufig gespielten, von Interpreten verfaßten, aber dem Wesen Mozarts kaum entsprechenden Kadenzen-Leerläufe werden nämlich bis heute verwendet. Den gegenwärtigen Musikkenntnissen über den Stil der Mozart-Zeit gehen sie ebenso aus dem Weg wie einer zeitgenössischen Auseinandersetzung mit seiner Musik. Es handelt sich eher um hilflose Violin-Grammatik in romantisch-virtuosem Duktus. Levins und mein Bemühen, die authentischen Klavierkadenzen Mozarts zum Maßstab einer natürlichen Auseinandersetzung auch mit den Violinwerken zu machen, legte den Grundstein für etwas, das Harnoncourt genauso begrüßte.

Schon im darauffolgenden Herbst nahmen wir die ersten zwei Werke auf. Die Wiener Philharmoniker, bei denen sich Harnoncourt zum ersten Mal als Dirigent vorstellte – dabei muß man wissen, wie konservativ Musiker, besonders aber philharmonische sein können –, reagierten nach anfänglichen Bedenken enthusiastisch. Noch nie habe ich die Einleitung zu KV 364, der genialen „Sinfonia concertante", so dramatisch, so differenziert gehört. Und im Orchester überzeugte wirklich alles. Man wollte als Solist nur eines – den Maestro und Mozart natürlich nicht im Stich lassen. Bei den Versuchen der Annäherung an die anderen Konzerte und später an die Werke von Beethoven, Schumann und Brahms entwickelte sich eine Freundschaft zwischen uns. Je mehr man mit Harnoncourt in Kontakt kommt, desto mehr wird man sich all dessen bewußt, was man aus der Beziehung noch wird schöpfen können. Ich gewann das Gefühl, daß mir unaufdringlich der Schlüssel zu einer Geheimtür für Verborgenes in die Hand gelegt wurde. Nikolaus sagte einmal: Es gibt kein zu langsames oder zu schnelles Tempo, sondern nur das eine, das richtige. Dieses Erwecken, diese Kraft des Erschließens – ich spreche nicht vom rein Dirigentischen – vermittelten mir nur wenige von jenen Hunderten von

Orchesterchefs, mit denen ich gespielt habe. Auch wenn sie zum Teil begeistert über Musik oder sich selber sprachen, kam es selten aus jener Quelle, aus der Harnoncourt schöpfte. Wo er mit scharfem Blick die kleinen Merkmale der Absichtserklärungen eines Komponisten zu finden suchte, um Innerstes hörbar-spürbar zu machen, genossen es viele seiner Kollegen, sich dem Wind des Augenblicks, den gedruckten Anweisungen oder der sogenannten Tradition hinzugeben, was mit einem Gleiten auf einem Surfbrett zu vergleichen wäre. Sie überließen dem Wind und den Wellen die Richtung ihrer bescheidenen Gestaltung. Der vermeintlich tragische Gesichtsausdruck wie die energischen Bewegungen des Körpers halfen ihnen kaum, die innere Leere zu verbergen.

Daneben seien die anderen Maestri erwähnt, die ihren eigenen Willen und Stolz den Partituren aufzwingen. Sie verfremden Proportionen sowie architektonische Zusammenhänge und stellen das Werk von den Füßen auf den Kopf. Das Resultat ist weit entfernt von dem, was der Komponist im Augenblick der Inspiration, der Not und Freude in Notenwerte umzusetzen versuchte. Der dynamische Schaffensprozeß ist selbstverständlich nicht unbedingt mit archäologischen Ausgrabungen oder in den Verliesen der Einsamkeit nachzuvollziehen. Und doch hat das Kreative aus der akademischen Balance zu treten, indem es zu zweifeln wagt. Die spielerische, quälende oder verführerische Suche nach dem Ideal, verbunden mit dem eigenen Selbstwertgefühl, ist, was Komponist, Dirigent, Interpret, überhaupt jeder begabte Mensch im schöpferischen Augenblick in sich trägt. Nur durch das Aufsuchen der Quelle kann man der Nachahmung aus dem Weg gehen und andere inspirieren. Harnoncourt benutzt bei Proben gerne eine Bemerkung, die mir so verwandt erscheint. Ich versuche zu zitieren: „Das Schöne entsteht immer in einer Grenzsituation – Sicherheit und Schönheit widersprechen sich – nur die Risikobereitschaft erlaubt uns, den Hauch des Schönen zu erleben, zu berühren." Diese Worte kann man mit dem Aufschrei eines anderen Musikers, dem es um ähnliches ging und der sich ebenso gegen alles Glatte und Konventionelle wandte, vergleichen. Im Augenblick der Verzweiflung über gerade Gehörtes, vom Orchester Gespieltes, schrie er: Porca miseria, ihr zerstört meine Träume…" Arturo Toscanini hieß der Musiker; ein Grenzgänger wie Nikolaus Harnoncourt.

Dionysos

Im Reich der Träume und Träumenden will ich noch etwas verweilen. Den mir so vertrauten Zustand erlebte ich mehrmals bei einem Künstler, dessen Widersprüchlichkeit nicht selten schockierend wirkte. Er war amerikanischer Herkunft und ein wahrer Prototyp unseres Zeitgeistes. Zweifellos: it's Lenny. Es fällt mir immer noch nicht leicht, Leonard Bernstein so zu nennen, obwohl gerade er es sich von der ganzen Welt selber wünschte. Auf jeden Fall ist es auf dem Papier einfacher. Lenny war ein Künstler, der mich seit langem, und nicht nur mich, begeistert hat. Seine „West Side Story" – schon 1963 ein Lichtstrahl im trüben Alltag des sowjetischen Lebens – war gewissermaßen ein Resonanzboden für meinen Idealismus. Bernsteins Vitalität, seine totale Hingabe an die Musik, sein Gestaltungsvermögen – alles wurde von einer unüberschaubaren Gefolgschaft bewundert. Ich will aber hier das Allgemeine ausklammern und von persönlichen Erfahrungen sprechen.
Sicher können Künstler Imitatoren ihrer eigenen Gefühle sein. Vielleicht müssen sie es gar. Lenny war darin keine Ausnahme. Die Notwendigkeit gehört zum Alltag der meisten Interpreten. Der überfüllte Terminkalender führt zum Zwang der Wiederholung. Sie verlangt allerdings auch Können. Nicht jeder ist fähig, etwas gestern Gelungenes oder Empfundenes heute neu zu interpretieren. Gerade über diese Fähigkeit verfügte Lenny natürlicher als viele andere. Er suchte das Risiko und war auch bereit, Rückschläge in Kauf zu nehmen. Nur Künstler, die ihren Beruf als Berufung empfinden, schrecken vor so einer Möglichkeit nicht zurück. Der

Kern ihres Talents gibt ihnen jene Sicherheit, die den weniger Begabten fehlt. Gerade diese Kreativität machte ein Auftreten mit Bernstein so spannend. Vor allem entsprach sie genau meiner eigenen Einstellung. Man wußte eigentlich nie, was am jeweiligen Abend zu erwarten war.

Oft hatte ich die Gelegenheit, dieselben Werke mit Lenny zu spielen. Jedes Mal war es anders. Im Unterschied zu einem anderen großen und von mir sehr geliebten Musiker, Carlo Maria Giulini, der seine Auffassung von Mal zu Mal in „seiner" Richtung vertiefte – es betraf vor allem die Tempi –, hatte das „Meer der Musik", in dem Bernstein badete, kein Ufer. Mit vielen Partnern oder Kollegen habe ich ganz andere Erfahrungen gemacht. Einem Hamster in einem Laufrad gleich, bewegten sich viele von ihnen nur mechanisch, ohne etwas zu vermitteln. Dirigenten, die ziellos erklingende Musik begleiten, waren und sind leider keine Rarität. Nie so Lenny. Seine bestimmende Intensität prägte alles um ihn herum.

Nun gab es trotz aller Bewunderung, trotz der gleichen Energiefelder, die ich oft in der Musik neben Bernstein empfand, etwas absolut Konträres in unser beider Charakteren. Lenny war eindeutig ein Dionysos: Er genoß alles, ob Menschen oder Töne, Whisky oder Rituale. Nie werde ich es vergessen, wie er vor jedem Auftritt seine goldenen Manschettenknöpfe – ein ihm viel bedeutendes Geschenk – küßte. Die Musik „als Liebesakt" war ihm genauso von Bedeutung wie das Einatmen von Weihrauch oder Zigaretten. Er ging in allem vollkommen auf. Mit außerordentlicher Intelligenz versuchte Lenny, Trauer und Freude durch Musik und Worte hörbar, spürbar und erlebbar für die Menschen zu machen. Nach dem Motto „Seid umschlungen, Millionen" scheute er sich dabei nicht, seinem Exhibitionismus mit klugen TV-Produktionen, attraktiver U-Musik und endlosen Benefits-, Peace-, Amnesty-Veranstaltungen freien Lauf zu lassen. Jahrzehntelang sich selber kaum schonend, drang Leonard Bernstein so als Künstler ins allgemeine Bewußtsein ein. Es war, als ob ein Genie und ein geschickter Manager seiner selbst eine Demonstration der „Verewigung" veranstalteten. Und das alles zur Freude der Beteiligten und Profitierenden und zum Verdruß all jener, die im Schatten standen oder von dieser glühenden Energie dorthin verdrängt wurden. Vielleicht war seine Symbiose auch ein Sinnbild für die Kunst der Neuen Welt. Seit Toscanini und bis zu Michael Jackson: Geschäftssinn gepaart mit Musik. Lenny entsprach nahezu ideal den Erwartungen der Lobby. Nach Jahrzehnten wurde er selber sein bester Agent. Seine Begabung, die Ambitionen des Weltbürgers, die emotionelle Großzügigkeit: alles sprach selbstverständlich die Leute an. Idealist und Kind des Konsumzeitalters zugleich, gab es kaum einen Grund – höchstens für die Neider –, es ihm übelzunehmen. Denn etwas Wesentliches darf dabei nicht vergessen werden: Lenny verkörperte auch einen immer seltener werdenden Urmusiker-Typ. In unserem Jahrhundert traut sich der Komponist, ob Strawinsky, Stockhausen, Henze oder Adams, selten auf die Bühne. Wenn sie es tun, dann – Boulez wäre eher die Ausnahme –, um eigene Werke aufzuführen. Bernstein aber setzte die Tradition fort, die zu Anfang dieses Jahrhunderts der ihm geistesverwandte Gustav Mahler eingenommen hatte.

Was mich aber an Lenny noch mehr faszinierte, war seine Fähigkeit, Polarität und Intensität eindringlich darzustellen. Das Dionysische wirkte dabei besonders anziehend. In mir selbst blieb dies alles viel tiefer vergraben. Obschon es auch ohne ihn gelegentlich zum Ausdruck kam, fühlte ich mich gerade durch Bernstein und seine Kunst zur Öffnung animiert. Gleichzeitig duldete das Ideale in mir keine irdischen Konzessionen, denen Lenny ständig Avancen machte. Mit Tönen aber gelang es ihm, mich unwiderstehlich zu fesseln. Dennoch blieben die Gegensätze zwischen ihm und mir bestehen. Die Eigenschaften, um die ich schon seit meiner Kindheit andere beneidete – das Unbeschwerte, die Fähigkeit, sich dem Augenblick zu stellen, das Leben zu genießen oder zu betrauern, stauten sich in meinem Innern. Bernstein sprühte im Gegensatz dazu vor Energie. Es war, als ob ich mich in ihm heimlich erkennen wollte.

Zwei Episoden – beide am Rande unserer Zusammenarbeit –, die die Diskrepanz nicht deutlicher hätten spiegeln können.

Wien. Das Jahr 1983. Wir trafen uns zu einem Brahms-Konzert, bei dem zugleich Ton- und Bildaufnahmen, wie meist mit Lenny, stattfanden. Bernstein und ich verstanden uns musikalisch fabelhaft. Kaum ein anderer Dirigent hatte nach meiner Erfahrung die beiden Werke, besonders das Doppelkonzert, so im Blut. Vielen anderen fehlt es dabei an Übersicht oder Substanz oder an beidem. Nach der unter Hochspannung absolvierten Aufführung fühlte ich mich trotz des Erfolges wie am Boden zerstört. Das Bemühen um Gewicht und Fülle der Brahmsschen Tonwelt mischte sich mit einem übersteigerten Angstsyndrom; einfach alles zu vergessen. Die Aufregung hatte dennoch, wie gelegentlich in solch extremen Fällen, etwas Besonderes. Lenny übertrug immer einen Teil seiner Energie und Kraft auf seine Solisten. Hier sind sie zu orten, die Vibrationen der Beseeltheit, über die es sich so schwer sprechen läßt und die einen über der Musik schweben lassen.

142

Abends befand ich mich einsam und erschöpft auf einer jener lästigen Partys mit sogenannten wichtigen Leuten, allgemeiner Eßwut und eitler Sprechsucht. Meine privaten Gedanken überquerten Kontinente, wo sie freilich kaum Chancen hatten, willkommen zu sein. Die Stunde war vorgerückt. Ich hatte mich während der ganzen Soiree, trotz vornehmer Tischgesellschaft, leer und verloren gefühlt. Bevor ich den Raum verließ, versuchte ich mich nochmals bei Bernstein, der in geringer Entfernung in seiner Runde saß, zu bedanken. Eigentlich wollte ich lediglich aus Höflichkeit nicht den Raum verlassen, ohne mich zu verabschieden. Lenny war wie immer voll Feuer und Flamme, was durch Alkohol gesteigert zum Überschwang führte. Er küßte mich und bestand darauf, daß ich mich neben ihn setzte. Meine Traurigkeit, meinen deprimierten Zustand durchschauend, versuchte er impulsiv, wie er nun einmal war, mir einen Ratschlag zu geben. So sagte er mit aller Überzeugungskraft, es gebe keinen Anlaß, mich so miserabel zu fühlen. Ich hätte schließlich gespielt „wie ein Gott“, ich sei ein „Genie“. Mehr und mehr wuchs meine Verlegenheit. Bernstein ließ aber nicht nach, er wüßte, daß ich persönliche Schwierigkeiten hätte, es würde sich schon wieder einrenken. Sein unermüdlicher, euphorischer Geist setzte sein Zureden in Form von Fragen fort. Ich saß dabei, immer mehr verwirrt, buchstäblich in seinen Armen. Ob ich denn Freunde oder ein Girl-friend hätte? „Tell me what makes you happy“, Lennys heisere Stimme klang immer eindringlicher. „You really deserve to be happy! You have to do something!“ Immer mehr irritiert, nicht die Lösung zu finden, ohne daß ich den Verdacht hatte, es wäre eine persönliche Anspielung: „Sag mir doch, was magst du? Was ist dir wichtig? Do you like to make love?“ Ich wußte keine Antwort, obwohl ich spürte, daß er mich nur besser verstehen wollte. Am nächsten Tag wünschte Bernstein mit mir in den Prater zu gehen. Ich sollte ihn anrufen, was mich wiederum zwang, Lenny zu erklären, daß ich dies nicht tun würde. „Why?" Nun sah er überrascht aus. Die Erklärung, ich könne meine Schüchternheit nicht überwinden, bewog ihn, mir zu versprechen, er würde sich selber melden.

Morgens ließ ich alles auf mich zukommen, war aber froh, daß ich bis zum Mittag nichts von ihm hörte, und verließ das Hotel. Nach dem Essen wartete auf mich eine Nachricht: „Maestro Bernstein hat angerufen und bedauerte, daß Sie abwesend waren." Abends im Konzert kreuzten sich unsere Wege laut Arbeitsplan erneut. Wie es denn heute gehe, fragte Lenny beinahe väterlich, und ich fühlte mich beschämt wegen meiner Flucht.

Einige Jahre später, 1986, probten wir in London seine Serenade. Schon oft hatte ich sie vorher gespielt, auch mit Bernstein zusammen. Es ist ein Werk, das mich 1967 in Brüssel, als ich eine Aufnahme mit Isaac Stern in einem Schallplattengeschäft hörte, sofort begeistert hatte. Als ich dann durch einen Freund aus Amerika die Noten bekam, war der Anlaß für die Erstaufführung in Rußland wie geschaffen. Im Jahre 1978 kam es in Israel – für mich als sowjetischen Künstler politisch gesehen damals ein Wunder – zu meiner ersten Begegnung mit Lenny. Sie wurde mit einer Aufnahme des Werkes mit dem Israel Philharmonic Orchestra dokumentiert. Jetzt – acht Jahre später – sollten wir aus Anlaß seines Geburtstags mit dem London Symphony Orchestra eine kleine Europa-Tournee machen. Ich mochte die Serenade immer noch und bemühte mich darum, aus der Komposition das Maximum herauszuholen. Obgleich es nur um eine Probe ging, war ich ganz dabei. Während ich so selbstvergessen in den Höhen der Violinstimme schwebte, sagte Lenny, mich bewundernd anschauend, plötzlich und laut vor dem ganzen Orchester: „Du klingst so schön! Du bist so wunderbar! Kann ich dich heiraten?"

Ich spielte beschämt weiter, versuchte dabei freundlich auf ihn zu schauen. Etwas später fuhr Bernstein fort: „Ich habe gar nicht gewußt, daß ich so ein gutes Stück geschrieben habe." Wie sollte man das verstehen? Ich selber empfand mich in der Bemühung um den Geist dieser Musik eher untergeordnet. Gleichzeitig sah ich mich als klingende Verkörperung seiner Absichten, seiner Gesten. Ohne weiteres konnte man in der ganzen Situation Lennys Narzißmus erkennen, für den mein Spiel die Rolle des Spiegels übernahm. Wer profitierte aber davon? Vielleicht Platon? Schließlich ist die Serenade nach Platons Liebesbetrachtungen konzipiert. Der Philosoph würde sicher lächeln. Wie man es auch dreht: Mein Verhältnis zu Lenny wie seines zu mir, aber auch unser gemeinsames zu seiner Musik, blieb eindeutig. Es war platonisch.

Die Zukunft brachte uns noch mehrmals der Musik wegen zusammen. Heute aber, nach Bernsteins Tod, schmerzt es zu wissen, daß es außerhalb der Arbeit nie zu einem wirklichen Dialog zwischen uns kam. Sicher waren viele meiner Hemmungen im Wege, aber auch die Tatsache, daß er sich ständig im Glanz der Scheinwerfer befand und dabei von merkwürdigen Schattenfiguren begleitet wurde. Ein Fall für die Charakteranalyse? Wilhelm Reich hätte gewiß versucht, auf die Ursache unserer Störungen zu kommen.

Dennoch konnten die Begegnungen mit Lenny eine Schule dafür sein, wie Wesentliches und Unwesentliches, Denken und Gelassenheit sich verbinden können, wie gerade Gegensätze zu einer Einheit werden. Seine Mahler-Interpretation bleibt ein Dokument unserer Zeit, er selber in all seinem Widerspruch eine der wenigen wirklich kreativen Gestalten unseres Jahrhunderts. Leider gibt es keinen Ersatz für die unterbrochene Zusammenarbeit und das Zwiespältig-Heitere, das er verkörperte.

Mein Ohrläppchen, in das Lenny während einer Party nach unserem letzten New Yorker Konzert vor Begeisterung gebissen hatte, tat schon am nächsten Tag nicht mehr weh. Nur die von uns gemeinsam aufgenommenen Töne können meine Bewunderung und unsere gemeinsame Wellenlänge bezeugen. Beides Tropfen im Wasserfall der Vergänglichkeit.

Servus

Eines Tages stand ich vor dem Fahrstuhl des Hotels „Imperial" in Wien, wo ich früher, als ich noch in Moskau lebte, oft von den Veranstaltern des Musikvereins untergebracht worden war. Die Tür öffnete sich, ein Mann kam heraus. „Den kenne ich doch", reagierte intuitiv mein Gehirn. Ich grüßte eher automatisch. Die Person entfernte sich einige Schritte, drehte sich um und sagte: „Wart' amol, des is doch da Kremer! – Servus!" Nun wußte ich auch, wer mich da ansprach: Friedrich Gulda. „Sog amol", wandte er sich zu mir, „wia ko ma nur so a schene Frau verlossen?" Es dauerte ein paar Sekunden, bis ich überhaupt begriff, daß es um Tatiana ging – wir hatten uns vor einigen Jahren getrennt. Deshalb kam meine ziemlich verlegene Antwort: „Na ja, es passierte eben leider so." Einer mimischen Verwunderung folgten seine bekräftigenden Worte: „Versteh i net." Dann zum Abschied: „Na, moch's guat." Das Genie entfernte sich.

Ein oder zwei Jahre später – während der Salzburger Festspiele – gab Gulda eine Serie von Konzerten im Petersbrunnhof. Er versammelte in dieser Scheune ein enthusiastisches, alternatives Publikum. Elena und ich gingen zu allen drei Abenden. Es war erstaunlich. Was dieser Mann aus dem Ärmel schüttelte, schien unvergleichlich. Vor allem spielte er noch ein Instrument, das man eigentlich sonst nur im Musiklexikon findet – ein Clavichord. Dieses hatte zwar eine dezente elektronische Verstärkung, klang aber berauschend. Gulda selber erklärte mit seinen Einführungsworten zum Abend, er hätte einige Jahre gebraucht, um es zu erobern. Aber nicht nur sein Können im Umgang mit dem Clavichord, sondern vor allem seine Fähigkeit zur Improvisation, sein allgemeiner Klangsensualismus, der nicht aufs Pianistische zielte, urmusikalisch war, sowie das Allgemein-Artistische – alles ließ mich sprachlos werden. Einen Abend nach dem andern zuhörend, wuchs in mir immer mehr der Wunsch, mit diesem Musiker etwas gemeinsam zu spielen. Vor allem: von ihm zu lernen. Am Schluß der Serie begrüßte ich den Maestro, genauer – Elena und ich begrüßten ihn. Gulda war, auch wenn er es nicht unbedingt zeigte, angenehm überrascht, uns hier in der Scheune unter der bunten Zuhörerschaft anzutreffen. Die offizielle Musikwelt besuchte doch die ihm selbst fernstehenden Salzburger Festspiele. Zuerst fragte er, als ob er die Antwort schon wisse: „Is es net toll, des Ding do?" Dann aber wandte er sich uns begeistert zu und sagte: „Wir müassen unbedingt wos zsammen mochn! I bin sicher, des wird wos." Nachträglich kam freilich die Ernüchterung für mich. Elena behauptete, wohl zu recht, der Satz habe ihr gegolten. Mehrmals mußte ich mir später Guldas „Net intressiert!" anhören. Damals in Salzburg kamen wir beide, von seinem Auftreten und seinem Charme beeindruckt, aber zu der Überzeugung: Die Muse ist und bleibt weiblichen Geschlechts.

Nochmals Salzburg. Dieses Mal die Mozart-Woche 1990. Ich spielte mit einem „Lockenhaus-*Kremer*ata-Team" – Veronika und Clemens Hagen, Hélène Grimaud – im Mozarteum. An unserem zweiten Abend war viel Prominenz da – Menuhin, Végh. Die Tür des Künstlerzimmers öffnete sich, und Gulda trat herein. Ganz lieb und herzlich warf er sich auf die erschrockene, errötende Hélène: „Servus, Schwiegertöchterl!" In Wirklichkeit meinte er nicht sie, sondern Veronika, die mit seinem Sohn Paul eng befreundet war. Beide Damen hatte er vorher noch nie getroffen. Ein paar Minuten vergingen, bis sich das Mißverständnis aufklärte. Es war lustig und peinlich zugleich, aber Guldas Temperament überspielte alles.

Das Klavierquartett, durch die im Raum stehende Erwartung elitärer Mozart-Kenner zur Spannung gesteigert, gelang nicht ganz. Nicht immer gibt es für so etwas eine Erklärung. Am Abend zuvor, im selben Saal, war es viel schöner, entspannter gewesen. Dessenungeachtet hörte ich später noch einige Male, Gulda sei von Hélènes Spiel sehr angetan gewesen. Wer bemühte sich um die Verbreitung dieser vermeintlichen Einschätzung? War es ihr tüchtiges Management, das die Begegnung zur Kenntnis nahm? Oder spielten die Floskeln mit, die er in Konfusion selber im Künstlerzimmer fallen ließ? Trotz Hélènes eindeutiger Begabung kam mir nach der nicht ganz geglückten Aufführung der Verdacht, daß es sich kaum auf ihre musikalischen Fähigkeiten bezog, daß es eventuell die Verwechslung war, die den Meister inspirierte. Künstler bleiben Künstler – reizenden Gestalten „tête-à-tête" gegenüber zumal. Ein Blick oder eine Umarmung zünden schließlich nicht weniger als der Tristan-Akkord. Nur hatte der Zündstoff in diesem Fall einen kurzen Atem. Als Hélène einige Wochen später Gulda anrief, um sich von ihm pianistisch beraten zu lassen, legte er zur großen Überraschung der Bewerberin prompt den Hörer auf. Auch darin zeigte sich sein radikales Temperament. Ich hätte das – und nicht nur einem Talent oder charmanten Wesen gegenüber – wohl nie geschafft. Mir schien in jeder Begeisterung wie Enttäuschung das Gespräch das Wichtigste zu sein. Noch eine Illusion?

Gedächtnisstütze

Artur Rubinstein traf ich ebenfalls nur im Vorüber-
gehen. Und trotzdem: Es war mehr als das Händeschütteln der Callas, an das ich mich eigentlich erst
viele Jahre später wieder erinnerte. Mit dem Stolz der
polnischen Musikgeschichte kam ich mehrmals zusammen. Einmal befand ich mich in der Carnegie Hall, als
Rubinstein als Zuhörer die Loge betrat. Sein Auftritt
wurde zum bedeutenderen Ereignis als das Konzert
selber. Wahrscheinlich war das der Grund, weshalb ich
inzwischen vergessen habe, was auf dem Programm
stand. Der ganze Saal begrüßte den Meister im Stehen.
Es war rührend zu sehen, wie das Publikum einem
Künstler die Treue hielt und fähig war, sie ihrem ein-
stigen Idol auch zu demonstrieren, obwohl er nicht mehr
öffentlich auftrat.
Meine persönliche Begegnung spielte sich im Jahre 1978
in Amsterdam ab. Ich musizierte mit dem Concertgebouw-Orchester unter der Leitung von Kirill Kondraschin. Nach dem Konzert gab es einen Empfang im
privaten Rahmen, zu dem ich auch eingeladen wurde.
Rubinstein, der das Konzert besucht hatte, war als
Ehrengast dabei. Viele der Hausgäste kannten ihn persönlich, einige erkannte auch er. Irgendwann wurde ich
vorgestellt. „Sie spielten wundervoll", beteuerte der
Maestro ganz hemmungslos, mir damit Farbe ins Gesicht treibend. Man hätte annehmen können, daß es die
übliche Gratulationsfloskel gewesen sei, aber da es von
Rubinstein kam, fühlte ich mich doch etwas eigenartig
berührt. Bevor ich jedoch das wahre Gefühl vom mechanisch vorgeführten zu trennen vermochte, beeilte sich
Gentleman Artur, mir folgendes zu sagen: „Wissen Sie,

lieber Freund, ich habe Sie schon einmal gehört. Sie haben, was haben Sie denn damals gespielt? Ja, ja, es war in Luzern: natürlich – das Prokofieff-Konzert. Sehr, sehr gut! Ich werde nie das Konzert vergessen. Wissen Sie, in dem Saal da sind die Stühle so wahnsinnig hart, ich habe mich so gequält."

Bei diesen Worten entsann ich mich, nach einem Auftritt in Luzern in den siebziger Jahren Rubinstein im Publikum gesehen zu haben. Aus künstlerischen Gründen würde ich mich nicht mehr an das Konzert erinnert haben. Es war eines der vielen, die ich zu Beginn meiner Karriere im Westen gab. Aber wie man sieht: Auch ein Stuhl kann eine Gedächtnisstütze sein. Was aber wichtiger scheint: Selbst in dieser Nichtigkeit strahlte Rubinstein Emotion aus. Er blieb auch ohne Instrument ein sinnlicher Zeitgenosse. Vielleicht ist das gerade in unserem Zeitalter der Ratio und des Verdrängens eine wichtige Charakterisierung. Durch sie läßt sich von jener Rubinstein-Aura sprechen, die man spürte, auch wenn er sich an dem besagten Abend schon kurz danach mit seiner Zigarre anderen Gästen zuwandte. Der Zigarrenrauch wie die spontane Kette der Assoziationen – in seinen eigenen Erinnerungen dokumentiert – wirkten gleichermaßen wie kunstvolle Stilisierungen. Gehören sie aber nicht zum Porträt jedes außergewöhnlichen Menschen? Tonkünstler und Seiltänzer sind sich da im übrigen verwandt. Sofia Gubaidulinas neueres Duo für Violine und Klavier trägt sogar den Titel „Seiltänzer". Ich habe mich schon mehrmals versprochen und es „Saitentänzer" genannt. Die Parallele beginnt beim Ritual, der Wiederholung eines Ablaufs. Die Gratwanderung macht den Meister.

PR

Die Welt des Superstars ist schon eigenartig. Gerne würde ich sie ganz meiden. Das Schicksal wollte es anders. Häufiger als erwünscht kam ich mit ihr in Berührung. Obschon die innere Stimme sich gegen die aufgezwungenen Regeln wehrte, wurde auch ich in den Sog von Popularität gezogen. Wie der Titel eines in Amerika über mich publizierten Artikels verriet: „He's so much out, that he's in."

Dazu muß ich hier einiges klären. Wer VIP ist, kennt auch PR. In der Künstlerwelt trifft das beinahe auf jeden zu. Nicht etwa weil jeder Künstler tatsächlich VIP ist, auch wenn er es sich sehnlichst wünscht, viel eher, weil fast nichts mehr ohne PR funktioniert. Jeder gut ausgehandelte Vertrag enthält Paragraphen, die dem sogenannten Star sämtliche Vorteile versprechen.

Selbst das Wort Promotion bedeutet eine Art Synonym für „Pushing": Unser Künstler, unsere Produktion, unsere Musik. Man fragt sich dabei: Ist es immer noch Musik, für die geworben wird? Sind es die Besten, die hervorgehoben werden? Unlängst stolperte ich in den französischen Medien über den Satz, die Pianistin X. habe mit einer Einspielung ihre Beethoven-Interpretation verewigt. Verewigt! Ist das nicht allzu starker Tobak? Die Kulturgeschichte gleicht eher einem beständig wachsenden Friedhof, auf dem die für die Ewigkeit bestimmten Interpretationen und Werke unaufhaltsam verrotten. Wobei das „Greatest" der Amerikaner da noch überzeugender klingt. „Great stuff, great guy, great player", so spricht man bewundernd sogar in Privatkreisen. Auf der Werbetrommel geben die Amerikaner den Ton an.

152

Auch in unserem Beruf, unserer hermetischen Welt, um auf die „Familie" zurückzukommen, geht es um das Naturgemäße der Marktwirtschaft, um den Gewinn. Dies, seitdem die Plattenindustrie die Mehrheitsanteile des Musikgeschäfts hält; das hat sich wohl bis in den entferntesten Weltwinkel herumgesprochen. (Ein nostalgisches Seufzen: Heute bewertet man nur das reaktionäre System, ohne zu bedenken, daß es neben der aufgezwungenen Ideologie in Osteuropa dennoch möglich gewesen ist, künstlerische Wunder zu vollbringen. Und selbst den Mächtigen ging es in erster Linie nicht ums Geld.) Unsere Vorgänger respektierten noch hie und da Komponisten, eine Uraufführung, etwas Kreatives. Im zwanzigsten Jahrhundert ist der Interpret, der Star, das greifbare Symbol des Erfolgs die verkäuflichste Ware. Schallplatten, Musicassetten, Videos haben nicht wenig dazu beigetragen. Ich lasse jetzt einmal außer acht, daß die „Vier Jahreszeiten" von Vivaldi oder in Amerika die „Planeten" von Holst – obschon nicht mit den Absatzzahlen bekanntester Popgruppen vergleichbar – zu den Bestsellern gehören. Oft unabhängig von der Interpretenleistung, einfach als ein bestimmtes Objekt, das die gesamte klassische Musik in Kurzfassung, wie Comics, symbolisiert. Wenn aber die Renner in den Charts sich noch mit einem Star verbinden lassen, dann wird die E-Musik endgültig zur U-Musik, die Klassik zum Pop. Und die Werbung, das Kind des Zeitalters, muß da nur noch das richtige Marketing finden. Denken Sie nur an das herrliche Foto von Anne-Sophie Mutter, im Wald die Geige haltend, Herbert von Karajan in die Ferne spazierend. Da wird suggeriert: Das sind die Jahrhundert-Jahreszeiten, die ewigen. Ich spreche kein Wort über die Interpretation. Das ist Aufgabe der Kritiker. Über

Kollegen will ich nicht lästern, nur über den öffentlichen Umgang mit ihnen.

Die Insignien – ob ein Schal von Pogorelic, ein weißes Taschentuch von Pavarotti, die blaue Brille eines Nigel Kennedy oder das durchsichtige T-Shirt von Vanessa Mae – tragen dazu bei, eindringlich zu wirken. Als wollten sie darum bitten: „Kauf mich, hör mich, ich bin originell, lieb, artistisch, anregend." Wie könnte man da nicht an Lewis Carrolls „Alice's Adventures in Wonderland" denken, an das Brötchen mit der Aufschrift: „Iß mich, bitte!" Das Image prägt das Objekt: Grandezza, Bescheidenheit, Einzigartigkeit, Extravaganz, Erotik.

Die Möglichkeiten sind unbegrenzt. Die Phantasie der PR-Leute, die jeden, besonders einen vulgären oder billigen Einfall als gelungen ansehen, wenn er einen Einfluß auf den Umsatz erzielen kann, ist unerschöpflich. Hauptsache, die Masse der potentiellen Käufer wird mobilisiert. Diese Art der Phantasie, die sogenannte Verpackung – also das vermeintliche Konzentrat einer Präsentation – wird genauso geschätzt und bezahlt. Auch in der PR-Welt überleben diejenigen, die attraktiv wirken. Nicht immer freilich. Es gibt Fälle, bei denen das vorhandene Image lediglich bewahrt, die natürliche Erscheinung nur erhalten, konserviert werden muß. Eine große Rolle spielen dabei das Lächeln und nackte (weibliche) Schultern. Beides scheint Anziehungskraft an sich zu besitzen. Ein freundlicher oder sinnlicher Künstler ist in der Regel willkommener. Es gab natürlich Arturo Benedetti Michelangeli – bei ihm war es unmöglich, ein Lächeln herauszupressen. In solchen Fällen wird eben die Verbissenheit Teil der Werbestrategie – ABM als Mystiker, leidender Perfektionist, Visionär. Hier ist die PR bereit, sich dem Künstler anzupassen.

Es ist erstaunlich, wie sehr der Wert von Namen gestiegen ist. Hat die Pop-Industrie, ohne daß dies bewußt würde, da ihren Einfluß auf den Markt ausgeübt? Ich weiß es nicht. Ich kann nur eines sagen: Wenn man in Salzburg, dem PR-Ort sui generis, wo die Marketing-Departements der Welt ihre Messen zelebrieren, durch die von Touristenmengen gefüllten Straßen geht, wird man förmlich gezwungen, in die Schaufenster zu blicken, um das Neueste aus der Welt der Musik zu erfahren. Wen überrascht es noch, wenn man dann unwillkürlich zu zählen beginnt, wie oft jeder im Vergleich zu den anderen ausgestellt wird? Wir werden alle verdorben. Auch diejenigen, die im Helikopter ankommen, im Lincoln mit dunklen Fenstern oder im glänzend roten, selbst gesteuerten Porsche zum Festspielhaus fahren.

Unglaublich, welchen Wert man auf so etwas legt. Als ob sich die Qualität durch das Image, die PR, den Umsatz steigern ließe. Einer meiner Freunde behauptete, daß die Plakate, Progammhefte, Biographien, Schallplattenbeilagen nur vom Künstler selbst wahrgenommen und gelesen werden. Und doch ist das Teil der wahren Illusion. Vielleicht steigt ja der Absatz, die Gage, die Zahl der Interviews, der Engagements und der Autogramme – der Wert der Kunst bleibt davon unberührt. Ein Beweis? Man höre sich die Alten an: Wilhelm Furtwängler, Clara Haskil, Dinu Lipatti, Bruno Walter – um nur einige Interpreten zu nennen. Sie hatten nicht den hundertsten Teil dessen, was heute ein aufsteigender Künstler-Star als flankierende Unterstützung verlangen und auch erwarten kann. Ich möchte mich nicht nur auf die Alten berufen, denn das könnte leicht snobistisch wirken. Und diese Sorte von Musikliebhabern, die nur das Alte gelten läßt, kennen wir auch. Meistens hört man gerade von ihnen: Mit dieser zeitgenössischen Musik kann ich nichts anfangen. Und so wird ein ganzes Jahrhundert voller Genies wie Ives und Berg, Schostakowitsch und Nono schlicht nicht zur Kenntnis genommen. Ich nehme das nur als Beispiel für meine These. Die Werte, der Ruf, die Reputation der Großen überlebten ohne PR-Maschinerie. Warum? Weil sie etwas mitzuteilen hatten. Etwas Wichtiges! Weil sie und noch viele andere – Ausnahmen gibt es auch heute – ihre Funktion richtig verstanden: der Musik und nicht sich selber oder ihren Produzenten zu dienen. Wie groß ist die Kunst der anonymen Ikonen-Maler. Wie wunderschön diejenige der Sängerin Kathleen Ferrier. Und das nicht, weil der Rahmen oder das Cover stimmt, sondern weil der Inhalt eine Dimension besitzt, die vielen Eintagsfliegen der heutigen Interpreten-Armee fremd ist. Dort, wo man früher vom Mondschein sprach, geht es heute, wie in einem Buch Klaus Umbachs beschrieben, um den Geldschein. Ich erinnere mich an die Bemerkung eines Schallplattenproduzenten, eine Werbung lohne sich nur dann, wenn die Platte sich sowieso verkaufe. Eine einfache, kluge Rechnung: Das Dreifache von viel Umsatz ist mehr als das Dreifache von wenig Umsatz.

Nicht nur die Bescheidenheit fehlt, vielleicht gebricht es den Markt-Denkern, den PR-Leuten, den Image-Gestaltern und allen Künstlern, die gerne dabei mitmachen, noch an etwas anderem: am Gefühl und am Streben nach der Aussage. Noch schmerzhafter ist das fehlende Bewußtsein der Musiker für Hierarchie; daß sie nämlich hinter jenen rangieren, die in allen Jahrhunderten eigentlich am meisten Werbung oder Unterstützung verdient hätten, aber kaum bekommen haben: den Komponisten. Wir sollten nie vergessen, unter welchen Umständen diejenigen leben mußten, durch was für Leiden und Not die zu gehen hatten, die uns allen eine bessere Welt zu zeigen versuchten: Mozart, Schubert, Schumann, Tschaikowsky, Mahler, Webern, Bartók. Und das sind nur die bekanntesten. Wie viele Genies sind aus dem Obskuren der Geschichte überhaupt nie aufgetaucht. Erst im Bewußtsein, den wahren Kreativen dienen zu können, finden wir Immunität gegen unsere Eitelkeit sowie gegen die uns aufgezwungene und doch vielen willkommene PR. Vom Bazillus der Vermarktung befreit, könnten wir den Verstand und das Gefühl bewahren, die dem Versuch einer Vermittlung würdig wären. Daß nicht jeder diesen Impfstoff wünscht, daß der eine oder andere sich gerne des Gegenteils bedient und somit eine durch eigene Aktivitäten begründete Wertschätzung unterstützt, kann an einer Persönlichkeit beschrieben werden, die in den meisten Salons der Musikwelt zu Hause und in aller Leute Mund ist.

Ivo Pogorelic kannte ich nur ganz flüchtig aus Moskau. Die Publicity-Hysterie um ihn herum hatte noch nicht eingesetzt, als wir uns einmal in Dubrovnik trafen. In demselben Dubrovnik, in dem – während einer Musik-Kreuzfahrt auf dem Mittelmeer – der Begleiter unserer Reisegruppe die Sehenswürdigkeiten der Stadt zeigte und, mit gewissem Stolz an einem Gebäude vorbeiführend, betonte: „Und hier spielte unlängst unser Ivo Pogorelic." Jahre zuvor übers Wochenende in der Stadt, waren Elena und ich bei einem Spaziergang zufälligerweise auf Ivo gestoßen und wurden von ihm dann während der nächsten Tage ganz liebenswürdig betreut.

Die Geschichte aber, die ich erzählen will, hat nichts mit Tourismus zu tun. Genauso wenig mit Pogorelics rüden Aussagen, mit denen er auf die Leserschaft seiner

Interviews eine frappierende Wirkung ausübte. Jeder soll letzlich seinen eigenen Stil pflegen. Als ich einmal, es war viel später, Ivo im Konzert hörte, konnte ich feststellen: Ja, dieser extravagante Bursche ist begabt, auch wenn er alles bewußt konstruiert. Einiges schien mir artifiziell zu sein. Wie auch immer. Künstliches kann, wenn schon nicht überzeugen, so wenigstens gelegentlich animieren. Ivo trägt eben die Fähigkeit herauszufordern in sich. Das ist, bei aller Widersprüchlichkeit, für mich immer noch reizvoller als das Mittelmäßige, das ordentliche, brave, penibel-uninspirierte Spiel, das im Konzertleben keinen geringen Platz einnimmt.

Sicher kann auch Künstlichkeit monströs wirken und eine Art Frankenstein-Stil darstellen. Doch bezieht sich das nicht auf Pogorelic – er ist ein enorm fähiger Pianist, dem seine Moskauer Ausbildung sicher auch das Rückgrat gestärkt hat. Außerdem gibt sich Ivo als kluger Spieler, der mit seiner coolen Art, Dinge und Noten zu präsentieren, viel überzeugender wirkt als eine Reihe seiner Kollegen. Aber hier sind wir gerade an der Wurzel des Syndroms: Wirkungsvoll-Sein, Be-Wirken – das ist heute sehr gefragt. Ivo könnte man – nur in welcher Gewichtskategorie? – sicher zum Weltmeister ernennen. Obwohl auch Weltmeister sich im Angesicht des Orpheus unterscheiden. Zaubern, bezaubern – das ist eben noch einmal eine andere Klasse. So etwas wird nicht am Umsatz oder an Bestsellerlisten, an Fotos (mit und ohne Schal) oder extrovertierter Redlichkeit, an Kapricen oder Manieren gemessen. Das Wesentliche ereignet sich oft in der Stille oder im Schmerzvollen, im Wagnis und in spontaner Freude. All das sind keine gefragten Qualitäten für das Business.

Mein Thema jedoch sollte auch nicht das Geschäft (mit

und ohne Pogorelic) sein, sondern ein einfaches Telefongespräch. Die Branche feierte Ivo. Pogorelic wurde zum Marktbegriff. Leute sprachen über ihn, schimpften, ließen sich begeistern, stürmten Konzertkassen. Und natürlich machte jemand aus der Schallplatten-Marketing-Branche die Alliance mit Herbert von Karajan für eine Aufnahme möglich. Nichts Überraschendes. Es lag in der Luft. Die Sitzung mit den Wiener Philharmonikern fand statt, aber etwas stimmte nicht. Ob Tempo oder Temperament, das Wetter an dem Tag oder die Absichten der Verwirklichung – kurz und gut – etwas wirkte hemmend. Besser gesagt: es platzte. Schließlich ist es ohne Belang, wer wann und wie das Podium verließ. Es gab Gerüchte jeder nur möglichen Art, mit und ohne Andeutungen, wer zuerst das Handtuch in den Ring warf. Es ist auch nicht besonders wichtig – letztlich wäre das Zustandekommen einer weiteren Aufnahme des Tschaikowsky-Klavierkonzerts, die Kombination zweier großer Namen und die Menge der abgesetzten Platten noch kein Qualitätskriterium gewesen. Den Beweis für diese Behauptung liefert leicht jede Klassik-Diskothek. Berühmtheiten lassen sich zwar zusammenführen, nur geschieht es selten wegen oder zugunsten der Musik.

Dennoch: Der Wiener Eklat weckte mein Interesse. Vielleicht auch deshalb, weil meine eigene Zusammenarbeit mit Herbert von Karajan so berauschend widersprüchlich gewesen war. Eine Schallplattenproduktion anstelle einer einzigen Probe – wen könnte das schon überzeugen? Ein Teil von mir wollte wissen, wie man aus einem Niederschlag, aus einer Misere herauskommt, worauf man sich da stützt. Der letzte, aber nicht weniger wesentliche Grund meiner Anteilnahme an dem Fall war schlicht die Solidarität. Auch wenn ich sonst kaum

Kontakt mit Ivo hatte, spürte ich aufgrund der eigenartigen Situation, in die er geraten war, das Bedürfnis, ihn zu sprechen, vielleicht sogar ihn zu unterstützen. Wurde doch das Idol von der ganzen Pro-Karajan-Welt scheinbar zertrampelt. (Zu bemerken wäre, daß dies eine zeitlich sehr begrenzte Phase war. Denn recht bald fand man eine andere Lösung. Ivo war sicher bei der Entscheidung mit von der Partie. Und schon glänzte in den Schaufenstern der neueste Hit: Tschaikowsky mit ihm und Claudio Abbado.) Wie auch immer – damals hatte ich den Drang, mit Ivo in Kontakt zu kommen, um ihn selber auszufragen, was eigentlich passiert sei.

Er freute sich offensichtlich über meinen Anruf, überrascht erzählte er mir vom Ablauf dieser Probe-Aufnahme-Sitzung und beendete sehr bald seine Tirade mit dem Satz:

„Hör mal, der Kerl kann doch gar nicht dirigieren …"

Ich mußte lachen. Und wenn ich heute darüber nachdenke, muß ich es immer noch. Natürlich weiß ich, daß es ein emotionaler Ausbruch war.

Selbstverständlich sind mir auch alle Schwierigkeiten einer Begegnung zwischen dem greisen Mentor und einem Pop-Star bewußt, der seine eigenen Ideen trotz Altersunterschieds nicht in Frage stellen will. Die eigene Sicht wird ja oft der Basis eines Werkes – ob mit oder gegen die Tradition – aufgezwungen, damit sie besser dem Eigenglanz des Interpreten nützt. Das wird dann neue Lesart genannt. Und doch. Ich bin heute noch davon beeindruckt, welche Mittel man zum Selbstschutz einsetzen kann! Ich glaube sogar, daß Karajan, der sich maßlos ärgern konnte und dabei nicht immer die mildesten Ausdrücke gebrauchte, kaum in Wien gesagt hätte: „Pogorelic kann doch gar nicht Klavier spielen." Erhielt seine Generation eine andere Erziehung, oder mied er das Verbale, weil es für ihn einen Zeitverlust bedeutete? Zeugte Karajans Schweigen von Manieren, Respekt oder Verachtung? Das werden wir nie mehr erfahren.

Ich sagte schon, ich lache immer noch. Es ist aber eine Art trauriges Lachen. Ist es doch eine Geschichte von der Abneigung zur Suche und vom Mißbrauch der Töne durch Erfolg. Es ist eine Geschichte über künstlerische Koketterie, die sich, mit und ohne Schallplatte, früher oder später rächt, wenn die Substanz ausbleibt. Ungeachtet der Verkaufszahlen. Ob eine geplatzte Aufnahmesitzung oder eine nicht zustande gekommene Auseinandersetzung mit der Partitur: Beides zeugt ebenso wie eine klischeehafte Interpretation von der Vergeblichkeit der Kommunikationsversuche. Es bleibt einiges auf der Strecke – vor allem die zum Schwingen berufenen Töne. Stumm gebliebene Musik ist sogar mit den lauten Worten der PR nicht zu beschwören.

Klassische Musik

Aus dem Lautsprecher eines Londoner Taxis, in das Misha Maisky einsteigt, dröhnt Musik. Wieder sind es die offenbar unvermeidlichen „Vier Jahreszeiten". Misha versucht höflich, den Fahrer zu bitten, den Sender zu wechseln, nicht ohne ihm Komplimente dafür auszusprechen, daß er wohl klassische Musik liebe. Verstört schaut er sich um und will wissen, ob Misha etwas gegen diese Musik habe. „Nein", erwidert er, „das ist mir nur zu vertraut." – „Sie wollen doch nicht sagen, daß Sie erkennen, was da gespielt wird?" – „Natürlich weiß ich es!" – „Na, was denn?" Misha deutet es milde an: „Vivaldi..." Der Taxifahrer dreht sich um und lacht schallend: „No, no way", meint er triumphierend während des nächsten Überholmanövers. „It's none of this stuff. It's Nigel Kennedy!"

Buffone

Während meiner drei Auftritte in Rom spielte ich an jedem Abend das G-Dur-Konzert von Wolfgang Amadeus Mozart und das Violinkonzert von Alban Berg. Das Philharmonische Orchester Santa Cecilia wirkte ziemlich müde, verwendete die meiste Probenzeit für Berg und spielte einen Mozart, der, was Artikulation und Esprit betrifft, viel zu wünschen übrigließ. Es waren Konzerte, auf die niemand stolz sein konnte. Ich war eher froh, sie überstanden zu haben. Trotz allem versuchte ich, meinen Mozart zu spielen. Zehn Tage danach sollte im Wiener Musikverein gemeinsam mit Harnoncourt die Fortsetzung unserer Arbeit am Konzert-Zyklus stattfinden. Rom war dazu gewissermaßen die Vorstufe, wo ich nach besten Lösungen für die kommenden Aufnahmesitzungen suchen konnte. Vermutlich entstand auch dadurch eine größere Diskrepanz zwischen dem, was ich mit meiner Phrasierung zu machen wagte, und dem, was das an Routine gewohnte Orchester zu leisten vermochte.

Man konnte diesem Konflikt gewisse konzertante Züge nicht absprechen, ist doch der Begriff „concertare" mit Wettbewerb verbunden. Die Konzerte ließen sich nicht rundweg als Mißerfolg bezeichnen, denn vor allem bei Alban Berg, der ja intensiv geprobt wurde, befand ich mich auf vertrautem Terrain; kurz zuvor hatte ich das Violinkonzert mit Colin Davis aufgenommen.

Mit gemischten Gefühlen reiste ich nach London. Dort erreichte mich per Telefon mein neuer Freund Stefano Mazzonis. Erregt wollte er von mir wissen, wie es denn zu dem Skandal gekommen sei. „Was für ein Skandal?" fragte ich verblüfft. Na ja, in allen Zeitungen wimmele es von Nachrichten darüber, daß Uto Ughi, der bekannte italienische Geiger, mich beleidigt hätte.

Von Stefano hörte ich zum erstenmal die Geschichte, wie sie in der Presse geschildert worden war: Ughi hatte eines meiner Konzerte besucht und wurde von einem Journalisten beobachtet, wie er scheinbar äußerst irritiert auf seinem Platz saß. Anschließend bewegte er sich in Richtung Podium, begrüßte den Konzertmeister und schrie ziemlich laut „Buffone", eine aufsehenerregende Aktion. Das im Parterre sitzende Publikum konnte sie sicher wahrnehmen.

Ich erinnerte mich später, am zweiten Abend während der Verbeugung so etwas wie „Buh" gehört zu haben, war mir aber nicht sicher. Ughi kannte ich gar nicht, und so verdrängte ich den Vorfall schnell. Man sollte als Künstler einzelnen Ausrufen, ob sie gut oder schlecht gemeint sind, nicht zu viel Bedeutung beimessen. Die Römer und Uto Ughi dachten aber anders. Zwei Tage später erschien in „Tempo" ein Brief meines Kollegen. (Soll man als Geiger alle Leute, die die Violine spielen, als Kollegen bezeichnen?) In der Leserzuschrift berief sich Ughi auch auf andere Musiker aus dem Orchester. Unter ihnen befanden sich angeblich ein gewisser Maestro Pierluigi Urbini sowie der Konzertmeister, mit dem ich um Artikulation zu kämpfen hatte, und eine Freundin von Ughi, die im Orchester mitwirkte. Gemeinsam erhoben sie Einspruch gegen meine Mozart-Auffassung und behaupteten, Interpretationen, die sich nicht einer Tradition fügten, etwa der von Enesco, Thibaud, Accardo bis hin zu Anne-Sophie Mutter, müßten verbannt werden. Meine archaische Art, Mozart zu spielen, könnte den guten Geschmack des Publikums verderben. Einige Zeitungen griffen die Diskussion auf und stellten die Frage, ob es ethisch vertretbar sei, gegen einen Kollegen eine solche Aktion zu starten. Natürlich gab es wie immer Pro und Kontra.

Ich amüsierte mich in London darüber. Eine Woche später, als ich für ein Recital nach Rom zurückkehrte, inspirierte mich dieser sinnlose Ausbruch zu einer Gegenaktion.

Nach unserem Vormittagsprogramm im Teatro Argentino, das in ganz Italien im Rundfunk übertragen wurde, spielten Oleg und ich als Zugabe das parodistisch-nostalgische Stück „Souvenir" von Ladislav Kupkovič. Auf italienisch fügte ich eine Widmung an: Meinem lieben Kollegen Uto Ughi. Der Streich wurde verstanden, und ich konnte auf schelmische Art tatsächlich in das Kostüm eines Buffone schlüpfen.

Bis heute verstehe ich nicht, was der Grund für Ughis Verhalten gewesen ist, ob ein emotionell ehrlicher, aber unkontrollierter Ausbruch oder eine gezielte Publicity-Kampagne für sich selbst, der einige Wochen später alle Mozart-Konzerte in Rom spielen sollte. Ich glaube eher, daß der ganze Ablauf nicht spontan erfolgte, sondern weil sich schon lange in ihm – aus welcher Ursache auch immer – etwas aufgestaut hatte.

Sicher hatte die Aktion auch mit italienischem Temperament und italienischen Sitten zu tun. In einem anderen Land würde ein solcher Zwischenfall kaum so viel Resonanz hervorrufen. Nirgends sonst löst das schiere Interesse an Schönheit (bella musica, bella voce, belcanto, bella donna) eine so dezidierte und spontane, wenn auch nicht immer adäquate Reaktion aus. Die Schönheit der Sprache ist nur ein Beleg dafür. Meilenweit entfernt von der mit tausend Ängsten belasteten Mentalität der Sowjetbürger lernte ich, wie sich Frust ganz anders äußern kann.

Diese höchst merkwürdige Geschichte hatte für mich,

vom Amüsement einmal abgesehen, sogar positive Folgen. Das Interesse für meine Konzerte stieg in ganz Italien ungemein. Ich gewann viele neue Freunde, die mich humorvoll oder ganz ernst, oft aber auch verständnisvoll und sich für Ughi entschuldigend, willkommen hießen. Auf dem Boden einer vermeintlichen Niederlage blühen eben vielfach auch Blumen des Erfolgs.

Ich wünsche mir trotzdem, Uto Ughi eines Tages kennenzulernen, habe aber meine Zweifel, ob auch er eine solche Absicht verfolgt. Kürzlich wurden mir Grüße von ihm bestellt. Ob es ein Mißverständnis war oder eine Versöhnungsabsicht andeutete, blieb unklar. Zum Interpretenzirkus gehören jedenfalls nicht nur Buffoni, sondern auch Animateure. Bisweilen vereinen sie sich in einer Person.

Der Auftakt

Man kann und sollte Dirigenten nicht nur nach dem genauen Tempo, der gewählten Interpretation, einer guten Schlagtechnik und der musikalischen Ausstrahlung beurteilen. Manches zeigt sich auch in Details, im Auftakt etwa. Die Mitglieder des Chamber Orchestra of Europe (COE) sagten mir einmal, man könnte schon nach einem Auftakt beurteilen, ob der genannte Maestro sein Handwerk verstehe. Ein hartes Urteil, selbstverständlich, dem Durchschnittsalter des COE – einer Gruppe, die hauptsächlich aus jungen Musikern besteht – gemäß. Immerhin gab ihnen die Erfahrung, der Kontakt mit vielen Berühmtheiten, das Recht zu solch rigider Anschauung. Aber wie überall gibt es auch da Ausnahmen.

Wenn wir die Musikgeschichte nur flüchtig berühren: Furtwängler war bekannt für eine sehr eigenwillige Schlagtechnik. Obschon viele Musiker spiralenartige Bewegungen nie als Auftakt erkennen würden, erzeugte er damit doch unmittelbar Atmosphäre. Herbert von Karajan schloß, ohne daß deswegen seine Präzision gelitten hätte, schon beim Auftakt die Augen. Einem Bonmot zufolge soll er daraufhin keinen Ton mehr gehört haben. Wenn er dann doch auf die Musiker blickte, konnte es vorkommen, daß das ganze Orchester die Augen geschlossen hatte.

Meine Überzeugung, nie dirigieren zu wollen, fand ihre endgültige Begründung in Wien, als ich ohne Dirigent, aber mit viel solistischem Enthusiasmus während einer Aufnahme des Mozartschen G-Dur-Konzerts die Symphoniker anführte. Nach dem Oboensolo gab ich energisch einen Tutti-Auftakt. Anstatt des Vollklangs eines

Orchesters entstand ein Loch. Es war nämlich mein Einsatz. Spaß beiseite: Ich achte den Beruf des Dirigenten viel zu sehr, als daß ich darin dilettieren möchte. Obwohl auch den professionellen Dirigenten etwas passieren kann.

Als ich in Boston zum ersten Mal das Brahms-Konzert mit Colin Davis spielte, hielt ich noch die Fermate aus, die zum Ausklingen der letzten Note des zweiten Satzes gehört, als ich wahrnehmen mußte, daß mein Partner schon den Auftakt zum Finale gab, vergessend oder nicht beachtend, daß ich das Thema zu spielen hatte. Welch ein Zerbröckeln der Akkorde ohne die Violin-solo-Terzen! Fehler sind menschlich. Auch die Großen sind davon nicht frei.

Bernstein traf es in Washington im Doppelkonzert von Brahms. Auch er begann – ohne es abzusprechen – nach dem zweiten Satz das Finale attacca. Das wäre auch in Ordnung, nur bestand sein kleiner Denkfehler darin, das Solo vom auf der anderen Seite des Dirigentenpults sitzenden Misha Maisky – wir spielten sozusagen stereo – hören zu wollen. Der war – sehr überrascht über den Einsatz – eben noch beim Notenblättern, wohl wissend, daß zuerst die Violine ihren Part zu spielen hatte. Nun war Bernstein sehr verwundert, weil er von links – von mir nämlich – das Thema zu hören bekam.

Sollte man sagen, daß es nicht leider, sondern Gott sei Dank Irrtümer gibt? Ohne sie wäre vieles langweilig. Peinlich sind sie trotzdem.

Ich erinnere mich an ein Konzert in Moskau, wir spielten mit dem so früh verstorbenen Kollegen Oleg Kagan das Bach-Doppelkonzert, David Oistrach – unser Lehrer – dirigierte. Es wurde ausführlich geprobt, und alle genossen es sehr. Abends, auf dem Weg zum Podium,

168

waren wir äußerst konzentriert, legten unsere Noten aufs Pult, stimmten und hoben unsere Geigen. Oistrach wartete geduldig. Ich spielte die zweite Stimme, die das Werk beginnt. Als Oleg merkte, daß zwischen den Pulten zu wenig Platz war und wir uns beim Spielen stoßen würden, flüsterte er mir zu: „Bitte beweg dich etwas nach links." Bei mir mischte sich das „links" mit Oistrachs Auftakt. „Bach" in Tönen und „nach links" in Worten kamen gleichzeitig, und ich – auf die Worte eher als auf die Geste reagierend – war natürlich mit meinem Einsatz zu spät. Gut noch, daß die Tutti-Geigen den weiteren Ablauf sicherten.

Ich spreche von Technik, Ausdruck, Kenntnissen, Miß-verständnissen, Ablenkungen und guten Absichten. Von komplexen Vorgängen. Und doch geht es nur um etwas Winziges: um den Auftakt. Und das ist erst der Anfang vom Anfang...

Quattro stagioni

Meine Begeisterung für Claudio Abbados Wiedergabe
der „Cenerentola" von Rossini beim Gastspiel der Scala
di Milano in Moskau haftet mir im Gedächtnis. Auch
seine Aufführung des Requiems von Verdi überzeugte
sehr. Die persönliche Begegnung mit dem Maestro
folgte aber erst einige Jahre später: im August 1977
anläßlich der Salzburger Festspiele. Wir sollten gemeinsam das Violinkonzert von Beethoven aufführen. Im
Juni zuvor hatte ich dasselbe Werk mit Eugen Jochum
und dem London Symphony Orchestra (LSO) in der
englischen Hauptstadt gespielt. Schon damals bediente
ich mich der Kadenzen von Alfred Schnittke, die er
kurz davor zu Papier gebracht hatte. Die Kritik war
empört. Die Musiker, die oft noch konservativer als die
Kritiker sind, empfanden sie zum Teil als eine Zumu-
tung, zum Teil machten sie sich darüber lustig. Der
greise Eugen Jochum zog sich mit Grandezza aus der
Affäre: „Sie müssen das machen, was Sie für richtig
halten." Mit diesem Satz erinnerte er mich an meinen
Lehrer Oistrach, der ebenfalls respektvoll mit den ihm
fremden Ideen seiner Schüler umzugehen wußte. Am
Ende der Probe versuchte ich lächelnd den Konzertmeister für mich zu gewinnen: „Let's surprise Claudio
in Salzburg!" Der Folgen dieser naiven Konspiration
konnte ich mir noch nicht bewußt sein.
In der Zwischenzeit hatten die Büros einiges zu tun:
Ein Telegramm ging von London nach Salzburg zu den
Festspielen. Von dort aus schickte man ein Telex nach
Moskau. Ziel dieser Aktivitäten war, mich zu über-
zeugen, andere Kadenzen zu spielen. Ich aber brachte
Alfreds Versuch inzwischen viel Verständnis entgegen.

170

Auch Dirigenten wie Kirill Kondraschin und Lovro von Matačić, mit denen ich das Konzert spielte, waren davon angetan: Im ersten Satz wurden Themen und Rhythmen aus Violinkonzerten aufgegriffen, die nach Beethoven entstanden, aber historische Bezüge zu dessen Meisterwerk aufwiesen. Ich blieb diesem Einfall treu. Natürlich gab es auch Gegenstimmen. Manche stuften diese Kadenz als pure Spekulation ein. Wie immer traf es besonders hart, daß ich sogar von einigen treuen Freunden nicht verstanden wurde.

Aber es hieß durchzustehen, schließlich glaubte ich an den von Alfred als Zeitmaschine konzipierten Freiraum. Obwohl stilistisch offen und gewagt, schien keine andere so genau Beethovens Geist aufzugreifen und zu vermitteln. Für mich klang sie nicht nur frisch, sie war – was damals besonders anziehend wirkte – eine musikalische „Aktion" schlechthin.

Schon bei der Probe lachten wieder einige Musiker des Orchesters laut. Abbado, vorher von mir in die Kadenzen eingeweiht, zeigte sich irritiert. Wieder bat er mich um eine Alternative. Sogar nach der Generalprobe übte man denselben Druck aus. Ich empfand die Konfrontation als unmöglich, blieb bei meiner Einstellung und stützte mich auf die Behauptung, keine andere parat zu haben. Am Konzerttag berief ich mich halb im Spaß, halb wirklich verzweifelt auf die Menschenrechtskonvention von Helsinki; jeder Solist habe das Recht, die Kadenz selbst zu wählen. Abends wurde ein Skandal erwartet. Meine Überzeugung begann trotz der harten Entscheidung langsam zu schwinden. Die Aufführung wurde dennoch ein Erfolg. Das Publikum tobte, sogar die Kritik, die zum Teil gespalten war, stellte fest, Schnittke und ich hätten Beethoven nicht vergewaltigt.

Natürlich war ich erfreut darüber, aber die Kontroverse mit Abbado konnte ich nicht vergessen. Auf mich jungen Geiger wirkte sein Verhalten wie Sicherheitsdenken. Ausgewogene und deswegen für mich oft gesichtslos erscheinende Leistungen von namhaften Dirigenten erlebte ich in meinen ersten Jahren im Westen immer wieder. Nur langsam lernte ich damit umzugehen und begriff erst nach und nach, womit dies zusammenhing. Mit der idealistischen Sicht eines in Moskau aufgewachsenen Künstlers hatte das wenig zu tun. Die Schlagzeilen mit Superlativen, die endlosen Schaufenster mit Künstlerporträts, das mit Glanz und Glitzer gekleidete Festspielpublikum – sollte mich das in Salzburg begeistern? Der Erfolg war erfreulich, auch wenn ich nicht erwarten konnte, daß Schnittkes Kadenz jedem gefallen werde. Auch lag nicht alles am Maestro, schließlich bemühte er sich, Beethoven werkgetreu zu sein, und war insofern ein ernster Partner. Wie immer, suchte ich mich selbst zu beschwichtigen.

Die Bekanntschaft in Salzburg wurde einige Jahre später erneuert. Die Deutsche Grammophon wünschte, daß Abbado und ich die „Vier Jahreszeiten" von Vivaldi mit dem LSO aufnehmen sollten. Abbado besaß damals einen Vertrag mit diesem Orchester, der ihn verpflichtete, eine bestimmte Anzahl Platten mit ihm aufzuzeichnen. Obwohl ich nie selber erlebt hatte, wie Abbado Barockmusik dirigierte, und die Idee, Vivaldi nicht mit einem Kammerorchester zu erarbeiten und ohne vorangegangenes Konzert einzuspielen, mir suspekt erschien, ließ ich mich auf das Projekt ein. Ich stellte mich der neuen Herausforderung, in der ich meinen Weg zu finden hatte, etwas lernen wollte und auch bereit war, Unerwartetes aufzugreifen. Schließlich ist Vivaldis Heimat auch die des Dirigenten. Die Salzburger Konfrontation sollte überwunden werden.

In der Vorbereitungsphase besorgte ich mir einige Platten, unter anderem diejenigen von I Musici und vom Concentus Musicus. Könnte ich in Abbado, der mit so viel Brillanz Rossini spielte, einen wahren Partner für Vivaldi finden? Die Hoffnung war zweifelsohne da, und ich wartete auf unser Treffen in Berlin. Es verlief friedlich und versprach ein gutes Verständnis für London.

Im Januar 1980 spielte ich, ohne dies zu ahnen, meine letzten Konzerte in Rußland. Anschließend trat sozusagen eine fast zehnjährige Generalpause ein. Die „Vier Jahreszeiten" bildeten mein Hauptwerk in diesen vorläufig letzten Auftritten. Ich verliebte mich im Laufe der Arbeit mehr und mehr in diese Komposition. Zum Teil lag es einfach daran, daß ich mir dafür viel Zeit nahm. Dieselbe Methode trägt natürlich auch in anderen Lebensbereichen Früchte: Mit Güte, Liebe, Nachdenken und Zeit lassen sich viele Verwandlungen hervorbringen. Als ich in London in der St. Johns Kirche ankam, fühlte ich mich viel sicherer und bei Vivaldi nahezu zu Hause.

Die Aufnahmen verliefen zufriedenstellend – langsam lernte ich zu akzeptieren, daß jede Einspielung Streß bedeutet. Claudio und ich suchten Wege, die zueinander führten. Nur ab und zu schienen ihm die Tempi, die ich wählte, zu extrem. Untersuchungen zu authentischer Barockauffassung bestärkten mich in meinem Bemühen. Besonders im zweiten Satz des „Winters", wollte ich auf Harnoncourts Linie bleiben, der eine seltene, aber echte Continuo-Stimme entdeckt hatte, die zweifellos die Tempowahl bestimmte. Claudio war – eine Frage der Interpretation – befremdet. Wir suchten aber beide nach einem Kompromiß, glaubten, ihn gefunden zu haben, verließen zufrieden das Studio. „Als nächstes sollten wir doch Vivaldis Doppel- und Tripel-konzert mit Shlomo Mintz und Anne-Sophie Mutter (alles damals Exclusiv-Künstler der DGG) aufnehmen", meinte der Maestro beim Abschied. Ich mußte mich fragen: Ist das ein musikalisch motivierter Vorschlag? Der Ausruf war aber wohl auch eine Bestätigung für das Gelingen des gerade abgeschlossenen Unterneh-mens. Man hätte damals vermuten können, daß diese Aufnahmeperiode nur der Anfang einer intensiven Partnerschaft sein würde. In Wirklichkeit stellte sie aber den Beginn einer schier unglaublichen Geschichte dar.

Einige Monate vergingen, bevor ich von Rainer Brock, unserem inzwischen verstorbenen Aufnahmeleiter, das Probeband bekam. Obwohl es mich nicht in jedem Detail befriedigte, vor allem überzeugte nicht ganz das – wie es mir schien – immer noch vorsichtige Tempo des Konfliktsatzes Largo im „Winter", gab ich doch meine Zustimmung zur Veröffentlichung. Schließlich, sagte ich zu mir selber, ist es das Dokument einer Part-nerschaft, folglich müssen gewisse Abstriche gemacht werden. Überraschenderweise erreichte mich bald die Nachricht, Abbado wolle den zweiten Satz neu einspie-len. Was nun? Ich war sicher, diesen nicht noch lang-samer spielen zu können, schon das gewählte Tempo war ein Entgegenkommen. Für Abbado schien er je-doch immer noch zu schnell zu sein. Ich sprach selbst-verständlich niemandem das Recht ab, eine andere Meinung darüber zu haben, wehrte mich aber dagegen, sie mir aufzwingen zu lassen. Rainer Brock suchte nach einem Ausweg, um unsere zwei verschiedenen Zeit-gefühle zusammenzubringen.

Zur selben Zeit entwickelte sich ein Konflikt mit der

174

Deutschen Grammophon. Die Firma lehnte bestimmte Aufnahmeprojekte mit mir ab, und als ich diese mit Philips zu verwirklichen beabsichtigte, was die Basis des Vertrages nicht verletzt hätte, zeigte man sich bei der DGG doch sehr verstimmt. Zum ersten, aber nicht zum letzten Mal bekam ich in meiner jungen westlichen Karriere zu spüren, daß nicht nur Menschen, sondern auch ganze Gesellschaften eifersüchtig sein können. Ein Papierkrieg brach aus. Meine Beziehung zur Deutschen Grammophon wurde für eine gewisse Zeit unterbrochen. Konsequenterweise setzte ich mich gegen eine Neuaufnahme des in London erarbeiteten Satzes zur Wehr. Abbado ließ mir daraufhin ein Band zuschicken mit dem Vorschlag, ich solle im Playbackverfahren (!) zu der in neuem, langsameren Tempo aufgenommenen Orchesterbegleitung meine Stimme dazuspielen. Der erfahrene Meister sah darin die Möglichkeit, die Hindernisse zu beseitigen, die der Veröffentlichung im Weg standen. Meine Antwort darauf bestand darin, ihm das Audioband meiner Video-Aufzeichnung der „Vier Jahreszeiten" zukommen zu lassen. Ich hatte diese gerade mit dem English Chamber Orchestra ohne Dirigent verwirklicht und war dabei, was das Tempo angeht, keine Kompromisse eingegangen. Die ganze Auseinandersetzung drehte sich nur um Sekunden, die freilich ebenso entscheidend waren wie jene bei Olympischen Spielen: Harnoncourts Version des Largos dauerte 1 Minute 10 Sekunden, meine Aufnahme mit dem ECO 1.16, unsere mit Abbado 1.25 und die Abbados allein 1.50. Wir waren in der Sackgasse gelandet. Die DGG wurde sehr nervös, weil sie große Verluste befürchtete und um jeden Preis eine Lösung finden wollte.

Schließlich schlug der Maestro vor, die Aufnahme ohne

seinen Namen zu veröffentlichen. Mir blieb nichts anderes übrig, als anzubieten, auch meinen Namen zu streichen, da ich mich nicht für alles verantwortlich machen und allein auf dem Cover vorfinden wollte. Herr Eigensinn traf auf Herrn Stur. Die DGG wurde immer verzweifelter.

Einige Wochen später verfaßte ich einen Brief, mit dem ich von der ganzen Angelegenheit Abstand nehmen wollte. Inzwischen waren anderthalb Jahre verstrichen, und ich hatte jede Lust verloren, mich mit dem Projekt zu identifizieren. Zehn Tage danach traf eine in sehr freundlichem Ton verfaßte Nachricht der DGG ein, Abbado hätte endlich sein Placet für die Freigabe des Bandes gegeben. Der Kompromiß zweier Künstler feierte durch die geschäftstüchtige Haltung des Plattenkonzerns seine Erscheinung.

Die Aufnahme wurde zu einer meiner meistverkauften Platten, was nicht unbedingt mit der Qualität zu tun hatte, sondern eher mit der Tatsache, daß die „Vier Jahreszeiten" trotz der schon bestehenden über sechzig Wiedergaben zu den beliebtesten Objekten des Marktes gehören.

Vor einiger Zeit kaufte ich mir in Zürich ein neues Audio-System. Der Verkäufer fragte mich beim Testen, ob ich klassische oder Popmusik hören wolle. Als ich das erstere wählte, holte er stolz eine Platte heraus. Es war die Aufnahme mit Claudio Abbado und mir. Der Verkäufer war sehr überrascht, als ich darum bat, etwas anderes aufzulegen.

Über fünfzehn Jahre sind seit diesem kleinen Eklat vergangen. Nun werde ich wieder mit Claudio zusammen musizieren. Es soll das Violinkonzert von Alban Berg sein, und ich wünsche mir, daß dieses Meisterwerk auch uns zur Versöhnung verhilft.

Die andere Generation

Mein Freund Hatto Beyerle, der Bratscher, und ich begleiten Rudolf Serkin nach seinem Konzert in Wien zum Hotel. Müde und erschöpft, versucht er trotzdem, freundlich und gesprächig zu sein. Es geht um für ihn wichtige Dinge, auch Familiäres: Marlboro, Mozart, Musik. Wir kommen zum Hotel Ambassador, wo er seit Jahrzehnten wohnt, und verabschieden uns. Höflichkeit als integraler Bestandteil seiner Persönlichkeit – so ließe sich Serkin charakterisieren. In den Abschiedsworten kommt es zum Ausdruck.

Manch einer achtet es gering, nimmt es möglicherweise gar nicht zur Kenntnis. Aber das wahre Wesen eines Menschen zeigt sich in Kleinigkeiten.

Als wir uns ins Auto setzen, steht Rudolf Serkin, der große Künstler, nach seinem kräftezehrenden Konzert vor dem Hoteleingang, wartet, bis Hatto den Motor startet. Wir fahren langsam an, und er – mich hat er erst vor einer halben Stunde kennengelernt – winkt noch liebenswürdig mit der Hand.

Es mag nicht der Rede wert sein. Für mich aber ist es Ausdruck „der anderen Generation", einer Generation, die noch weiß, wie man miteinander umgeht. Auch in kleinsten Gesten. Rudolf Serkin verhielt sich – ich bin mir sicher – nicht „pro forma" so. Seine Zeitgenossen haben solche Manieren noch im Blut.

Zählspiele

New York 1988. Leonard Bernstein und ich spielen das verhältnismäßig neue, originelle Konzert von Ned Rorem mit den New Yorker Philharmonikern. Die Probezeit ist, wie so oft bei zeitgenössischen Werken – und nicht nur da – zu kurz. Rorem, ein alter Freund von Lenny, ist anwesend. Sie widersprechen sich gelegentlich. Bernstein ist ja ebenfalls Komponist, die Stimmung ist freundlich-angespannt. Abends im Konzert gibt es ein kleines Malheur. Bernstein dirigiert die Coda auf drei, obschon sie als ein auf vier auskomponierter Walzer konzipiert ist. Ich habe Schwierigkeiten, dem Maestro zu folgen, trotzdem erreichen wir den letzten Ton zusammen. Bernstein sieht etwas verlegen aus, verbeugt sich und fragt mich beim Verlassen der Bühne: „What happened?" Ich schaffe es nicht, ihm zu sagen: „Lenny it's your fault!", sondern stelle mich selber in Frage. Da reagiert Bernstein plötzlich: „Gee, I fucked it up…" Der Jubel dauert an. Die nächste Verbeugung mit dem Komponisten.

Bratislava 1990. Amnesty-International-Veranstaltung: „Konzert ohne Grenzen". Zum ersten Mal trete ich mit Yehudi Menuhin auf. Wir proben das Schostakowitsch-Konzert Nr. 2. Lord Menuhin, damals noch Sir Yehudi, dirigiert es zum ersten Mal. Er bemüht sich sichtbar um das ihm noch wenig vertraute Werk, was aber die Unsicherheit des Orchesters nicht mindert. Im Finale werde ich auch nervös und bitte Menuhin, mir abends an einer bestimmten Stelle einen Einsatz zu geben. Mit der für ihn üblichen Freundlichkeit verspricht er es mir.

Abends: Fernsehen, Rundfunk, großes Aufsehen, voller Saal, Hochspannung. Alle – Orchester, Lucia Popp, Alexis Weissenberg und der Maestro selbst – geben ihr Bestes. Wir sind schon beinahe am Schluß. Menuhin zeigt mir den Einsatz, tut es aber einen Takt zu früh! Perplex warte ich ab. Ende gut – alles gut! Stürmischer Applaus.

Vor Wegweisern sollte man Respekt haben, aber ihnen nicht immer folgen. Die andere Hälfte der Wahrheit: Zähle auf dich. Vor allem aber: zähle für dich.

Maestrissimus

Noch im Dezember 1979 kam es in Berlin zu meiner bis jetzt einzigen Studioaufnahme des Tschaikowsky-Konzerts. Der Dirigent Lorin Maazel und ich hatten schon ein Jahr zuvor Erfahrungen im Zusammenspiel mit Prokofieffs zweitem Violinkonzert gemacht. Eigentlich war es eine gute Zusammenarbeit. Lorin, elegant, präzise, steigerte sich während der Aufführung und unterstützte damit die Dramatik des Werkes. Auch jetzt lief alles ziemlich glatt. Ist glatt aber etwas Positives? Ist es nicht ein Zeichen für Oberflächliches? Wann sind schon Konzerte oder Aufnahmen glatt? Vielleicht, wenn man sich kalt gibt, und die Arbeit wie poliert läuft. Das ist in der Musik wie im Leben ganz und gar nicht mein Anliegen. Ich sollte lieber sagen, wir kamen kollegial und störungsfrei voran. Es war der dritte und letzte Aufnahmetag. Für die Schallplatte blieben uns nur noch der zweite Satz und die „Serenade mélancolique" übrig. Das Stück spielte ich oft und gern, ist es doch ein kleines Juwel der romantischen Literatur. Da wir aber keine Gelegenheit hatten, es je zusammen aufzuführen, bat ich Lorin vor der Sitzung, sich eine halbe Stunde Zeit zu nehmen, um es ihm vorspielen zu können. Er ging ohne großen Enthusiasmus darauf ein.

Um 9.30 Uhr war ich in der Philharmonie. Lorin erschien etwas verspätet. Sein Gesicht trug die Spuren einer zu kurzen Nacht. Er gab sich höflich und gleichzeitig abwesend. Also bitte! Ein Durchlauf. Ich versuche meine Bitten zu äußern. „No problem." Der Maestro sah nirgends eine Schwierigkeit. Wozu eigentlich die Aufregung. Es ist doch alles so klar.

Gut. Ein paar Fragen wurden beantwortet, ein paar

Phrasierungen besprochen. Wir gingen auf das Podium. Zuerst kam der zweite Satz des Konzerts an die Reihe. Die Bläser, obschon es die Berliner Philharmoniker waren, die das Werk mit uns ohnehin am Vorabend im Konzert gespielt hatten, intonierten nicht sauber. Auch nach einer halben Stunde waren wir nicht viel weiter. Die Zeit verging, und langsam kam Nervosität auf. Obwohl der zweite Satz nicht gerade schwer ist, klappte es in dieser Morgenstunde nicht ganz. Die Stimmung trübte den schlichten Duktus des Werkes. Zur Erklärung ließe sich vielleicht anführen, daß es unnatürlich sei, den Morgen mit Canzonetten zu beginnen. Wer aber kann darauf Rücksicht nehmen? Sicher nicht die Schallplattenfirmen, die vor allem an den gebuchten Aufnahmeraum und die teure Aufnahmezeit denken. Schließlich machten wir unsere Aufgabe.

Es war 11.30 Uhr, Lorin verschwand in den Abhörraum. Die Sitzung sollte bis 13 Uhr dauern. Die Serenade war jedoch noch nicht ein einziges Mal erklungen; in den Abendkonzerten spielten wir ausschließlich das Konzert. Ich blieb auf dem Podium, mich auf die Aufnahme vorbereitend. Nach der Pause kam Lorin mit Verspätung zum Pult. Man sah ihm an, daß er eigentlich keine Lust hatte, daß ihn alles langweilte. Schließlich hatte er in dem bevorstehenden Werk kaum etwas zu tun. Wie so oft bei Superbegabungen, zu denen er oder Gennady Roshdestwensky sicher gehören, reizt die Herausforderung, das Schwierige mehr. Hier war das aber nicht der Fall, schien es wenigstens nicht zu sein. Meine Einstellung war sicher eine konträre. Wissend, wie schwierig das Schlichte sein kann, sah ich in dem Stück auch nicht einen bequemen Schallplattenfüller – für mich war es eher ein Gefühls- und Glaubensbekenntnis. Durch die verborgene Leidenschaft und Subjektivität der Serenade kann im Glücksfall ein ganzer Kosmos an Emotionen zu Wort kommen. Eine Art Liebesgeschichte, die mit der ihr entsprechenden Traurigkeit eine überraschende Wirkung erzeugen soll.

Zurück zur Realität: Nun bin ich wieder nicht zusammen mit dem Horn. Noch einmal. Nein. Wiederholung. Wir bleiben hängen. Ich werde immer verkrampfter und vorsichtiger. Weil ich auf Lorin horche, leidet die eigene Phrasierung, die Agogik. Wieder bleiben wir stehen. Dieses Mal von ihm unterbrochen: „Also, das ist schließlich unlogisch und auch unmusikalisch, Sie müssen mir hier folgen." – „Ja, aber gerade das versuche ich doch", will ich ihm, innerlich verzweifelt, erklären. „Dann öffnen Sie die Augen." Es entsteht eine lähmende Stille. Ich schweige. Es fällt kein Wort. Einhundert Musiker sind in gespannter Erwartung, was jetzt wohl passieren wird. Wir schaffen es noch, die Aufnahme zu beenden.
Ich habe natürlich kaum Lust, abends das Konzert zu spielen. Kollegen aus dem Orchester beruhigen mich. Warum muß er sich so benehmen? Wozu das Übertragen seiner Irritationen auf andere? Immer wieder tue er es – sie kennen ihn gut. Ich soll es nicht zu ernst nehmen. Maazel sei dafür bekannt.
Freunde überreden mich, abends doch aufzutreten. Es fällt nicht allzu schwer – eine Absage wäre auch für mich schlimmer. Wir spielen zum letzten Mal das Konzert. Es ist wie so oft lebendiger als die Aufnahme, was ich beim Abhören eines Teils des Mitschnitts feststellen konnte. Man hat nichts mehr zu verlieren, auch keine Angst vor einem falschen Ton. Weil nicht auf die Uhr geschaut und nichts vom Tonmeister zusammen-

182

geschnitten wird, atmet es richtiger, entkrampfter. Eine Illusion? Das sollen die anderen beurteilen. Für mich ein Stückchen Wahrheit.

Nachträglich glaube ich, daß Lorin an dem Morgen gar nichts gemerkt hat. Es war eine Laune des Maestros, die nur an denen hängenbleibt, die es trifft. Für mich gab es damals nur eine Erkenntnis: Das Musikmachen ist eine brutale Welt.

Obschon Maazel zweifellos einen einwandfreien Schlag besitzt und die Partitur wie mit einem Röntgengerät intellektuell durchschaut, ist mir seine Vision gelegentlich fragwürdig. Das Wort „müssen", das hier ganz nebenbei betont wurde und mir damals sicher weniger auffiel als der Satz „Öffnen Sie die Augen", hatte ja nur eine technische Funktion: die der Koordination. In Wirklichkeit, das begreife ich heute, ist es das Schlüsselwort der Spannung, der Explosion. Sicher – und da ist Maazel kein Einzelfall – gibt es bei Dirigenten die Vorstellung, eine der Partitur entsprechende Rechtsstruktur zu verwalten. Das Bestimmen ist dabei die Substanz des eigenen Wertgefühls. „Du sollst (mußt) nach mir spielen (tanzen, singen)." Oder: „Ihr seid mir untergeordnet. Ich weiß mehr als ihr." Die Assoziation bringt den Pluralis majestatis ins Bewußtsein. Die Könige und der Zar pflegten ihre Gesetze mit „Wir bestimmen" zu unterschreiben. Ein Dialog, ob mit dem Volk oder dem Partner, wäre sicher wertvoller. Nur war Maazel an dem Tag dafür nicht zu gewinnen.

Sein phänomenales Können erlebte ich später nochmals zur Saison-Eröffnung der Scala in Mailand. Der Maestro dirigierte Verdis „Aida". Nicht nur die Gesamtübersicht über die Partitur, sondern jeden Einsatz, jede Wendung, alle Sänger und Hindernisse, hatte er im Blick und Griff. Er genoß es sichtlich, am Dirigentenpult zu stehen. Eine bewundernswerte Leistung, die die Frage nach der Verbindung zum Pulsschlag und zur Emotion dennoch offen ließ. Wer beim Sport Sieger werden will, muß in vielen Situationen kaltblütig reagieren. Um aber Kunst zu vermitteln, reicht diese Eigenschaft nicht aus, auch wenn sie hilfreich sein mag. Wobei natürlich unkontrollierte Gefühlsausbrüche ebensowenig der Gestaltung dienlich sind. Ein wahres Kunstwerk lebt von erfüllter Harmonie zwischen Geschick und Emotion. So verließ ich die Scala, fasziniert von der Fähigkeit Maazels, jedoch nicht erschüttert von Verdis Werk. Um gerecht zu sein: Es versteht sich von allein, daß eine Oper nie die Einzeltat des Musikchefs, sondern – und gerade das macht es so kompliziert – ein Gemeinschaftswerk aller Mitwirkenden ist. Die reiche Ausstattung der Bühne, die Inszenierung des Regisseurs können Wege zum musikalischen Ereignis auch verbauen. Versuche, das Werk mit modernen Augen zu sehen, ob mit Hilfe poppiger Symbolik im Neonlicht oder in Yuppie-Tageskleidung, ersetzen kein Konzept. Eine ideenarme Produktion kommt freilich im Effekt bisweilen einer geistreichen gleich, einer, die das Musikalische sich unterordnet und die Partitur zur Begleitfunktion ummünzt. Kapellmeister aller Nationen, sich im Orchestergraben versteckend oder aus ihm herausspringend, helfen einem Zustandekommen einer Inszenierung wenig, wenn sie sich nichts Besseres als die Überwachung der Rennpiste als Aufgabe setzen. Nur im Glücksfall ergibt sich eine durchblutete, durchatmete Aufführung. Das Gemeinschaftsgefühl inspirierte die Gemäldeschulen der Vergangenheit. Es ist freilich auch heutzutage, vor allem in der Kammermusik nicht weniger überzeugend möglich.

Wo verwaltet wird, ist das Kunstwerk in Gefahr. Auch

außerordentliche, aber autoritätsbewußte Dirigenten können leicht eine Zerstörungstendenz auslösen. Ihre großen eigenen Fähigkeiten, ihre Begabung zünden nur dann, wenn sie fähig sind, auch etwas von sich, ihrem Innersten, zu offenbaren. Sonst – und wie oft geschieht das – verschwindet das Werk hinter den präzisen, effektvollen Gesten des Maestros. Ich denke an Dirigenten, bei denen das nie der Fall sein wird: Carlos Kleiber, Christoph Eschenbach, Simon Rattle...

Lampenfieber

New York 1985. Ich spielte das Brahms-Konzert mit Zubin Mehta. Er – immer gut organisiert, willensstark, temperamentvoll, überzeugend. Seine ganze Natur strahlt, auch wenn das täuschen mag, Robustheit aus. Ich – um jeden Takt kämpfend, Stille entdeckend, die Schwere von Brahms nicht vernachlässigend und von der allgemeinen Konzentration nahezu hysterisch.
Es ist vorbei. Applaus, Verbeugen, Ovationen. Wir gehen in den Fahrstuhl, der uns zum Künstlerzimmer bringen soll. Ich sage: „Es tut mir leid, ich habe mich ganz schwindelig gefühlt, nahezu krank… schrecklich!" Zubin, sichtlich überrascht, antwortet lächelnd: „Du solltest dich immer krank fühlen!"

Richtig langsam

Es gibt Dirigenten – nicht viele –, denen man sich gerne fügt. Carlo Maria Giulini gehört sicher zu ihnen. Es fiel mir leicht, ihm zu folgen. Mehr noch. Es machte sogar Freude.

Wir spielten gelegentlich zusammen, dabei Werke, die für ihn neu waren: Prokofieffs zweites Violinkonzert, Henzes „Il Vitalino raddoppiato" und schließlich Schumanns d-Moll-Konzert. Während all dieser Begegnungen, und besonders bei Schumann, konnte ich von seiner Fähigkeit profitieren, tief in die Substanz eines Werkes einzudringen. Giulini erlaubte sich nicht, vorbeizutaktieren. Alles Bequeme, nur Ordentliche und Unpersönliche war ihm fremd. Die für viele unbequemen, weil vermeintlich zu langsamen Tempi von Giulini waren immer begründet in seinem Gespür für den richtigen Puls. Der Puls ist eine Sache für sich. Gewohntermaßen stützt sich dieses Gefühl auf einen Mittelwert von $\approx$ 60–72 (Adagio. Moderato). Weshalb? Ganz einfach, es ist der Normalwert des Herzschlages. Was aber, wenn, wie es Gija Kancheli oft in seinen Werken vorschreibt, der Wert der Pulseinheit $\approx$ 40–44 lautet? Zunächst erscheint es uns als nicht realisierbar, untragbar, buchstäblich unerträglich. Und doch, wenn wir den Anweisungen folgen, bekommt die Musik (selbstverständlich nur eine solch außerordentliche wie die von Gija Kancheli) eine neue Dimension. Gerade diese erlaubt es uns Musikern, aber auch den Zuhörern, gewohnte Dinge und Abläufe neu zu erfüllen, neu zu erleben. Er ist schon überwältigend, dieser in Notenwerten fixierte Geist des Komponisten, der auch heute noch – um es pathetisch zu sagen – von den Leiden und Erfahrungen eines Genies kündet.

Das richtige Tempo im Sinne Harnoncourts bleibt aber eine subjektive Erkenntnis; sie stellt sich ein, wenn Werkimpuls und persönlicher Puls korrespondieren. In Erinnerung ist mir eine von Daniel Barenboim einmal als Zugabe gespielte Mazurka von Chopin, bei der ich ein ähnlich optimales „timing" erleben konnte. Werktreue bedeutet auch die Suche nach dieser Korrespondenz. Dem Langsamwerden bei Giulini steht das häufige Zu-Schnell-Sein bei Heifetz gegenüber. Jeder folgt seinem eigenen, inneren Schlag – den verschiedenen Komponisten sich annähernd oder sich von ihnen entfernend. Giulinis Schumann oder Brahms haben das Zeitmaß, das sie in unserer gut funktionierenden, aber oberflächlichen Welt oft verlieren. Das Auskosten der Gefühlswelt, der wahrgenommene Widerstand, der Harmoniewechsel – wer nimmt sich heute noch die Zeit dafür? Vielleicht Bernstein, der Ekstatiker unter Ekstatikern, wenn bei ihm nicht seine physische Präsenz oft das Notenbild in den Hintergrund gedrängt hätte. Es ist verständlich, daß Bernsteins Wiedergabe der Pathétique von Tschaikowsky vielleicht die langsamste aller Einspielungen ist. Aber was für ein Drama spielt sich da ab! Wie selten folgen die Dirigenten der notwendigen Spannung mit innerer Verantwortung. Das Publikum, sogar die Kritiker erwarten eine Art Vortäuschung der Werke und machen es einem so bequem, mit der Konvention zu leben.

Der langsame Giulini, vielleicht im Geiste Furtwängler verwandt, ist nicht nur um sich oder das Publikum bemüht. Ihm geht es immer noch um die Partitur. Auch wenn das wiederum als „weise" etikettiert, vermarktet wird.

Es wunderte mich nicht, als Giulini sich einmal in meiner Gegenwart äußerte: „Eigentlich haben die Komponisten ihre besten Werke für Quartette geschrieben. Die Kammermusik, die vier Stimmen sind doch die schlichteste und wertvollste Musik." Da sprach nicht nur Maestro Giulini – der langsame Dirigent, der großzügige Mensch, der treue Musiker. In diesem Augenblick sprach auch der Bratscher Giulini. Das noble und so oft unbequeme Instrument, auf dem Giulini früher spielte, bestimmte das Geheimnis seiner Musikanschauung mit und fördert bei ihm immer wieder die Mittelstimmen zutage.

Eremit

Zur Musik von Valentin Silvestrov habe ich eine sehr emotionale Beziehung. Persönlich lernte ich Valentin vor zwanzig Jahren in unserem Moskauer Haus kennen, als Tatiana Grindenko sein „Drama" spielte. Diese Komposition, die Teil unseres gemeinsamen Programms war, ist so ungewohnt gewesen, daß sie Skandale auslöste, gar Entsetzen hervorrief. Ein Drama stand also – im doppelten Sinne des Wortes – am Beginn unserer Beziehung. Schon diese erste Begegnung war vielversprechend. Damals spielte ich die Musik von Valentin noch nicht, ich hörte sie und war gebannt von dem Eindruck, den sie auf das Publikum machte. In der Folge habe ich noch eine Reihe anderer Aufführungen von Valentins Werken erlebt, die mir gut gefielen oder die mich zum Nachdenken angeregt haben. Als irgendwann das Gespräch darauf kam, Silvestrov wolle ein Violinkonzert komponieren, habe ich ihn in diesem Vorhaben sehr bestärkt. Nach meinen Begegnungen mit der Musik Valentins war ich neugierig zu sehen, was für ein Werk entstehen würde.

Zu dieser Zeit hatte ich schon versucht, Alfred Schnittke, Sofia Gubaidulina, Arvo Pärt, Edison Denissov und eine Reihe anderer Komponisten zu unterstützen, indem ich ihre Werke aufführte und alles dafür tat, daß sie ihr Publikum fanden – trotz der Verbote und Ablehnung durch die damaligen sowjetischen Behörden. Auch Valentin schien einem bestimmten Kreis von Leuten zugerechnet zu werden, die bei aller Unterschiedlichkeit in den sechziger und siebziger Jahren von den Funktionären abgelehnt wurden. Ich würde nicht so weit gehen, sie als „Verbotene" zu bezeichnen, aber es waren Künstler, mit denen mich im gesellschaftlichen Klima der siebziger Jahre das Gefühl des Widerstands gegen alles Aufgezwungene verband. Und Valentin, der seinen eigenen Weg beschritt, hat bis heute meine ganze Achtung, weil er nicht liebedienerte und keine politischen Spiele trieb.

Der Charakter, dem ich begegnete, als ich an Valentins „Widmung" arbeitete, war mir in keiner Weise fremd. Silvestrov ist sich treu geblieben, obwohl seine Werke der siebziger Jahre natürlich ganz anders klingen. Mir steht die Musik seiner jetzigen Schaffensphase allerdings näher. Es ist schwer zu sagen, aber vielleicht hätte ich diese Musik früher noch für unverständlich und nicht genügend avantgardistisch gehalten.

Das Genre, dem die „Widmung" zuzuordnen ist, könnte man wahrscheinlich als eine Hommage an die Romantik bezeichnen und als den nostalgischen Versuch, ihr wieder neues Leben einzuhauchen. Etwas Hoffnungsloses haftet diesem Versuch an, und doch gelingt es Valentin, am Rande des Unmöglichen, nicht nur mit der Romantik zu liebäugeln, sondern sie neu zu erfühlen. Diese ganze Problematik ist in der Musik Silvestrovs hörbar und entspricht in gewisser Weise auch dem, wonach ich selbst in der Moderne suche.

Valentin gehört zu den Menschen, die nur sehr selten zufriedenzustellen sind. Zu genau weiß er, wie seine Partituren klingen sollen. Dem Ausführenden bleibt fast kein Raum für eine eigene Auffassung, Valentin möchte jeden Takt so verwirklicht wissen, wie er ihn selbst hört. Das ist sicher unrealistisch, ja unmöglich. Aber er ist nun einmal kein realistischer Mensch, sondern – und das möchte ich eher als Tugend verstanden wissen – jemand, der auf sein Hörideal fixiert ist. Umso mehr wollte ich an diese Musik ohne Vorurteile herangehen, mich sozusagen in ihr auflösen.

Eine Schwierigkeit für Instrumentalisten besteht darin, daß einige Komponisten ihre Partituren mit Informationen überladen. Es gibt eine Menge dynamischer Schattierungen, nahezu in jedem Takt ein Accelerando-Ritardando oder einen Wechsel des Metrums. Man muß während des Vorbereitungsprozesses viel Zeit darauf verwenden, alle diese Forderungen in sich aufzunehmen, um sie danach gewissermaßen wieder zu vergessen. Diese Musik läßt sich nicht vom Blatt spielen, man kann sich ihr nicht einfach überlassen, weil man ständig auf der Hut sein muß. Darin besteht meiner Meinung nach ein gewisser Widerspruch, weil Silvestrovs Musik quasi postromantisch ist. Die Romantik aber fordert geradezu den Dämmerzustand und das Eindringen in ihr Charakterbild. Gleichzeitig erlaubt die Partitur mit ihrer ganzen Erscheinung, ihrer graphischen Anordnung kein Sich-Loslösen. Sie fordert maximale Hingabe und größte Aufmerksamkeit beim Wechsel von Tempi, Stimmungen, Harmoniestrukturen etc.

Manchmal stelle ich beim Erarbeiten solcher Werke fest, daß sich in mir etwas gegen diese dem Interpreten aufgezwungene Topographie sträubt, und das gilt nicht nur für Valentins Kompositionen. In der Tat sind beispielsweise die Noten – nicht der Inhalt, aber die Faktur der Texte – eines jeden späten Beethoven-Quartetts wesentlich schneller zu erlernen, obwohl der Impuls dieser Werke seine geheimnisvoll-mystischen Züge behält. Ich bin kein Komponist und weiß nicht, wie man es besser machen könnte. Aber wenn bestimmte Passagen in einer schier unendlichen Zahl technischer Anweisungen steckenbleiben, fragt man unwillkürlich nach dem Sinn dieser Kompliziertheit und ob vieles nicht einfacher niederzuschreiben gewesen wäre. Sicher stimmt es, daß man diese Frage schon Strawinsky hätte stellen können. Auch er schien es zu lieben, die Karten so zu mischen, als wolle er die Musiker zum Schwitzen bringen. Warum sonst hätte er an gewissen Stellen die Reihenfolge sieben Achtel, elf Achtel, fünf Achtel gewählt, statt alles in einem Drei- oder Vier-Vierteltakt einzubauen?

Im Einzelfall ließe sich überprüfen, ob eine vereinfachte Notation nicht zum gleichen Ergebnis führen könnte. Die Frage bleibt offen. Auch ich habe noch keine Antwort auf sie. Vielleicht ist ja in der Komplexität der Textbeherrschung jener Teil der Komposition zu finden, der sich emotionell auf den Zuhörer überträgt und somit eng mit dem Wesen dieser Werke verbunden ist. Und doch erscheint mir persönlich der Schwierigkeitsgrad von Silvestrovs „Metamusik" für Klavier und Orchester letztlich unhörbar. Obwohl der Komponist qualvoll nach einer Kulmination sucht, wirkt die Musik in bestimmten Abschnitten statisch. Natürlich kann die Statik für ein inneres Drama stehen, für den Akt des Mit-dem-Kopf-gegen-die-Wand-Rennens. Aber inwieweit Musiker fähig sind, das wiederzugeben und Zuhörer das empfinden können, ist schwer einzuschätzen. Ich bin diesen Schwierigkeiten begegnet – unlängst wieder im „Graal Theatre", einem Werk voller verschlüsselter Energie der finnischen Komponistin Kaija Saariaho – und habe mich stets bemüht, mit ihnen fertigzuwerden. So war ich glücklich, auch Valentin wie Kaija zum Geburtshelfer geworden zu sein.

Nachdem ich die „Widmung" (mit den Münchner Philharmonikern und unserem gemeinsamen Freund Roman Kofman als Dirigent) auf dem Aufnahmeband abgehört hatte, das zur Veröffentlichung vorlag, rief ich spontan „Tod in Venedig" und fügte nach einer kleinen Pause hinzu: „Genauer: Tod in Kiew." Vielleicht klang das provokant, aber es war keine versteckte Anspielung oder gar ein Vorwurf. Der Satz hätte auch von Valentin selbst kommen können. Es ist kein Versuch, diesem Werk irgendeine grelle oder banale Erklärung hinzuzufügen. In der Musik Silvestrovs gibt es tatsächlich etwas von Gustav Mahler, dessen Musik den ganzen Film Luchino Viscontis durchdringt. Sie ist wie eine Totenmesse für das, was wünschenswert, unerreichbar oder nur in der Phantasie zu erlangen ist. Ein Denkmal für alles Streben nach dem Ideal! Wenn von Valentin, von seiner Musik und von dieser besonderen Nostalgie nach Existierendem und Nichtexistierendem die Rede ist, darf man nicht vergessen, daß diese Musik von einem Menschen geschrieben worden ist, der während all der Schrecken in seiner Heimat (Tschernobyl sei nur am Rande erwähnt), in Kiew geblieben ist. Einmal wurde Silvestrov auf einer Pressekonferenz in Moskau gefragt, in welcher Stadt Deutschlands er gerade wohne, worauf die Antwort folgte: „Begraben Sie mich nicht, ich bin doch noch nicht einmal ausgereist." Es war eine Anspielung darauf, daß viele seiner Komponisten-Kollegen mittlerweile im Westen lebten: Schnittke und Gubaidulina in Deutschland, Kancheli in Belgien, der kürzlich verstorbene Denissov in Paris.

Man kann Kiew nicht in die Zweite Liga – dem Sport analog – einordnen. Die Abgeschiedenheit besitzt einen positiven wie negativen Aspekt. Isolation an sich gibt natürlich immer Anlaß zur Kritik – wenn man abgeschirmt von allem in eigenen Gedanken und Ideen kreist. Aber gerade in diesem freiwilligen oder unfreiwilligen Eingesperrtsein findet man auch einen gewissen Mut zu einer Aussage, deren geistiger Kern im Streß des Alltags nicht bewußt wird. Wir alle erkennen das

194

Wesen der Dinge schneller, wenn wir uns in einem begrenzten Raum befinden.

„Postscriptum" und „Widmung", die Titel der beiden von mir eingespielten Werke, sind zwei polare Begriffe. Eine Widmung steht normalerweise am Anfang, ein Postscriptum am Ende. Die „Widmung" ist ein groß angelegtes symphonisches Werk, das „Postscriptum" erscheint wie sein Echo. In ihm wird Stille weitergeführt, die zuvor mit dem Epilog die „Widmung" beschlossen hat. Die Sonate selbst wird zum zweiten Epilog, der nun jedoch nur noch aus der Ferne wahrzunehmen ist.

In einem gewissen Sinne sind beide Werke Musik unseres Fin de siècle. Sie verweisen aber gleichzeitig auf dessen Anfang. Man könnte es auch anders sagen – eine Jahrhundertmusik, eine Widmung an die Musik, mit der dieses Jahrhundert begann und auch enden wird. Es ist die Suche nach jenen Übereinklängen, gewissermaßen Brücken, die den Anfang und das Ende zusammenführen. Ich habe nicht das Gefühl, daß die „Widmung" das kommende Jahrhundert begrüßt. Ich würde das eher von Luigi Nonos Werk sagen, der mit seiner Welt der Stille in das 21. Jahrhundert vorstößt. Bei Silvestrov ist es eher eine Verbeugung – und sicher keine spekulative – vor Gustav Mahler; und eine Reverenz an die geistige Weite dieses Jahrhunderts. Sie wirkt wie ein sehr persönliches Geständnis des Komponisten auf der Suche nach der verlorenen Zeit. Silvestrov tastet qualvoll wie Andrej Tarkowski in seinem Film „Stalker" nach den Spuren dessen, was noch unbeschadet geblieben ist. Ein Verfahren, bei dem Komponist und Interpret schließlich Hand in Hand gehen; in einem Zeitalter vieler Dramen, deren Zeugen wir waren.

Tango Passion

Als ich Astor Piazzolla zum erstenmal musizieren hörte, fühlte ich mich sehr berüht. Es war auf einem Video-
band, das ich bei Manfred Gräter im WDR sah, einem
sehr guten Freund von mir und der erste, der mich mit
Piazzollas Musik und seinem Spiel bekanntmachte.
Während meiner Konzertreisen durch Europa ließ ich
keine Gelegenheit aus, in Köln Station zu machen, um
in einem dunklen Raum all jene Schätze zu sehen, die
seine Videothek barg. Manfred hatte einen spezifischen
Geschmack – und ein Gespür für Persönlichkeiten. Er
war ein begeisterter Anhänger von Künstlern wie Arturo
Benedetti Michelangeli, Lindsay Kemp und eben auch
von Astor Piazzolla. Als er die Erregung fühlte, die
diese Musik in mir hervorrief, wollte er schon ein Treffen zwischen uns arrangieren. Einige Jahre danach erreichte mich die traurige Nachricht vom Tod Manfred
Gräters. Auch Piazzolla lebt nun nicht mehr. Und so
wurde dieses potentielle Treffen bald zu einem Objekt
meiner Phantasie. Was blieb und wozu ich mich loyal
verhalten wollte, war die Erinnerung an Astors Musik
und an meine alte Freundschaft zu Manfred.
Unter den zeitgenössischen Komponisten ist Astor
Piazzolla einer der ganz wenigen, die ihre Musik auch
selbst aufführen. Als ich ihn spielen hörte, damals auf
dem Videoband und später bei einem Konzert mit der
faszinierenden Sängerin Milva in Paris, spürte ich immer
diese Atmosphäre voller Energie – eine schier unglaub-
liche Kraft, die ich nur sehr selten bei modernen Komponisten empfinde. Im 19. Jahrhundert gehörte es zur
Regel, daß Komponisten auch ausübende Künstler
waren. Heute erreichen nur wenige Komponisten-

Interpreten, mit denen ich zusammenarbeite, dieses Auslösen wirklich tiefer Emotionen, nicht nur von Ober-
flächenreizen. Einer von ihnen war Leonard Bernstein,
Komponist und Dirigent in einem. Man vergißt es nie,
wenn man einmal in dieses Energiefeld geraten ist. Man
fühlt sich wie aufgeladen und ermutigt, Dinge zu wagen,
die man niemals zuvor versucht hätte. Mit Astor war
ich nicht so eng verbunden, wie ich mich oft mit Lenny
fühlte. Aber auch aus der Distanz konnte ich seine Kraft
spüren. Wenn ich diese Musik spiele, versuche ich mich
einzufühlen, um diese Einheit mit dem Komponisten
herzustellen. Schließlich treffen hier völlig verschiedene Denkstrukturen und Temperamente aufeinander.
Heute sind mir all seine eigenen, großartigen Aufnahmen gegenwärtig. Zwangsläufig tritt man in eine Art
Wettbewerb mit ihm selbst. Mit Mozart, Schubert oder
Tschaikowsky ist das unmöglich, weil man nicht mehr
weiß, wie sie spielten. Eine Legende wie Niccolò Paganini überlebt, weil seine Spielweise seit annähernd
zweihundert Jahren unermüdlich kolportiert wird. Dennoch weiß niemand, wie sein Spiel wirklich klang. Bei
Piazzolla ist das anders. Man weiß, wie er klang, welch
phantastische Musiker er um sich versammelte, darunter
auch unglaublich starke Persönlichkeiten auf der Violine:
Antonio Agri, Fernando Suarez Paz. Es ist eine Herausforderung und zugleich ein riskantes Unternehmen,
in Astors Welt einzudringen, ohne ihn persönlich kennengelernt zu haben. Auch deswegen, weil meine Mentalität keine ist, die man mit einem Menschen aus süd-
lichen Breitengraden in Verbindung bringen würde.
Seit meine Heimat Lettland unabhängig ist, kann ich
stolz sagen, daß ich dort geboren bin und nicht in der
Sowjetunion. Im Norden. Südamerikanischer Tango,
argentinischer Tango in Riga? Aber auch, wenn ich

fühle, daß ich in nördlichen Breiten zu Hause bin, so drängt es mich doch immer wieder, verschiedene Kulturen kennenzulernen. Ebenso könnte ich aber sagen, daß in Südamerika gelegentlich die Bedingungen eines Landes der nördlichen Hemisphäre herrschen, wir eben nur Sommer und Winter zu verschiedenen Zeiten erleben. Vor nicht allzu langer Zeit reiste ich in den Süden Argentiniens, nach Patagonien, Feuerland, und erkannte, welche Schönheit dieser südliche Teil der Welt in seinem Ausmaß, seinen Farben, seinem Charakter birgt. In gewisser Weise unterscheidet er sich in seiner Kargheit gar nicht so sehr vom nördlichen. Die Welt ist rund, der Tango überall. Tango gewissermaßen als Auslöser von Passion. Vielleicht steckt davon auch in meinen Genen etwas.

Es gab eine Tango-Tradition vor dem Zweiten Weltkrieg. Zwar bin ich kein Russe und gebe mich nicht als Russe aus, habe aber sehr enge Verbindungen zur russischen Kultur, auch weil ich fünfzehn Jahre in Moskau gelebt habe und – wie unlängst festgestellt – schon im Jahre 1977 meinen ersten Tango in Alfred Schnittkes „Concerto grosso Nr. 1" mit Begeisterung spielte. Es muß wohl irgendwie am Tango selbst liegen, daß man auch in Rußland diese Musik immer hören konnte. Es gab berühmte Tango-Sänger und ebenso berühmte Tango-Melodien, einige von ihnen bekannt wie Volkslieder. Wenn ich von meinen Genen spreche, dann denke ich an meinen Vater, der vor dem Zweiten Weltkrieg selbst eine kleine Band besaß, ein Saxophon und sicher viele Tangos im Repertoire hatte. Seine Gruppe reiste von Lettland, das damals noch unabhängig war, in die Schweiz. Und während meiner ganzen Kindheit hörte ich die Geschichten von den Reisen ins weite Ausland. Nach dem Krieg spielte er gelegentlich in einem Kino. Diese Vorstellungen habe ich nie besucht, weil ich noch ein Kind war. Aber Tangos, da bin ich ganz sicher, gehörten zur Familientradition, noch bevor ich Astor kennenlernte. Andererseits irritiert es mich, wenn man Astor Piazzolla mit Tango gleichsetzt – ich fühle, er ist noch weit größer.

In Astors Musik finde ich eine enorme Spielfläche, die verschiedensten Gefühle sehr kunstvoll und gleichzeitig sehr schlicht auszudrücken. Piazzolla war mutig, aufrichtig und unkompliziert in einem. Seine Gefühle hielt er nicht zurück, was intellektuelle Snobs ihm gelegentlich übelnehmen.

Piazzolla war ein Musiker mit höchsten Ansprüchen, ein ausgezeichneter, einzigartiger Komponist, dem es gelang, Ideen der Vergangenheit mit unserer Gegenwart in Verbindung zu bringen. Er folgte dem Rat seiner Lehrerin Nadia Boulanger, nicht irgendein Komponist zu werden, sondern sein Tango-Erbe anzutreten. Wenigen Komponisten gelingt es heute, mit ihrer Musik wirklich das Publikum, den Zuhörer zu erreichen. Die Werke existieren für sich, haben keinerlei Wirkungskraft nach außen. Einige von ihnen sind sicher sehr wertvoll. Über Monate oder gar Jahre hinweg wurde an ihnen gearbeitet. Aber ich fürchte, viel Musik wird in Schubladen oder Bibliotheken liegen bleiben, gerade weil es Kompositionen von so hoher intellektueller Qualität sind, daß sie das Herz des Zuhörers nicht mehr erreichen. Maurizio Kagel hat das einmal so charakterisiert: „Werke, die Komponisten für Komponisten komponieren."

Vielleicht liegen die Wurzeln von Astors Musik in einer besonderen Einfachheit, aber sie ist alles andere als vulgär.

Nun ist der Tango ja nicht nur eine besondere Form

der Instrumentalmusik, sondern vor allem auch ein Tanz.
Leute, die mich auf der Bühne sehen, meinen gelegentlich, ich bewege mich wie ein Tänzer. Vielleicht tanze
ich auf meine Weise durch die Musik, auch wenn ich
kein Tänzer sein möchte. Wichtiger sind mir die Zusammenhänge zwischen der Musik und anderen Kün-
sten.

Was mich in der Musik, im Tanz, in der Literatur wie
im Film primär interessiert, ist nicht unbedingt das
„Wie", sondern vielmehr das „Warum". Weshalb wurde
etwas komponiert? Warum wurde dieser Film gedreht
oder jenes Buch geschrieben? Piazzollas Musik enthält
neben aller Sinnlichkeit eine ganz klare Antwort darauf, warum und aus welchen Quellen sie entstand. Sie
ist ein Spiegel der Passion. Die aufregende Verbindung
extremer Gefühlspole, diese Gratwanderung zwischen
Glück und Schmerz, ist in diesen Werken ebenso ent-
halten wie im Schaffen Franz Schuberts. Viele zeitgenössische Komponisten gibt es nicht, deren Musik man
so leidenschaftlich erlebt und empfindet.

Ich muß ein wenig abschweifen und eine kleine Geschichte einfügen. Teil dieser Geschichte ist Lockenhaus. Das Festival trug für mich, meine Kollegen und
unser Publikum viel zum Verständnis und zur Verbreitung wenig bekannter Musik bei. Auf der Suche nach
Ungewöhnlichem gab Lockenhaus mir die Gelegenheit, neues Repertoire zu erarbeiten. Hier erlebten auch
Komponisten wie Arthur Lourié oder Erwin Schulhoff
eine Wiedergeburt. Nichts Außergewöhnliches also,
daß es sich eines Tages ergab, gerade dort Piazzolla zu
begegnen. Friedrich und Swjatoslaw Lips, Vladimir
Tonha und Vadim Dubrovitsky – alles Freunde und
Kollegen aus dem Kreis von Sofia Gubaidulina – ge-

hörten zu den Initiatoren, die mich dazu bewegten, seine Musik zu spielen. Die wiederholten Reisen nach Buenos Aires, bei denen ich jeden Anlaß wahrnahm, Tangos zu hören und zu sehen – ob in den bekannten Lokalen oder auf der Bühne (unvergeßlich die Show „Tango a dos") –, bestätigten mir, daß Piazzollas Werke stets unverkennbar sind.

Einige meiner „Astor-Quartett"-Kollegen kenne ich nun schon seit vielen Jahren. Zum Beispiel habe ich oft mit Vadim Sakharov, einem exzellenten Pianisten, zusammengearbeitet, den ich seit meiner Studienzeit in Moskau kenne. Ich habe in Lockenhaus an verschiedenen Projekten ebenso mit Alois Posch, einem wundervollen Wiener Kontrabassisten, zusammengespielt. Eine substantielle Neuerung – und natürlich eine Notwendigkeit für Piazzolla – stellt die Einbeziehung eines Bandoneons in unseren Konzerten dar. Ich war sehr glücklich, als ich eines Tages in Amsterdam den norwegischen Bandoneon-Spieler Per Arne Glorvigen kennenlernte. Ich spielte damals den Tango eines holländischen Komponisten, Theo Loevendie, ein Werk, das für mich und meine Amsterdamer Konzertserie „Carte blanche" geschrieben worden war. Der Bandoneon-Spieler wurde krank, und da tauchte plötzlich Per Arne auf. Irgendwie schienen wir uns ohne zu suchen gefunden zu haben. Jetzt kann ich mir die Piazzolla-Hommage ohne meine Partner nicht mehr vorstellen.

Von Marcello und Vivaldi bis zu den letzten Kompositionen von Alfred Schnittke, John Adams und Luigi Nono habe ich sozusagen alles gespielt, aber in Piazzollas Musik habe ich mich verliebt. Das war etwas ganz Besonderes. Es läßt jede Routine, alle Enttäuschungen vergessen. Meine Liebe zu Astor gibt mir die Möglichkeit, ein Gebiet zeitgenössischer Musik zu erkunden, die das Publikum tatsächlich erreicht, nicht wie eine Lehrstunde in Musikverständnis erscheint. Astor Piazzolla ist für mich ein Beispiel, wie eindringlich moderne Musik sein kann. Einige Kollegen sagen, Piazzolla schreibe immer die gleichen Stücke. Gilt das nicht auch für Vivaldi oder für Schubert? Ich denke, ihre Werke ähneln alle einander, dennoch sind sie verschieden. Der Genius entscheidet. Piazzolla gehört in die Reihe jener großen Komponisten, die mit ihrer Musik etwas sehr Persönliches zu sagen haben.

Wenn wir von Schönheit sprechen, von der Schönheit der Architektur, der Kunst, der Menschen und der Liebe, müssen wir auch von Astor Piazzollas Musik reden. Ich glaube an sie, weil sie nostalgisch eine bessere Welt beschwört. Das alles – in einem einzigen Tango.

La Lontananza

Es war meine Begegnung mit Charlotte, die mich zu
Luigi Nono führte. Sie hatte die Intuition, daß Nono
und ich uns verstehen würden. Ich ging an den Ort, wo
Nono lebte, wo seine Wurzeln lagen. Ich fuhr nach
Venedig. Es war Februar 1987. Nach meiner Ankunft
eine Enttäuschung: Nono war nicht in der Stadt. Ich
telefonierte und erreichte ihn in Berlin. Seine Stimme
klang überrascht und erfreut zugleich. Er war offen für
ein Treffen mit mir. Wir verabredeten uns. Meinen
Aufenthalt in Venedig nutzte ich, Nonos Beziehungen
zu dieser Stadt zu erfühlen. Der Nachklang meiner
Gespräche mit Charlotte korrespondierte mit dem
Labyrinth der Kanäle und begleitete mich auf meinen
Wegen wie ein Schatten.
Einige Wochen später traf ich Luigi Nono in Freiburg.
Wie Charlotte es vorausgesagt hatte: Wir verstanden
uns vom ersten Augenblick an.
Gigi, wie er genannt zu werden wünschte, begegnete
mir mit großer Aufgeschlossenheit. Das Gespräch entfernte sich bald von Charlotte, deren Freundschaft ihm
und mir viel bedeutete, und nahm – wie all die folgenden – einen ganz aleatorischen Lauf. Namen wie
Tintoretto, Schnittke und Webern, Florenski, Tarkowski
und Gorbatschow tauchten darin auf, wechselten sich
ab. Es ging um Politik, Liebe, Religion, Philosophie,
um Obertöne und Stille, und doch schien alles miteinander in ein Thema eingeflochten zu sein: die geistige
Verantwortung des Künstlers in der Welt. Man wußte
nie, in welche Richtung die nächste Wendung den
Dialog führen würde. Eindeutig war nur die Bewegung
des Suchens.

Heute bedauere ich, mir keine Notizen gemacht zu haben. Damals aber hätte allein schon der Gedanke daran unserem Verständnis und der Atmosphäre der Begegnungen widersprochen. Alles schien zu privat, zu spontan, aber dennoch verbindlich zu sein. Vor allem hatte ich das Gefühl, noch sehr viel Zeit mit Nono vor mir zu haben. Ich hatte keinen Grund, irgendwelche Warnsignale wahrzunehmen. Wir wollten uns noch oft sehen und unterhalten.

Heute, Nono vermissend, schmerzt mich die Schwierigkeit bei meinem Versuch, das viele, das er mir von sich schenkte, auf einen Begriff zu bringen und überhaupt in Sprache zu fassen. Wie oft in Partituren, Büchern oder Gemälden der Meister war es nicht so sehr das, was in den Noten, Worten oder Farben zum Ausdruck kommt, als vielmehr das, was zwischen den Noten, hinter den Zeilen, außerhalb des Bilderrahmens sich äußert. Um es zu formulieren, müßte ich von Vibrationen, Assoziationen, Perspektiven und Intensität sprechen. Ohne Nono mystifizieren zu wollen, fällt mir das magnetische Feld mit seinen anziehenden und abstoßenden Energien als Metapher ein. Jeder, der mit ihm in Berührung kam, konnte es empfinden. Er selbst wurde davon bewegt, geriet dabei spontan mit der Umwelt oder einer Idee in Kontakt. Dieser zündete wiederum in ihm den Funken für Gespräche, Töne und Taten. Nonos Ideen reflektierten den Kosmos anderer, die er einbezog und bewunderte. Ich traf selten jemanden, dessen künstlerische und menschliche Intensität so wenig auf das Ich gerichtet und so sehr geistbezogen war.

Für mich oft ungreifbar, schien Gigi, dem Verbindlichen nachforschend, ständig auf der Suche zu sein, um das Gefundene im nächsten Augenblick selber wieder in Frage zu stellen.

204

Manchmal sagte er wie nebenbei: „Was kommt, kommt – was nicht kommt, kommt nicht." Erst vor kurzem entdeckte ich diese Zeile in Arnold Schönbergs „Jakobsleiter". Die Sanftergebenen: „Und so nimmt man's auf sich, wie es kommt ... ja, ja ... wie's kommt, so kommt's." War Nonos Satz eine Paraphrase darauf?

Als ein Zitat Nonos kannte ich den Satz freilich schon von Charlotte. Diese Offenheit des Jederzeit und Überall könnte man als Fatalismus abtun. Für mich drückte sich darin Nonos Mut aus, sich bis an die Grenze des „Nicht-Seins" treiben zu lassen.

„Umhergehender, es gibt keinen Weg, aber wir müssen gehen." Diese Inschrift in einem Kloster von Toledo regte ihn an. Sie könnte auf ihn gemünzt sein. In Bewegung, den Weg als Ziel begreifend, war es möglich, Gigi näherzukommen und vielleicht etwas zu verstehen. Nono provozierte und ließ sich provozieren. Er, der so intensiv auf der Suche nach Perfektion im Ausdruck und im Leben war, konnte daran fast verzweifeln, daß er ihr nur selten begegnete. Der Suchende findet keine Ruhe. In der Sehnsucht nach ihr blieb Nono, der Unruhestifter, ein Sisyphus. Als Mensch der Extreme konnte er sich cholerisch über Mittelmäßigkeit aufregen. Einmal fragte er mich: „Gidon, hast du schon einmal versucht, in einem Konzert etwas absichtlich schlecht zu spielen, um dann, wenn die Bewunderer zu dir kommen und schwärmen, zu erkennen, wie schwachsinnig sie sind?" Das war Nono. Das war aber auch – laut Ephraim Kishons „Die sanfte Rache Picassos" – der große spanische Maler, der die Gesetzmäßigkeit der falschen, faulen Bewunderung durch die „Kenner" verachtete und sich über sie lustig machte.

Der Widerspruch regte Gigi an, alles Festgefahrene, Bestimmte war ihm fremd, ob in der Musik oder in der

Welt der Ideen. Vielleicht ging er deshalb in den letzten Jahren oft nach Rußland. Dort spürte und erlebte er Bewegung. Nonos künstlerisches Engagement entsprach seinem menschlich-sozialen. Von der Vision einer besseren Zukunft und von denen, die sie in Aussicht stellten, ließ er sich bewußt und leicht verführen. Politische und soziale Klänge bildeten eine Resonanz im Wesen Nonos, dem alles Bürgerliche, Konventionelle, Verkäufliche fremd war.

Berlin war eine Zeitlang das Zentrum seiner Auseinandersetzung. Das An-der-Grenze-Sein und das Mittendrin inspirierten ihn. Eine Stadt wie Berlin, das ideale kommunistische Denken, die Philosophien und Mystiker Rußlands hatten für den Künstler Nono nicht weniger Bedeutung als seine innere Abhängigkeit von der Klangwelt Venedigs, der ein Grundton seiner Musik entstammt.

Aus unseren Gesprächen entstand mein Bedürfnis, mit Nono zusammenzuarbeiten. Einige Zeit schon beschäftigte mich die Idee eines zeitgenössischen Antipoden zu den „Vier Jahreszeiten" von Vivaldi. Ich versuchte, Nono dafür zu gewinnen. Im Gespräch ging er darauf ein, doch festlegen wollte er sich nicht. Das Nichtwissen, was das Werk werden könnte, war ihm wertvoller.

Eines Tages schließlich stand das „Wir-sollen-doch" vor uns. Wir holten unsere Terminkalender aus der Tasche und suchten darin die Zeitspanne einer Arbeitsmöglichkeit. Man einigte sich darauf, daß ich nach Freiburg komme, wo er oft in der Strobel-Stiftung mit den Möglichkeiten der elektronischen Tonerzeugung arbeitete. Dann kam der Tag mit dem „open-end" des Zusammenseins.

Es erschien mir nicht wie Arbeit. Ich genoß von Anfang

an die konzentrierte Zeit, die wir im Studio verbrachten. Gigi ließ mich drei, vier, fünf Stunden pro Tag einfach spielen. Ich sollte alles zu Klang bringen, was ich wollte. Wir hatten nur verabredet, das Gewohnte, die mir vertrauten Werke möglichst zu meiden. Das Verfahren hatte mit Improvisieren zu tun, und gerade das habe ich nie gelernt. Ich spielte also Töne und suchte nach einer möglichen Verbindlichkeit in ihnen. Nur selten sprach mich Nono an. Er selber befand sich ständig in Bewegung, vom Studio in den Abhörraum und zurück. Hie und da bat er mich um eine besondere Art der Klangerzeugung, beispielsweise ganz nah am Steg zu spielen oder ein siebenfaches Piano zu produzieren. Genauso wichtig waren ihm die sehr, sehr langen Töne, wie sie mir kaum aus Partituren bekannt waren. Die Stille überließ er mir. Ich bewegte mich mit der Geige im Raum oder blieb stehen, erinnerte mich an vergangene Klänge oder suchte nach neuen. Es war die ungewöhnlichste Art, mit einem Komponisten zu arbeiten. Damals dachte ich, daß Nono mich auf diese Weise kennenlernen wollte. Obwohl wir schon vor diesem Treffen Stunden und Tage zusammen verbracht hatten, hatte er mich selten spielen gehört, mich kaum mit der Geige aus der Nähe erlebt. Ich ahnte während dieser Freiburger Tage nicht, daß die auf Band aufgenommenen Klänge zu einem Bestandteil des werdenden Werkes transformiert würden. Ich selbst und mein Suchen nach Tönen waren zu seinem Instrument geworden.

Dann kam der Sommer 1988. Ich bekam dann und wann eine Nachricht von Nono, daß er arbeite, daß er diese und jene meiner Platten, die er haben wollte, erhalten hatte und sich am Werdegang der gelingenden Komposition freue.

Ich indes als Interpret wurde langsam unruhig, wollte der Noten ansichtig werden. Klar war mir bisher nur, daß er sich für ein Werk mit dazugespieltem Tonband sowie Live-Elektronik entschieden hatte. Beide Extras sollten mit der Violinstimme konfrontiert werden. Meinen Part wollte ich sobald wie möglich „in die Finger bekommen". Die Uraufführung sollte in einigen Wochen, am 2. September 1988, in Berlin stattfinden. Meine Unruhe nahm mit der Zeit zu. Obwohl Nono immer wieder die Sendung der Solostimme in Aussicht stellte oder versprach, wenigstens einige Entwürfe zu schicken, passierte nichts.

Nur mit meinem Vertrauen in ihn und seiner Versicherung, ich solle mir keine Sorgen machen, reiste ich am 31. August ohne Noten nach Berlin. Noch nie hatte ich mich in einer solchen Situation befunden: zwei Tage vor einer Uraufführung ohne Partitur und ohne Stimme zu sein. Wahrscheinlich wäre mir jeder andere Komponist in einer ähnlichen Situation unglaubwürdig erschienen. Kein Wunder, daß es mir Pein bereitete, den Titel des Werkes, von dem ich weder eine Note gesehen noch gehört hatte, auf den Programmseiten der Festwochen zu lesen. Als ich etwa 48 Stunden vor der Premiere in Berlin ankam, war ich, trotz meines Glaubens an Nono, in einem – milde gesagt – etwas besorgten Zustand.

Gigi wartete auf mich. Er freute sich wirklich, mich zu sehen. Als erstes spielte er mir ein Band vor: acht Spuren des von ihm erhörten, verfremdeten und zusammengeschnittenen „Gidon", deren Basis die Freiburger Improvisationen waren. „Und hier, hörst du? Das ist die ‚Krach-Spur', und das ‚Gidon elektronisch verstärkt', und hier vervielfältigt. ‚Tausend Gidons'."

Er war nicht weniger aufgeregt als ich. Das Gewagte

vermittelte Freude. Das Band war faszinierend. Nono mit seiner eigenartigen Klangvorstellung erhörte mich auf die unerwartetste Art, und dennoch erkannte ich meine Impulse. Ich war begeistert und fragte ihn nach der versprochenen Solo-Stimme. Als Antwort zeigte er mir nervös-verlegen, entschuldigend, einige Fetzen Notenpapier: hier eine Zeile, dort vier Takte, da drei Zeilen und sagte, beinahe väterlich beruhigend: „Kein Problem, keine Aufregung, ich habe alles. Heute nacht schreibe ich es." Noch 36 Stunden blieben bis zur Uraufführung.

Die Vorstellung, in Kürze ein Werk zu interpretieren, das sich noch nicht materialisiert hatte, beängstigte mich, aber gleichzeitig schien eine solche Herausforderung in mir das Gegenteil zu bewirken. Weder dachte ich an eine Abreise, noch verfiel ich in Gleichgültigkeit. Es stellte sich eher eine gewisse Ruhe ein. Das Bewußtsein, ein Freund weiß, daß ich schließlich nur ein Mensch bin, hatte eine nahezu therapeutische Wirkung. Ich war bereit, so gut wie nur möglich in der verbliebenen Zeit zu arbeiten. Alles weitere entzog sich meiner Verantwortung. Das alles äußerte ich ihm gegenüber und erfuhr eine zusätzliche Ermunterung seinerseits. Wir gingen essen. Spätabends erst trennten sich unsere Wege. Meiner führte ins Hotel, seiner in die Wohnung, wo er zu arbeiten vorhatte.

Es war 9 Uhr, als ich am nächsten Morgen bei Nono eintraf, am 1. September 1988, dem Tag vor der Uraufführung. Er begrüßte mich mit einem müden Blick und zwei Notenblättern. Das sei „der Anfang", verkündete er. An der Fortsetzung wollte er jetzt weiterarbeiten. In einem Raum der Wohnung versuchte ich, den Text zu entschlüsseln, während er in einem anderen, etwas entlegeneren, den Rest des Opus zu Papier brachte.

Meine Stimme überraschte von Anfang an mit einer Unmenge an sehr hohen Klängen, Pausen, Pianissimi, durch Forderung extremster Artikulation und Bogenführung „con crini, senza vibrato, suoni mobili" – eine Unzahl an Bezeichnungen dominierte das Autograph. Vieles irritierte; einige Töne waren so hoch mit Hilfslinien notiert, daß allein das Lesen und die Entzifferung viel Zeit nahmen. Nono hatte trotz der Eile die Tonhöhen mit Worten angegeben: „cis – des" etc. Das hatte er aber meistens hinter den Tönen notiert, was meine Aufgabe nicht gerade erleichterte. Er schien vergessen zu haben, daß wir Streicher – anders als die Pianisten – erst jeden Ton finden müssen. Vielleicht hatte er aber beim Schreiben den Idealgeiger vor sich, dem das hinter die Note gestellte Zeichen nur eine zusätzliche Sicherheit bedeuten sollte. Nur sehr langsam kam ich mit der Entschlüsselung, dem Herausfinden der Tonhöhe und dem Festlegen der Fingersätze zurecht. Als nächstes folgte der Kampf mit dem Rhythmus. Die endlosen Pausen, die angegebenen Sekunden, die vielen Fermaten, die kurzen Notenwerte und deren mühsam zu entziffernde Notierungen erschwerten das Lesen ungemein. Gerade als ich mit all dem und mit der Hilfe eines Bleistifts zu einem Ende gekommen war, erschien Nono mit den nächsten zwei Seiten. Noch immer gab er nicht bekannt, wie lang das Werk sein würde. Ich fragte mich, ob er es wußte, aber kämpfte dessenungeachtet weiter.

Um 12 Uhr ging Nono plötzlich die Tinte aus. Er stieg auf Kugelschreiber um. Die Partitur wurde damit noch unlesbarer. Aber auch das nahm mir den Mut nicht. Nur die Spannung wuchs und intensivierte sich.

Gegen 14 Uhr fing ich an zu streiken. Meine Mittagspausen-Gewohnheit schlug zu. Ich hatte inzwischen sechs Seiten bewältigt und verließ das Arbeitsquartier, um im Hotel auszuruhen. Wir verabredeten uns für 18 Uhr in der Philharmonie. Das Stück war immer noch nicht fertig. Nono versprach, es am Nachmittag zu vollenden. Angeblich blieb ihm nicht mehr viel Arbeit.

Um 18 Uhr fand ich im neuen Kammermusiksaal der Berliner Philharmonie Nono und die restlichen drei Seiten. Während er sich mit der installierten Technik zu befreunden anfing, widmete ich mich der letzten Episode. Wie morgens beschränkte ich mich auf das Minimum, auf die richtigen Töne und Pausen. Mehr konnte ich gar nicht schaffen. Gegen 20 Uhr waren alle für eine Zusammenarbeit bereit: Nono, die Klangtechniker aus dem Freiburger Studio, seine wichtigen Komplizen bei jedem elektronischen Verfahren, und ich. Nono ließ das präparierte Band laufen. Er saß am Mischpult. Bald verlangte er von mir, mit dem Band zu spielen. Es ist keine Übertreibung, wenn ich sage: Mein Spiel war immer noch ein Notenlesen mit der Geige. Seltsamerweise befriedigte ihn das. Es verwunderte und überraschte mich und war doch gleichwohl eine Ermutigung.

Das nächste Dilemma erwuchs aus der Länge. Inzwischen hatte das Stück neun Seiten Solotext. Wo sollte man die Seiten blättern? Wie könnte man sie aufstellen? Nono wollte die Episoden aufteilen. Nach so kurzer Bekanntschaft mit dem Stoff war es für mich ein Wagnis, zu versuchen, ihm dabei zu helfen. Beide wollten wir aber vermeiden, daß die Episoden, die in den Notenblättern immer zu zweit geheftet waren, dadurch automatisch eine Gliederung erhielten. Nono verlangte eine Schere, und wir berieten uns. Teile meiner Solostimme wurden zerschnitten, zuerst hatten wir fünf, später sechs Fragmente. Die Live-Elektronik sollte mein Spiel an verschiedenen Orten des Saales unterstützen. Die Aufgabe des präparierten Bandes lag in der Gestaltung eines polyphonen Dialogs zwischen der aufgenommenen und der konzertierenden Violinstimme. Durch die Lautsprecher, die im ganzen Saal aufgestellt waren, konnte man den Gesamtklang „spazierengehen" lassen. „Wandern – ist das Ziel" ließ sich nicht nur auf den Titel des Stückes „La lontananza nostalgica futura" beziehen, sondern auch auf die Geschichte seiner Entstehung als eine Bewegung des Suchens im Bereich der Zeit. Es schien nur logisch, auch mich zum Wandern zu bewegen. Dementsprechend wurden die verschiedenen Episoden verteilt. Ich gewann die Möglichkeit, meinen Weg zu inszenieren. Mit Begeisterung für das Theatralische ließ sich Nono von beinahe jedem Vorschlag überzeugen. Für den Schluß hatte ich den Einfall, den Raum mit dem letzten, von der Elektronik aufzufangenden langen Ton suchend und wandernd zu verlassen.

Zu meiner Überraschung sollte ich später einige meiner Vorschläge, die ich für mich und diese Aufführung gedacht und gemacht hatte, in der gedruckten Fassung des Werkes wiederfinden.

Jeder von uns war für sich derart involviert in die Arbeit, daß wir kaum merkten, wie das Verfahren und die Zeit uns zu einem eingespielten Ensemble hatten werden lassen. Alle Beteiligten schienen von diesem unerwarteten Werden stimuliert zu sein. Jeder bemühte sich, Nonos kleinste Wünsche so effizient wie möglich umzusetzen. Schon der erste Durchlauf schien ihn beinahe zu überzeugen. Auch vom zeitlichen Ablauf hatten wir jetzt eine klarere Vorstellung. Das Werk dauerte etwa 45 Minuten. Dann kam die Überraschung: Plötzlich meinte der Komponist, ich solle das Stück am folgenden Tag in der Premiere ohne Band spielen! Die immer tückische Elektronik hatte ihn verstört. Ich wehrte mich vehement, und das nicht nur, weil ich mich unsicher fühlte. Auf keinen Fall wollte ich auf das Band verzichten, das mich so inspiriert und mit dem sich Nono so überzeugend geäußert hatte. Die Entscheidung wurde auf die Generalprobe vertagt. Laut Nono hatten wir ja noch eine Menge Zeit: etwa 19 Stunden bis zur Premiere! Erschöpft, aber bewegt verließen wir um Mitternacht den Saal.

Die Generalprobe am nächsten Tag überzeugte Gigi. Zum Glück. Die Kombination mit dem Band war ihm jetzt lieb. Wir suchten noch nach besseren Übergängen und der Balance zwischen Violine und der mehrspurigen Einspielung. Die Noten wurden neu geklebt und einige technische Details verbessert. Auch die richtige Beleuchtung war von Bedeutung – das Stück verlangte volle Konzentration, und wir waren uns einig, daß Dunkelheit helfe. Den Rest der Zeit verbrachte ich damit, meine Stimme besser in den Griff zu bekommen.

Abends bei der Uraufführung war ich äußerst konzentriert. Nono überraschte mich hie und da mit der Aussteuerung des Bandes, die sein von ihm als Bedürfnis betontes Stille-Gefühl vergessen ließ. Dagegen war nichts einzuwenden – er saß am Mischpult, und es war sein Werk. Unser „Gespräch" bekam dabei sein eigenes Vokabular, das für gegenseitige Impulse sorgte. Es entstand das Gefühl eines Duos. Die Premiere gelang. Nono hatte, jeden vulgären oder bekannten Ton meidend, eine nie gehörte, nie erhörte Musik geschaffen.

Am Morgen darauf fand in der Philharmonie im Rahmen eines Nono-Weekends das nächste Konzert statt. Nach dem Konzert, irgendwann in der Nacht, schaffte es Gigi, mit einem Komponisten-Kollegen, der eines seiner Werke aufführen sollte, eine heftige und scheinbar prinzipielle Auseinandersetzung zu haben.

Nono war tief getroffen vom Verhalten des Kollegen und wollte alle kommenden Konzerte absagen. Niemand wußte, ob er am nächsten Morgen überhaupt erscheinen würde. Die ganze Situation war sehr gespannt. Gigi fühlte sich von Freunden verletzt und verlassen. Wenn ich mich recht erinnere, war es Claudio Abbado zu verdanken, Nono etwas umgestimmt zu haben. Elmar Weingarten, der die Festspiele vertrat, Nono sehr mochte und ihm treu ergeben war, schlug mir vor, als Ersatz für das ausgefallene Werk die Solo-Version „unseres" Stückes zu spielen. Ich war dazu bereit.

Als ich in die Philharmonie fuhr, hatte ich nicht die geringste Absicht, mich aufzudrängen, sondern wollte nur Gigi helfen. Er war einverstanden, allerdings ohne rechte Freude zu zeigen. „Wenn du willst", sagte er nur. Nach einer schlaflosen Nacht war sein Ärger über die Auseinandersetzung noch nicht abgeklungen.

Das von mir tags zuvor noch abgelehnte Experiment lief zur allgemeinen Zufriedenheit. Ich kürzte das Stück ein wenig, es schien mir in der Solo-Version zu lang, konzentrierte mich auf die Pausen und Übergänge, wurde nicht durch das faszinierende Band abgelenkt und versuchte, noch mehr von der Stille zu vermitteln. Danach erschien Nono wie gelöst. Mit seinem unnachahmlichen Lächeln sagte er zu mir: „Sehr schön, sehr gut! – Du kannst es spielen, wie du willst, kürzer oder länger, solo und mit Band." Er machte eine kleine Pause und verkündete: „Es gehört dir." Wir umarmten uns.

Nur noch einmal spielten wir die „Lontananza" zusammen. Im Oktober desselben Jahres fand die italienische

Premiere in der Mailänder Scala statt. Der Raum, Nono in seiner Heimat, die Erfahrung der Berliner Aufführung, all das verhalf unserem Dialog in Tönen, noch überzeugender zu sein als in Berlin. In den mehrspurigen, räumlichen Klangabenteuern fand ich auch das Zeugnis einer Freundschaft. Vielleicht erlebte hier das Werk seine eigentliche Geburt.

Nonos Krankheit, die ihn hinderte, nach Lockenhaus zu kommen, schien mir nicht so ernst zu sein. Nur die Ärzte wußten, womit er schmerzvoll kämpfte. Von außen bemerkte man sein Leiden nur am Rande. Daß Gigi in dieser Phase noch ein Werk – ein Duo für Tatiana Grindenko und mich – zu Papier brachte, empfand ich als ein Zeichen besonderer Verbundenheit. Nono wußte um meine Moskauer Wurzeln und wie sehr mir daran lag, dort wieder auftreten zu können. Wir träumten von einer Aufführung im fernen und doch für uns beide nahen Rußland. Ich wünschte, daß er bei der Vorbereitung und der Premiere dabei wäre. In der Hoffnung auf seine baldige Genesung verschob ich auch den Tag der Uraufführung in Lockenhaus. Nonos Tod zerbrach diese Hoffnung.

Als mich die Nachricht erreichte, entstand aus der Trauer das Bedürfnis, eine Hommage an ihn zu spielen. Die Solo-Version der „Lontananza" wurde zum Hauptwerk dieser Veranstaltungen, die in Frankfurt am Main, Paris und Venedig stattfanden.

Während ich noch voller herzlicher Gefühle an unsere Gespräche dachte, erfuhr ich überraschenderweise vom Verlagshaus Ricordi, daß Nono kurz vor seinem Tod die Entscheidung getroffen hatte, das Werk dürfe nur mit Band gespielt werden; so sei es auch im Druck vermerkt. Von da an hatte ich mich dem gedruckten Wort zu fügen.

Und noch einen Streich spielte mir Gigi postum. Als ich mich einige Monate später um die Schallplattenaufnahme der zwei späten Violinwerke bemühte, die er mir und Tatiana gewidmet hatte, stellte ich beim Vergleich meines in Berlin und Mailand verwendeten Autographs der „Lontananza" mit der gedruckten Fassung fest, daß die beiden zwar denselben Titel und dasselbe Klangkonzept aufwiesen, in Form und Notenzeichen aber nicht übereinstimmten. Bei der Reinschrift, die Nono einige Monate vor seinem Tod für den Verlag hergestellt hatte, hatte er mehr oder weniger das ganze Werk umgeschrieben. Ich, der kurz vor der Aufnahme stand, befand mich vor einer ähnlichen Aufgabe wie damals in Berlin. Die Erinnerung an Nonos waches Ohr, sein ermunterndes Lächeln und seine Freude an Herausforderungen ließen mich wieder an die relative Sinnlosigkeit eines Zieles denken und verhalfen mir, mich dem Wert des Weges, der Entdeckung des Unbekannten zu widmen.

„Was kommt, kommt – was nicht kommt, kommt nicht." Heute erinnere ich mich mit Trauer an Nonos Nebensatz. Es bleibt, was ich neben ihm, mit ihm, durch ihn erleben konnte. Die Begegnung mit seinem wachen, kompromißlosen und rebellischen Geist war mir eines der schönsten Geschenke des Lebens. Eigentlich aber ein Geschenk von Charlotte.

Offertorium

Nicht die Zeit geht vorbei, wir bewegen uns in der Zeit.
Diese Bewegung scheint immer zu schnell zu sein, und
je begabter, schöpferischer jemand ist, desto weniger
können wir uns zufriedengeben, umso wertvoller erscheint
uns jeder Augenblick, den wir als Zeugen miterleben.
David Oistrach, der größte Meister seines Instruments,
war eine Ausnahme unter seinen Kollegen. Wem gelang
es schon, ein intensives Leben lang das Metier des Interpreten so zu ergründen. Wie stark muß der Geist gewesen sein, der so beständig und aufrichtig den Tönen
diente.
Ich glaube, daß eine der einzigartigen Qualitäten
Oistrachs seine Harmonie war. Vielleicht sollte man sie
als Schlüssel zu den Rätseln seines Talents benutzen.
Ohne die Emotionalität David Fjodorowitschs, wie wir
alle ihn nannten, geringer zu achten, meine ich in all
den von mir gehörten Aufführungen seiner letzten Jahre – ob erlebte Uraufführungen der Werke Schostakowitschs, die Duo-Abende mit Swjatoslaw Richter oder
als Dirigent der Brahms-Symphonien – ein Streben nach
Gleichgewicht, nach Vollkommenheit herauszuhören,
die seine Interpretationen beherrschte.
Wie sehr dem Beobachter auch auffiel, daß der Meister
überarbeitet war, daß er eine Pause benötigte, daß die
Arbeit, der er sich widmete, ihn verschlang, er selbst
schien in keinem seiner Auftritte davon Notiz zu nehmen. Er lebte und opferte sich für die Musik.
David Oistrach war offensichtlich außerordentlich bemüht, mit der Welt (ob mit seinen Studenten oder mit
seinem Publikum) in Kontakt zu bleiben. Wie oft suchen
die sogenannten Berühmten Distanz. Die Studierenden

aber konnten mit seiner Anwesenheit fest rechnen, im Grunde lebten wir als Lehrlinge im Luxus seiner konstanten Sorge um uns, ohne Gedanken daran, was das für ihn bedeutete, der täglich in seinem künstlerischen Labor neue Aufgaben lösen wollte.

Fern aller Romantik des Künstlerlebens, hatte auch Oistrach nach einem mit Schülern vollgepackten Stundenplan abends die Koffer zu packen, zu reisen, den Alltag zu bewältigen. Gerade so wie Marina Zwetajewa es dichtete:

> Die Venus – weiß ich wohl –
> ist Handarbeit,
> Selbst Handwerker – kenn ich das Gewerbe.

Die wundervollen warmen Geigerhände David Fjodorowitschs. Man kann sich kaum Natürlicheres vorstellen.

In der Klasse, auf dem Tisch: immer die Violine. Als erstes: nicht die Worte, sondern die Klänge. Der beste, überzeugendste Beweis. Wie es sich gehört. Aber nicht nur die Hände. Mit all ihrer Eroberungskraft – und wie viele Interpreten träumen von diesem Veni, vidi, vici – sind sie alleine unfähig, ihre Mission zu erfüllen. Gerade so, wie es den magischen Zeilen Alexander Puschkins entspricht: „... der Lyra dank, erweckte ich die Wohlgefühle."

Die Natürlichkeit von Oistrachs Handwerk entsprach der Natürlichkeit des Hörens. „Am Anfang war der Klang."

Die wunderbaren Hände des Meisters umschlangen sein Instrument, sein lebendiges Kommunizieren mit Musikern stärkte ihre Herzen. Seine Einladung für die Welt der Musik ging an alle.

Die Wärme seiner Persönlichkeit wirkte wie ein Magnet. Wie viele zog es förmlich in die berühmte achte Klasse des Moskauer Tschaikowsky-Konservatoriums, in sein Arbeitszimmer. Bisweilen schien es, als läge hier das Zentrum der Geigenwelt. Wie scheu erschien ein Neuling an der Tür, und wie rasch wurde er zu einem Teil dieser unwiderstehlichen Atmosphäre. Und das lag ausschließlich an David Fjodorowitsch. Ihm war alles und jeder von Bedeutung. Ist uns eigentlich bewußt gewesen, wen wir da um Rat fragten? Wohl nicht. Wir spürten einfach, hier ist jemand, der uns immer helfen wird. Und das tat er nie oberflächlich, sondern weise, dem Problem immer auf der Spur. Umso überzeugender klangen seine Urteile: „So kann man heute nicht mehr spielen – so spielte man vor dreißig Jahren." Oder schlicht: „Du arbeitest einfach zu wenig …"

Welche Größe lag in einem anderen, oft von ihm gehörten Satz: „Ich würde das nie so machen, aber du hast deinen Weg zu gehen, wie oft hast du schon recht gehabt."

Ich erinnere mich, wie David Fjodorowitsch einmal traurig von sich gab, er fühle sich nicht als Künstler, sondern als Dienstreisender. Wir vergessen oft, daß auch die Bewohner des Olymps Menschen bleiben, daß sie von banalen Sorgen verfolgt werden. Wir schätzen das Feuer, das sie uns bringen, sind aber selbst hilflos oder gleichgültig ihren Problemen gegenüber. Sogar jene unter uns, die wie Oistrach den Leidensweg der Opposition zum totalitären Staat zu gehen hatten, vergaßen häufig, was für eine Last dieser Künstler trug, der schon Jahrzehnte mit diesem Staat konfrontiert war, von ihm als nationaler Held und Sklave zugleich gehalten wurde.

Vor einiger Zeit las ich ein Interview mit Isaac Stern. Er beschrieb darin, daß er nicht verstehen konnte, warum Oistrach, wenn er nach Amerika kam, so eine intensive Konzerttätigkeit – etwa neununddreißig Konzerte in zwei Monaten – entwickelte. Danach befragt, verblüffte die Antwort: „Lieber Isaac, wenn ich aufhörte zu spielen, würde ich beginnen zu denken; wenn ich anfinge zu denken, würde ich sterben."

Einer der größten Geiger aller Zeiten verbrannte sich in Musik. Es war unser Glück, dieses Feuer erleben zu können.

Cadenza

Wir gehen in den Konzertsaal oder hören eine CD. Welche Bedeutung hat das? Was suchen wir? Die Zeiten sind vorbei, da Interpreten Komponisten waren, obgleich auch heute der eine oder andere sich mit Doppelbegabung ausweisen kann. In unserem Jahrhundert wurden viele Berufe spezialisiert, auch in der Musik. Selten erlebt man – vom Jazz abgesehen – einen klassischen Künstler, der seine Musik improvisierend entstehen läßt. Der einzig offene Platz dafür wäre in größeren Werken mit Orchestern noch jener für die Kadenzen. Diesen Freiraum hatte sich der Komponist traditionsgemäß gesichert, wenn er selber am Flügel saß. Historisch gesehen wirkt die Veränderung zur vollständigen Fixierung des Textes wie ein Verlust an Vertrauen. Wir finden in der Zeit der Romantik sowie unter den Spät- und Postromantikern Künstler wie Tschaikowsky, Sibelius, Bartók oder Berg, die die Kadenzen auskomponiert haben. Vielleicht kamen sie zur Einsicht, daß die Impotenz vieler Virtuosen eine angemessene Gestaltung des Freiraums nicht zuließ. Bach, Mozart, Haydn oder Beethoven waren toleranter gewesen. Sie komponierten für sich selber eine Kadenz und überließen gleichzeitig den Interpreten die Wahl zwischen dieser und einer eigenen.

Es gab in der Geschichte auch viele mehr oder weniger ehrgeizige Arrangeure, die von solchen Praktiken profitierten, da eine niedergeschriebene Kadenz auch als Werk verkauft werden konnte. Die einen taten es im Sinne des Komponisten, die andern im eigenen. Beide Versuche wurden uns in Ausgaben überliefert. Was dabei, wie gesagt, immer häufiger auf der Strecke blieb, war die ohnehin im Schwinden begriffene Fähigkeit der Interpreten, eigene Formen zu wagen. Die Spieler wurden mehr und mehr an die Noten der tradierten Kadenzen gebunden.

Heute übertrifft das Streben nach Genauigkeit im Lesen des Stoffes alle Versuche des vorangegangenen Jahrhunderts. Damals war die Musik nicht belastet mit Vergleichsmöglichkeiten von Aufnahmen, freier in Ausdruck und Form. Im Zeitalter der Informationsflut ist das penible Notenlesen auch ein Bekenntnis zur Werktreue.

Das Prinzip des Auswendig-Dirigierens gehört jedoch eher zu den niederen Fähigkeiten eines Stars, der um jeden Preis, mit allen Mitteln bewundert werden will. Er tut, als ob er eine Partitur aus dem Gedächtnis entstehen lassen könne. Es macht sich gut, Zuschauer und Zuhörer sind begeistert von seinen sportiven Leistungen. Sieh doch: Er kann dirigieren, ohne ein einziges Mal in die Noten schauen zu müssen! Ob er oder sie wirklich Gestalter sind, bleibt eine andere Frage. Die leeren Augen kann man noch dem hinter dem Rücken sitzenden Publikum vorenthalten, vor Mitmusikern besteht da keine Chance. Der tönende Geist eines Werkes wird nicht selten verraten durch eine Ansammlung von Akkorden und Läufen, das übertriebene Hervorheben von Mehrstimmigkeit und Harmoniewechseln. Die Mittel werden zum Zweck. Otto Klemperer hat dazu einen passenden Kommentar geliefert: Nicht auswendig, inwendig müsse man dirigieren.

Ähnlich verhält es sich mit dem Improvisieren, mit den Kadenzen. Es ist einfach, ein schon vorhandenes, bekanntes Beispiel zu verwenden. Der Unfug, der betrieben, und das Unheil, das zum Beispiel den Kadenzen zu den Violinkonzerten von Mozart angetan wird, ist unbeschreiblich. Die Pianisten können sich noch damit entschuldigen, sich an Beethovens klassische Kadenz zu halten. Beethoven hatte es als progressiver Nachfolger Mozarts geschafft, mit Esprit und Meisterschaft zu Papier zu bringen, was vieles weit übertrifft, worum sich spätere Komponisten bemühten; auch wenn er, der vor beinahe zweihundert Jahren gelebt hat, nicht mit jedem kadenzierten Ansatz den Erwartungen unserer Zeit entsprechen kann.

Weit schlimmer noch ist die Werkstatt der Fiedler. Ihre Vaterfiguren waren zwar sicher Meister des Instruments. Doch beim Komponieren streifen sie kaum je einmal das Niveau jener Urheber, denen ihre Widmung galt. Joachim erreicht nie Brahms, Kreisler nie Beethoven und Franco schon gar nicht Mozart. Trotzdem fühlte sich jeder verpflichtet, eigene Kadenzen auszukomponieren und zu veröffentlichen. So weit, so gut. Was passierte aber danach? Man übernahm das Verlegte und machte es mehr oder weniger zu einem Teil der Komposition selber. Heute erwartet man beinahe eine Kreisler- oder Joachim-Kadenz in den Violinkonzerten von Beethoven oder Brahms. Es scheint, daß man mit alten, bewährten Schlüsseln leichter die Ruhmeshalle öffnen kann. Jeder Versuch – ob von Heifetz, Milstein, Enesco, Busch, Menuhin oder Oistrach – wird zugleich als sinnlos oder unökonomisch apostrophiert, da man doch das Ergebnis eines schon früher unternommenen benutzen kann. Eine traurige Entwicklung, die keine Möglichkeit läßt, neben dem Originalton der Partitur zusätzlich etwas zu sagen und zu fühlen. Mit dem Verzicht auf Improvisation glaubt man, den Erwartungen des Publikums zu entsprechen. Nur wenige wagen es, andere Erfahrungen zu machen: wie Swjatoslaw Richter, der Brittens Kadenzen in Mozarts Klavierkonzerten spielte. Auch ich begab mich gelegentlich auf das gefährliche Terrain, improvisierte und collagierte zeitgenössische Klänge zum d-Moll-Konzert von Paganini – einmal sogar als Reaktion auf das inzwischen regelmäßig in Konzertsälen piepsende „Handy". Außerdem verwendete ich in Brahms' Konzert ein Präludium von Reger sowie Kadenzen von Busoni oder Enesco, stellte sogar zwei eigene Fassungen der Kadenz aus der Klavierversion des Violinkonzerts zu Beethovens Chef d'œuvre her – eine mit Orchester, die andere mit den von Beethoven selber vorgeschriebenen Pauken und einem aus der Ferne dialogisierenden Klavier. Auch wenn ich damit nicht alle befriedigte, schien jedesmal durch das geöffnete Fenster frische Luft von anderen Planeten hereinzuwehen. Und so bewundere ich besonders Kollegen, die den Mut zu eigenen Kreationen zeigen. Wir müssen nur der Muse erlauben, uns zu verführen.

Der Botschafter

Professor, Ambassador, Exzellenz, Maestro: Wie auch immer Henryk Szeryng angesprochen werden wollte, er gehörte ohne Zweifel zur Prominenz unter den Instrumentalisten. Die Voraussetzungen seines Könnens wären eine angemessene Mitgift für jeden Geiger. Ich erinnere mich an sein Bach-Spiel – damals nur auf Schallplatte erlebt –, das meinen Vater neben Pablo Casals so faszinierte. Es wirkte ausgeglichen, rein, deutlich und zeugte von fehlerfreiem Spiel. So wurde es auch für mich in den Jahren des Studiums zum Maßstab einer objektiven und makellosen Darstellung.
Die von mir noch in Ost-Berlin erlebte Art seines Umgangs mit Bach, Brahms und Beethoven wirkte vollkommen und stand in keiner Relation zu manch bizarrem Verhalten Szeryngs; etwa zum halbstündigen Versuch, vor der Probe das Licht einzustellen. Er markierte – nicht nur in Berlin, wie ich später erfuhr – mit Kreide den Platz, wo er abends stehen wollte. Man fragte sich: Waren das lediglich Ablenkungsmanöver? Konnten sie doch kaum für die Akustik wirksam sein. Langsam keimte in mir der Verdacht, es müsse sich um einen Versuch handeln, aufzufallen.
Ein Geheimnis blieb, wieso Szeryng mit seiner Perfektion in Tönen all das nötig hatte.
Damals in Berlin lernte ich ihn während seiner Probe in der Komischen Oper persönlich kennen. Ich berief mich beim Vorstellen auf Oistrach. Szeryng reagierte prompt. Er hätte schon von mir gehört, ich müßte ihm vorspielen. Das war gar nicht meine Absicht, ich hatte ja selber an dem Abend ein Konzert. Er aber bestand in Anwesenheit des ganzen Orchesters darauf, ich solle

nur leere Saiten spielen, er wolle und könne mich danach erkennen und einstufen. Es war mehr als lästig, und je mehr ich darüber im Laufe der Jahre nachgedacht habe, desto klarer wurde es mir, daß Szeryng vielleicht auch bei diesem Test seine Autorität zeigen, enigmatisch wirken wollte.

Viele Jahre später, nach einem Konzert an Land, anläßlich der „Mermoz"-Kreuzfahrt im Mittelmeer, saß ich im Bus, der uns alle zum Schiff zurückbringen sollte. In den Ohren klangen noch die Worte, mit denen Szeryng auf die ihm übliche Art seine Zugaben in acht oder sogar mehr Sprachen angesagt hatte. Seine akzentfreie Artikulation konnte nahezu als perfekt gelten. Der Meister war natürlich sehr stolz auf diese Fähigkeit. Sie ermöglichte ihm, mit den meisten Studenten in ihrer Muttersprache zu kommunizieren. Sie erschloß ihm aber auch den Zugang zur High Society. Für einen Musiker, der sich als Diplomat sah, gehörte das Reden zum Rüstzeug seiner Mission. Der an diesem Abend gerade gehörte Vivaldi wurde nahezu von der Ansage-Zeremonie überschattet. Vor mir saß ein Mitglied des hervorragenden Amadeus-Quartetts, Peter Schidlof. Die Interpretation der „Vier Jahreszeiten", die wir zuvor erlebt hatten, war sehr merkwürdig für Szeryngs Standard. Er schien, was Tempo und Agogik betraf, außer Kontrolle zu geraten. Trotz meines Versuchs, die Lebendigkeit der „Jahreszeiten" immer als das Wichtigste zu sehen, hatte ich ebenso wie die Mitglieder des English Chamber Orchestra dieses Mal Schwierigkeiten mit der Willkür des gleichsam wildgewordenen Solisten. Trotzdem versuchte ich – aus Respekt oder Einsicht –, mich damit zu versöhnen, und sagte zu Peter: „But there are no problems in his violin-playing." Die Antwort war lakonisch, aber sehr zutreffend: „That's the trouble."

226

Man macht sich tatsächlich Gedanken, ob Künstler, die weniger manuelle, stilistische oder auch Gedächtnisprobleme haben, nicht vor einem anderen Prüfstein stehen: Womit können sie ihre Interpretationen füllen? Was streben sie eigentlich an?

Sehr oft wirkt eine Aufführung nur wie eine Demonstration ihres Könnens oder Wissens. Wenn man aber auf der Suche nach Erfolg oder Selbstbestätigung ist, wird die Diskrepanz zwischen dem Werk und der Interpretation nur umso deutlicher. Man sagt ja auch im Umgang nicht von ungefähr: „Er will die erste Geige spielen." Sogar die sogenannte objektive Wirkung birgt Gefahren. Das Erklingende spricht nicht an, es bewegt nicht, ist emotionaler Leerlauf. Heutzutage wird Perfektion gefordert. Auch sinnlose Fehlerlosigkeit ließe sich aber als eine Verschmutzung der Klangwelt begreifen. Es ist eben nicht ausreichend, wie es der stets um Werktreue bemühte Vladimir Ashkenazy einmal ehrlich behauptete, „nur den Noten zu folgen". Der objektive Einblick in die Partitur ist nur der Anfang einer Auseinandersetzung. Sicher gibt es Künstler, die eine gewisse Harmonie suchen. Das Wahre geht für sie im notierten Zeichen auf. Sie glauben an das heilige Wort. Für sie ist es das Ziel, und sie bleiben ihm als Pragmatiker und Pedanten treu. Das, was für die anderen eine emotional durchblutete Gestaltung ist, diffamieren sie leicht als Exzentrik. Der Maßstab des Kreativen, der ein objektives Partiturstudium nur als Beginn einer Entdeckung sieht, bleibt ihnen verschlossen. Perfektion ist ihr Gott, und vielleicht werden sie gerade deshalb aus dem Paradies vertrieben. Vermeintliches Wissen war und bleibt die Ursünde. Mich sprachen immer die Zeilen des russischen Dichters Alexandre Galitsch an: „Fürchte dich vor dem, der zu wissen glaubt."

Zurück zu Szeryng. Nach einem Konzert in München spielte er in einem Privathaus argentinische und mexikanische Walzer auf dem Klavier, nachdem er vorher, meine Anwesenheit wahrnehmend, eine Ansprache auf den „größten Geiger" – wer war da wohl gemeint? – gehalten hatte, dem er seine Leistung widmen wolle. Nicht weniger prekär war es gewesen, als ich mich auf der „Mermoz" in die Probe seines Mozart-Konzertes mit dem ECO geschlichen hatte. Der Professor verlangte demonstrativ, ich solle in der ersten Reihe Platz nehmen. Nach Schluß der Probe bestand er darauf, nur für mich die Kadenz zu spielen. Und was sollte es schließlich bedeuten, daß ich nach seinem Verlassen des Schiffs überraschend erfuhr, er sei von mir nach Lockenhaus eingeladen worden und hätte vor, der Einladung zu folgen? Nie hatte ich darüber ein Wort fallen lassen, war wie gewohnt zurückhaltend. Außerdem hatte ich meine Zweifel. Die von Szeryng benutzten Sprachwendungen, die erwünschte Anrede als „Seine Exzellenz", wirkten wie Barrieren gegen die freizügigen Prinzipien unseres Festes. So mußte ich meine inzwischen bestehenden Fragen durch weitere ergänzen: Sollten diese Einfälle und dieses Theaterspiel die Herausforderung ersetzen, die sein Spiel, vom Instrumentalen einmal abgesehen, nicht immer trug? Möglicherweise bemühte sich Szeryng auch im Komödiantischen, das vielen von uns zu eigen ist, um ein dem Geigerischen adäquates Niveau? Durch Orden-Verleih-Veranstaltungen, Ansprachen, diplomatische Missionen, in seinem täglichen Auftritt wie in den Gesprächen mit Königinnen – sozusagen auf den Brettern des Lebenstheaters – versuchte der Meister das Künstlerische zu vermitteln, das seinem Spiel bisweilen fehlte. Als Königin Fabiola während des Wettbewerbs in Brüssel bei einem Festmahl zwischen

Seiner Exzellenz Henryk und Sir Yehudi saß, konnte ich vom anderen Tisch aus beobachten, wie sie sich, jede Höflichkeit gegenüber den anderen Nachbarn außer acht lassend, immer wieder auf die Seite von Szeryng beugen mußte. Im Reden war er noch verführerischer als sein geadelter Kollege Menuhin. Unabhängig davon, worum es ging, kamen in dem „Ambassador of Mexico" immer auch die Manieren eines Gauklers zum Ausdruck, obschon es sich hier oft um Äußerlichkeiten im Auftritt und nicht um Leistungen handelte.

Aber waren die zwei Seiten – Spiel und Gebaren – wirklich so unterschiedlicher Natur? In einem Gespräch mit Oistrach erzählte ich, wie gelähmt ich mich gefühlt hatte, als während eines Konzertes in Dubrovnik plötzlich der Dirigent Gennady Roshdestvensky mit seiner Frau Viktoria Postnikowa auftauchte. In seinem hellgrauen Sommeranzug – der Saal war sehr klein – befand sich der Maestro den ganzen Abend im Blickwinkel meines Notenständers. Oistrach spielte oft mit Roshdestvensky. Deshalb reagierte er nur mit den Worten: „Aber wieso denn? Gennady ist ein so netter Freund. Das soll doch nur ermuntern. Vermutlich gab man ihm die Karte in der ersten Reihe, er selber wollte es sicher gar nicht." – „Szeryng aber", führte er das Gespräch fort, „setzte sich immer und absichtlich so nahe, wenn ich in Paris spielte." – „Weißt du", meinte er plötzlich lächelnd, „wenn ich eine Aufnahme im Rundfunk höre, bei der jemand sehr gut geigt, es aber nicht klar ist, wer der Interpret sein könnte, stellt sich immer am Schluß heraus, daß es Szeryng ist."

Ich amüsierte mich damals über die Erzählung. Seitdem erlebte ich wiederholt beim Zuhören das gleiche. Ich mußte jedes Mal an Oistrachs Satz denken, beschrieb er doch so genau die Qualitäten Szeryngs und sprach gleichzeitig von der Achilles-Ferse seines Spiels.

Ich will noch ein Zitat aus dem Interview beifügen, das Szeryng im Rundfunksender France-Musique gegeben hatte. Als der Meister – laut Erzählung – auf meinen Namen angesprochen wurde, reagierte er mit: „Gidon Kremer? – Oh, ja. Ein hervorragender Geiger. Beeindruckt mich immer. Besonders in seinem Bach-Spiel. Ich werde nie unser Musizieren des Doppelkonzertes vergessen." Wir haben nie zusammen gespielt.

Zwischenfarben

Nein, ich bin Vladimir Horowitz nie begegnet. Es gibt andere Gründe, warum ich versuchen will, einige Zeilen über ihn zu schreiben. Die Bewunderung und Begeisterung aus der Ferne: was für ein schönes Thema. Es beansprucht am wenigsten, legt sich nicht fest, läßt jede Interpretation offen. Dante wie Kierkegaard („Vita nova" – „Tagebuch eines Verführers") ließen sich durch die Distanz von der Geliebten inspirieren. So betrachten wir die Gemälde im Prado, so lesen wir oft fiebernd nächtelang, ohne je die Hoffnung zu haben, dem Schriftsteller zu begegnen, auch wenn seine Zeit noch relativ nahe bei der unsrigen liegt. Interpreten, Schauspieler, sie bedürfen dagegen geradezu des Erlebens. Hast du ihn oder sie noch selber erlebt? Noch heute höre ich den „Originalton", die Stimmen von Anna Magnani, Sir Laurence Olivier, Innokentij Smoktunovskij. Mein Gott, hattest du aber Glück.

Das Aufschieben kann leicht fatale Wirkungen haben. Solange das Wunder noch in der Nähe ist, such es auf. Diese Gedanken bewegten mich zu einer Zeit, Ende der siebziger Jahre, als Horowitz den Schritt nach Europa noch nicht getan und sich noch nicht davon überzeugt hatte, wie sehr er hier erwartet wurde. Wenn ich auch nie ein Horowitz-Fan gewesen bin und meine Kenntnisse seiner Diskographie bescheiden blieben, so gab es doch ganz persönliche Erfahrungen seines Genies. Die wundervollen Rachmaninow-Aufnahmen überwältigten, sein Name und Spiel riefen bei vielen mir befreundeten Pianisten nur Faszination hervor. Oleg Maisenberg, mein engster Partner, war derjenige, der von Horowitz besonders angezogen wurde und der in seinen Farben und seiner Stimmführung eine Verwandtschaft suchte. Ich habe es – wie später so oft bei Martha Argerich – sehr bewundert.

Das Konzert zur Rettung der Carnegie Hall, an dem viele bedeutende Künstler, wie Menuhin, Rostropowitsch, Fischer-Dieskau, teilnahmen und bei dem sie sich zum Teil auf nicht alltägliche Art präsentierten, lernte ich, noch in Moskau, auf Schallplatte kennen. Wann hört man schon drei Großmeister – Stern – Horowitz – Rostropowitsch – im ersten Satz des Tschaikowsky-Trios mit dem Gefühl, es werde vom Blatt gelesen? Ich dachte damals frech: „Die spielen wie auf einer jüdischen Hochzeit." Wobei zu ergänzen wäre, daß ich weder etwas gegen meine älteren Kollegen noch gegen Musik auf einer Hochzeit habe. Einmal war ich sogar selber in Tel Aviv bei einem solchen Anlaß dabei; die chassidische Volksmusik des Klarinettisten Giora Feidman, auf die bestmögliche Art vorgetragen, blieb unvergeßlich.

Zurück zu Horowitz. Im erwähnten Konzert spielte er noch mit Rostropowitsch den zweiten Satz von Rachmaninows Cellosonate, der vom ersten Klang des Klaviers an verzauberte. Diese Tiefe, diese Stimmung, dieses Gefühl eines Kosmos, das schaffte Horowitz schon mit der Einleitung. Es war eine Klangwelt, die das Gefühl vermittelte, wie es sich nur bei Gemälden der großen Meister einstellt: Schatten, Perspektive und – vielleicht das Wesentliche – die Zwischenfarben. Die Klänge schwebten in die Ferne, einander tragend, ohne jeden Versuch – obwohl jeder Ton von Bedeutung schien – der forcierten Präsentation. Das war Musik auf höchster Ebene.

Als ich erfuhr, daß Horowitz in Rochester spielen werde, war es – obschon zwischen zwei eigenen Konzerten –

eine zu große Versuchung, den Zauberer noch zu Leb-
zeiten hören zu können. Der Saal war ausverkauft. Zum
Glück half das Management. Es war Nachmittag –
Horowitz spielte wie Swjatoslaw Richter in Moskau
immer zur gleichen Zeit – um sechzehn Uhr. Was überraschte: Die Stimmung im Saal wirkte alltäglich. Die
erste Feststellung: Richter in Moskau würde von seinem Publikum sicher mit mehr Spannung erwartet. Für
die Amerikaner schien es weniger ein Event zu sein,
Horowitz lebte schließlich in New York. Man hörte ihn
im Fernsehen, er gab seit einiger Zeit wieder regelmäßig Konzerte. Doch als der Pianist das Podium betrat,
ertönten Bravos.
Der erste Eindruck überraschte. Das Klavier klang
unwahrscheinlich mechanisch, hart, unpersönlich. War
es ein schlechter Flügel? Ein amerikanischer Steinway?
Schon damals bemerkte ich den Unterschied zum noblen
Klang der Hamburger Instrumente. Aber spielte er nicht
grundsätzlich nur auf dem eigenen Flügel? Merkwürdig. Trotzdem, die Geläufigkeit bei Scarlatti ließ auf-
horchen. Anders ging es mit Mozart- und Beethoven-
Sonaten. Besonders bei Mozart zeigte sich eine Flach-
heit des Spiels, wie bei einer Klavierübung, die der
Form, dem Charakter der Werke zuwiderlief. War
Horowitz nicht mehr der alte?
Dann kam Chopin. Und hier vergaß man bald, daß man
in Rochester war. Man tanzte Mazurka, drehte sich mit,
es war ein Fest von Rhythmus, Eleganz, Vollendung.
Bei einem Walzer meinte ich tatsächlich, während des
ganzen Stückes den Atem angehalten zu haben, so perfekt klang es. Horowitz spielte noch, und es schmerzte,
auf die Uhr schauen zu müssen. Aber das Flugzeug wartete nicht, mit den ersten Bravos mußte man sich beei-
len. Wie schade, es würden sicher noch Zugaben folgen.

Seinen Klang nahm ich mit, und noch lange verfolgte mich die Frage, wie er mit amerikanischen Steinways fertig wurde. Auch das blieb sein besonderes Geheimnis. Dann kam es, einige Jahre später, zu der Europa-Tournee. Wie sehr wünschte ich, Horowitz noch einmal live zu hören, aber es sollte nicht sein. Desto mehr freute ich mich, als am Tag meines Recitals in der Carnegie Hall Horowitz' erstes Konzert aus dem großen Saal des Tschaikowsky-Konservatoriums in Moskau im Fernsehen direkt übertragen wurde. Ich erinnere mich, früh aufgestanden zu sein, um das erleben zu können; durch die Zeitverschiebung begann das Konzert in New York um acht Uhr morgens. Es war faszinierend, was Horowitz künstlerisch und pianistisch bot. Jeder kann das auf Video oder CD heute noch hören. Ebenso wichtig für mich war, Horowitz gerade in diesem Saal mit diesen Menschen als Zuhörer zu sehen, wo mir alles so vertraut war, wo ich selbst so oft gespielt habe. Wichtig auch, zu fühlen, daß das Comeback möglich war, daß Horowitz, der vor mehr als einem halben Jahrhundert Rußland verlassen hatte, nicht nur sehnsüchtig erwartet worden war, sondern trotz des Alters immer noch in Höchstform gewesen ist. Sein Kreis schloß sich mit dieser Rückkehr. Er war, wenn auch nur für ein paar Tage, wieder an der Quelle. Das ließ mich hoffen.

Inn on the Park

Glenn Gould war für mich wie ein Symbol für das Unerreichbare, für die beinahe übernatürliche Art, Polyphonie zu beleben. Ich begegnete einem Können, einer Geistesgröße, die heute noch durch ihre Aufnahmen zu mir spricht. Das Phänomen seiner Stimmführung knüpfte an eine angeblich authentische Geschichte an, die mich seit der Jugend begleitete: Ein großer Jazzmusiker soll fähig gewesen sein, mit jedem Finger gleichzeitig einen anderen Rhythmus zu schlagen. Goulds eigene risikofreudige Auseinandersetzung mit Tempi – in einer Fernsehsendung behauptete er einmal, man könne Bachs Fugen in beliebigem Tempo spielen, ohne daß Substanz verlorengehe – entsprach seiner Art des Umgangs mit Werken an sich. Wie gewagt waren doch bestimmte Auffassungen der Klassiker. Denken wir nur an Beethovens letzte Klaviersonate op. 111. Und Goulds eigenartige Stilvorstellungen? War eigentlich sein Brahms noch Brahms, sein Mozart noch Mozart? Dennoch wurde die unausrottbare Journalistenfrage – „Welche Schallplatte nehmen Sie auf die einsame Insel mit?" – von vielen so beantwortet: Bachs Goldberg-Variationen, gespielt von Gould.
Auch für mich war Glenn Gould seit meiner Kindheit eines der großen musikalischen Idole unseres Jahrhunderts. Als ich erwachsen wurde, störte mich die Tatsache wenig, daß Gould keine Konzerte mehr gab. Da ich ihn nie live erlebt hatte, wußte ich ja auch nicht, was für einen Verlust dies bedeutete. Das Faktum, daß Gould die Öffentlichkeit bewußt mied, löste in mir ebenfalls keine Abwehrhaltung aus. Andere, deren Aufmerksamkeit von solchen Äußerlichkeiten wie dem

niedrigen Klavierstuhl, dem gelegentlichen Spiel in Handschuhen oder seinem Mitsummen angezogen wurde, schien das mehr zu beschäftigen. Besonders störend empfand ich die Ansicht, Gould sei von der neuesten Tontechnik total besessen gewesen, nur ein Freak sozusagen. In meinem Bewußtsein lebte Glenn, von all dem Gerede unberührt, irgendwo im Universum. Am meisten zog er mich an, weil er seinen eigenen Weg gefunden hatte und diesen ganz allein beschritt.

Es war mehr als schmeichelhaft zu erfahren, daß Gould mich, zumindest meinen Namen und meine Töne, kannte. Die Mitarbeiter der Firma CBS erzählten es mir und versuchten gleich, den Faden weiterzuspinnen, indem sie die Möglichkeit einer gemeinsamen Aufnahme in Aussicht stellten. „Meinen die das ernst?" mußte ich mich überrascht fragen. Die Versuchung war groß, aber als erstes wäre wohl ein Gespräch mit Gould zur Klärung notwendig. Wie und wann? Gould einfach anzurufen, dazu konnte ich mich lange nicht durchringen. Die Vorstellung, auf einen Anrufbeantworter zu stoßen, dessen er sich bekannterweise durchgehend bediente, befremdete mich. Obwohl mir versichert wurde, daß Gould gerne die Leute zurückrief, schob ich die Realisation monatelang vor mir her. Warum sollte ich jemanden, den ich so hoch schätzte, zwingen, noch einen Kontakt aufzunehmen, dachte ich. Die Gefahr, ihn mit einem Anruf zu belasten, selbst die Vorstellung, Gould überhaupt anzureden, paralysierte meine Phantasien und Absichten.

Als ich mit Freunden im Januar 1982 in Toronto, wo Gould lebte, einige Konzerte gab, bemühte sich die Schallplattenfirma CBS um ein Treffen. Dabei bestätigte man mir ausdrücklich, daß Gould auf meinen Anruf warte. Zitternd wählte ich die Nummer und hörte eine unbekannte Stimme. Mein Englisch war damals sehr bescheiden, ich weiß nicht einmal mehr, wie ich es vermochte, eine Nachricht zu formulieren. Aber Gould rief mich tatsächlich zurück und schlug überaus freundlich vor, sich mit mir und András Schiff um Mitternacht – Glenns gewöhnliche Kommunikationszeit – in seinem Hotel zu treffen. An dem Tag trat ich mit András, der am vorausgegangenen Abend mit Bachs Goldberg-Variationen einen großen Erfolg in Toronto gefeiert hatte, gemeinsam in einem Kammermusikabend auf. Dieses Konzert gehörte zu den allerersten auf Lockenhaus zurückgehenden Unternehmen.

András und ich waren mehr als animiert, weil wir daran dachten, nach dem Konzert Goulds Einladung folgen zu können. Herr Walter Homburger, Goulds langjähriger Manager, fuhr uns nach der Konzertparty ins Inn on the Park. Kurz vor Mitternacht standen wir vor Mister Extravaganza. Nein, seine Erscheinung entsprach überhaupt nicht seinem Ruf. Lieb, aufmerksam, höflich, vermittelte er ein Maximum an Natürlichkeit. Glaubwürdig machte Glenn András Komplimente wegen seiner gestern gebotenen Aufführung, die er im Rundfunk verfolgt hatte. Dann besorgte der Gastgeber – dank des 24-Stunden-Services seines Hotels – zu dieser späten Stunde noch ein Abendessen. Schließlich stürzten wir uns buchstäblich in ein Gespräch. Glenn monologisierte nicht nur, obschon er zweifelsohne viel Ungewöhnlicheres als wir zu sagen hatte, sondern eröffnete eine wahre Diskussion. Die Interpretation der Goldberg-Variationen – András spielte im Gegensatz zu Gould alle Wiederholungen – war ein Thema, das ihn immer noch beschäftigte. Seine Ansicht über Mozart und Haydn kannte ich schon aus Interviews: „Haydn ist der unterbewertetste, größte Komponist aller Zeiten!" Man kannte Glenns Neigung zu Extremen. Ob er bewußt eine Kollision der Meinungen anstrebte, um noch überzeugender zu klingen? Das Gespräch fand seine Fortsetzung im Thema „Instrumente und ihre Qualitäten". Gould spielte einen „Yamaha" und fand ihn als Instrument optimal. Das veranlaßte mich, ihm die sich herumgesprochene Geschichte über Swjatoslaw Richter zu erzählen, warum er „Yamaha" als bestes Klavier einstufte. „Sehen Sie", versuchte ich Richter zu imitieren, „Steinway hat im Klang eine Persönlichkeit, Bechstein und Bösendorfer auch. Ich aber brauche keine, ich habe selber eine." Goulds Lachen entspannte auch uns. Ob durch Richter oder die Begegnungen mit Studenten des Moskauer Konservatoriums – die Eindrücke, die er während seines Rußland-Besuches gesammelt hatte, müssen ihm zu Herzen gegangen sein. Glenn schien die Tatsache anzuregen, daß ich meinen offiziellen Wohnsitz immer noch in Moskau hatte. Es überraschte ihn, daß gerade ein Live-Mitschnitt seines Konzertes aus dem Jahre 1962 in Leningrad veröffentlicht wurde. Da er ihn noch nicht besaß, versprach ich, ihm die Platte zu besorgen.

Es war schon nach zwei Uhr morgens, als Gould uns vorschlug, seine neueste, gerade geschnittene, aber noch nicht veröffentlichte Version der Goldberg-Variationen auf Video-Band zu zeigen. Mit seiner sehr eigenen und unwiderstehlichen Art der Begeisterung führte er uns diese Aufnahme vor. Wie sollten wir damals ahnen, als wir vor dem Bildschirm saßen und er das Band laufen ließ, daß es sich um die Vorführung eines Testaments handelte? Alles war faszinierend – jeder Ton, jede Bewegung, auch die Konzentration, die sein Spiel und seinen Hörprozeß immer auszeichnete. Mir fiel aber vor allem der Unterschied in der Auseinandersetzung mit dem eigenen Produkt auf. Weil ich immer neurotisch auf Fehler und Unvollkommenheit reagierte, vermied ich es meistens, meine Aufnahmen anzuhören. Ich würde kaum eigene Leistungen in meiner Anwesenheit irgend jemandem auf Band vorstellen. Gould tat es hingegen mit Vergnügen. Vielleicht bildeten wir, das fragte ich mich später, einen Ersatz für die Zuhörer, auf die er durch seine Bühnenabstinenz verzichtete. Die andere, viel einleuchtendere Erklärung wäre in seiner Affinität zum Werk zu finden, gegenüber der die meisten Aufnahmen seiner Kollegen als unzulänglich oder bestenfalls objektiv bezeichnet werden könnten. Die Identifizierung mit dem Produkt ergab sich auch daraus, daß Gould die Gestaltung des Tonbandes bis in alle Feinheiten selber verwirklichte. Sein eigenes Verständnis und Gehör waren für das Endresultat vollkommen verantwortlich. Nur ganz wenige der mir bekannten Künstler haben die Fähigkeit, Geduld und Lust, die mühsame Auswahl der Takes und die Schnittarbeit bis ins Detail zu verfolgen. Man sucht gerne Ausreden und schenkt nicht selten ganz fremden Aufnahmeleitern und anonymen Tontechnikern sein Vertrauen für diese Tätigkeit. In der kompletten Studioarbeit wie in der Realisierung seiner Absichten war Glenn unübertrefflich. Selten hat ein Künstler – was wir beim Abhören der Goldberg-Variationen erkannten – sein musikalisches Reich mit einer solchen Klarheit beherrscht. Das war vermutlich der wichtigste Grund, weshalb Gould stolz sein konnte, sein Werk anderen vorzuführen.

Die Stunden verflogen, und irgendwann sprach mich Glenn auf die Richard-Strauss-Sonate an. Ich mußte gestehen, daß sie vor allem wegen ihres romantischen zweiten Satzes eines meiner Lieblingswerke war. Auch Gould sprach über seine generelle Begeisterung Strauss gegenüber. Er leuchtete förmlich auf, als er das erste Thema der Sonate zu singen begann. Seine Stimme überraschte mich vor allem deshalb, weil er die Melodie halb so schnell vorführte, wie ich sie mir vorgestellt hatte. „Was das wohl werden wird?" dachte ich, zugleich angetan und beängstigt von der Ungewöhnlichkeit seines Hörens. Gould schien aber sehr optimistisch zu sein, als er von einem möglichen Treffen mit mir und meiner Violine sprach. Er ließ mich glauben, unsere Zusammenarbeit könne sehr interessant werden. Vieles, was ich aufgenommen habe, überzeugte ihn. „Was wohl?" dachte ich und versuchte, kritisch die eigenen, aus meiner Sicht unvollkommenen Leistungen im Gedächtnis durchzugehen.

Es wurde immer später, aber das Gespräch verlief so ungezwungen, daß wir uns schwer zum Gehen entschließen konnten. Den Nachtmenschen Gould störten die vorgerückten Stunden nicht, sie inspirierten ihn eher. Er ließ ein Band laufen mit Tönen, die mir unbekannt vorkamen. Unbekannt, weil sie eine Ausbildungslücke offenbaren oder vielleicht eher, weil sie so ungewöhnlich gespielt wurden. Wir sollten raten, was das für eine Musik sei. Ja, natürlich – Haydn: „Der Größte!" Seine letzten Klaviersonaten, Glenns letzte Aufnahme.

Als wir das Hotel verließen, zeigte die Uhr beinahe fünf Uhr morgens. Gould als wahrer und großzügiger Gastgeber, bestand darauf, uns selbst ins Hotel zu fahren. Ich sollte mich bald wieder melden, unbedingt, sagte er zum Abschied.

Einige Monate später kam der Schock. Glenn Gould war tot. Der Fortsetzung dieses vielversprechenden Kontakts, den gemeinsamen Absichten wurde ein Strich durch die Rechnung gemacht. Einer der unzähligen erbarmungslosen Schläge, mit denen wir alle ständig konfrontiert werden. Wertvolle Begegnungen werden dadurch nur umso einzigartiger und unvergeßlicher. Glenn Gould hatte seine Werte kompromißlos in Töne, Worte und Taten umgesetzt. An jenem Abend in seinem Hotelstudio spürte ich die Macht des Augenblicks und konnte die Erfahrung machen: Jeder ist für die Intensität seines Lebenswegs selbst verantwortlich.

REFLEXIONEN

Ostinato

Daß die Violine schon einige Jahrhunderte alt ist, gehört zu den musikhistorischen Binsenweisheiten. Heute müssen wir uns fragen, ob sie noch in unsere Zeit paßt. Als Instrument, dessen sich viele Wanderer, Zigeuner, Klezmer bedienten, um ihre unruhigen Seelen sprechen zu lassen, besitzt sie spätestens seit Paganini gar den Ruf, eine teuflische Verführerin zu sein. In der klassischen Musik aber büßte das Instrument seine Identität nicht ein. Dort wird es noch immer mit Frack und Smoking assoziiert, obwohl das, was es vermittelt, weit entfernt von den Accessoires wie „black tie", hohen Absätzen und goldenen Krawattennadeln ist. Natürlich geht es nicht nur um Visuelles, sondern auch ums musikalische Material. Geiger stehen Opernsängern nahe. Wer kennt nicht einen jener Experten, ob Lehrer, Kritiker oder Klangfetischisten, der an dem Instrument und seinen Spielern vor allem Belcanto sucht. Man verlangte in meiner Kindheit und Studienzeit ebenso oft, die Geige müsse singen, wie man von „der Schönheit des Klanges" bei großen Künstlern sprach. Was die Oper mit viel Glanz und Pomp, Spitzenstimmen und reichen Ausstattungen dem Publikum offeriert, vermag ein Geiger vom Status eines Großmeisters wie Itzhak Perlman auch zu bieten. Der Unterschied liegt lediglich in der Präsentation, nicht in der Wirkung. Während im ersten Fall Dutzende oder Hunderte von Menschen beschäftigt werden, um ein klingendes und sichtbares Meisterwerk auf die Bühne zu bringen, ist man im zweiten Fall bescheidener. Die Auseinandersetzung zwischen dem Stardirigenten und einem extravaganten Regisseur gibt es nicht. Klavier oder Orchester und ein populäres Repertoire, wenn möglich ein paar spektakuläre Aussagen des Künstlers, geschickt durchs Fernsehen lanciert, reichen aus, um einen „Supergeiger" zu präsentieren. Man verzeihe den Sarkasmus: Auch nationale Identität trägt nicht selten zur Steigerung des Interesses bei. Wohl jeder kennt die „deutsche Meistergeigerin", das „koreanische Wunderkind", den „englischen Rockstargeiger" – die Werbung sorgt schon für angemessene Stimulierung des Bewußtseins. Ist das alles noch der Wunsch nach Spektakel oder schon Bühnenmusik aus der Kulisse? Es ist nicht die Violine oder ein dem Schönheitsideal des 17. und 18. Jahrhunderts entsprechendes Kunstwerk, was uns auf diese Gedanken bringt. Unser Konzertwesen, in dem die Geige nicht unbedingt den ersten Platz einnimmt, ist dafür verantwortlich. Vieles in der Welt ist in Aufruhr geraten. Geistiges ist ihr nurmehr ein leerer Begriff. Deshalb hören wir die Violinmusik en passant – im Fahrstuhl, im Restaurant, am Telefonbeantworter – überall dort, wo uns nicht so sehr die Fähigkeiten des Instruments und die des Interpreten ansprechen, sondern vielmehr das Äußere, das Allgemeinverständliche und Harmonisierende. Das, was formvollendet schließlich seinen Platz in Madame Tussauds Museum, der Herberge alles Symbolisch-Wertvollen, in Wachs Verewigten findet.

Wollen wir wirklich dorthin? Sind wir tatsächlich so bizarr programmiert, daß uns Friedhöfe mehr bedeuten als das Leben? Ist uns die Perfektion einer CD- oder DAT-Aufnahme wertvoller als die sich selber in Frage stellende Interpretation, das von Nebengeräuschen begleitete Suchen nach dem richtigen und einzigartigen Klang? Können wir nicht einsehen, daß die Klangrede, wie Nikolaus Harnoncourt sie nennt, überzeugender sein muß als das Morphin eines isolierten hohen C oder eines endlosen, schönen, bezaubernden Vibratos?

Sollte es nicht doch noch darum gehen, was man ausdrückt, und nicht nur, wie man es tut? Wir sollten uns das überlegen. Der Weg und die Mühe einer Klärung – wozu, warum, wo und wann Musik und die Violine bewegen – bleiben niemandem erspart. Kein Buch und keine Spruchweisheit kann die eigene Erfahrung ersetzen.

Mit viereinhalb Jahren versuchte ich erstmals mit Holzstöckchen das Geigenspiel zu imitieren, um mir die Aufmerksamkeit der Eltern zu erspielen. Wenig später erhielt ich ein richtiges Instrument. Seit diesem Beginn meiner Karriere entlockten meine Finger der Geige aller Art Töne. Die Aufzählung ist der Skurrilität vieler Anlässe gemäß:

- auf dem Friedhof, im Mantel bei minus zehn Grad Celsius, zu Opas Trauerfeier,
- in Schulen und Universitäten als Erläuterung zum Unterrichtsfach Musik,
- unzählige Male für dankbares Publikum sowie vor autoritär strengen Juroren,
- in Krankenhäusern, Gefängnissen und für Armee-Einheiten als Kulturbetreuer zur Ablenkung von düsterem Los,
- den Alltag einstimmend um acht Uhr morgens in Banken, Sportinstitutionen und Warenhäusern,
- bei Eröffnungs- und Abschlußfeiern sämtlicher Kongresse und Konferenzen der Kommunistischen Partei sowie in den Palästen der Werktätigen der endlosen UdSSR,
- bei Kulturwochen und Volksfesten, die vom sowjetischen Staat überall im In- und Ausland veranstaltet wurden,

- in über hundertfünfzig Städten und Städtchen des Riesenreiches der UdSSR für diejenigen, denen die Musik etwas bedeutete oder bedeuten sollte,
- anonym, mit großem Respekt in Kirchen, die noch erhalten blieben oder zu anderen Zwecken umgebaut wurden,
- in unzähligen Konzertsälen der Welt, die dann und wann auch Sporthallen waren,
- im stockdunklen Saal bei einem Gewitter im Salzburger Festspielhaus nach einem Stromausfall,
- auf dem Mittelmeer, während eines mäßigen Sturmes, als die Notenpulte im Salon des Kreuzfahrtschiffes „Mermoz" nach jedem Satz einen bis eineinhalb Meter von uns wegrückten,
- einen Stummfilm Chaplins begleitend sowie als „Hauptlieferant" der Musik zu dem französischen Streifen von Charlie van Damme „Jouer du violon",
- in der „Frühlingssymphonie" von Ulrich Schamoni, als Niccolò Paganini höchstpersönlich,
- bei meinem Comeback nach Rußland im Zollraum des Sheremetyevo-Flughafens für die Zöllner, die noch nie zuvor eine echte Stradivari hatten klingen hören,
- in der New Yorker Disco „The Tunnel" mit der Performance-Künstlerin Laurie Anderson im Duo,
- in der Hollywood-Bowl, bis zur Unerkennbarkeit verstärkt, für tausende Musikschaulustige,
- in vielen Erholungsräumen, den sogenannten „Roten Ecken", in sowjetischen Einrichtungen für – bestenfalls – ein Dutzend Gelangweilte,
- zu von Alla Sigalova und ihren Partnern getanzten Tangos von Astor Piazzolla und Leonid Desyatnikov,
- zur Ablenkung vom Zyklon „Daniella" auf der Insel Mauritius,

248

– für Tausende Bewunderer und gelegentlich nur eine
einzige Person.

Unlängst verpaßte ich die Möglichkeit einer Eintragung ins Guinness-Buch der Rekorde. Es hat noch niemand ein Konzert am Nordpol gegeben. Leider – aber
nicht ohne Absicht – ließ ich die Geige zu Hause. Das
Ziel war ja die Reise ins Nichts. Wenn ich das hier
erwähne, so lediglich um die Ansicht zu stärken, daß
Musik gefragt, gebraucht oder mißbraucht und weg-
geworfen werden kann. Ihre Kraft, ihren Wert haben
wir Interpreten zu übertragen, ob sie aber am anderen
Ende ankommt, hängt von jedem einzelnen ab. Was ist
man bereit dazu beizutragen, damit ein „Gespräch" stattfindet? Die Vibration des Klanges allein ist schließlich
nur eine mögliche Aufforderung. Selbstverständlich finden wir den Ton des Dialogs nur dann, wenn sich dahinter – beim Vortragenden wie beim Zuhörer – mehr
als die Erwartung oder ein Bemühen um den Fetisch
Belcanto verbirgt.

Handwerk

Es gibt vieles, was über die Begabung hinaus für die Kunst wichtig ist. Ich möchte die Handarbeit erwähnen, etwas, das leicht übersehen oder aber mystifiziert wird. Auf den ersten Blick mag dieser Aspekt unbedeutend erscheinen, in kreativen Berufen ist er dennoch entscheidend. Gerade unauffällige Abläufe können außergewöhnliche Bedeutung bekommen. Das Publikum übersieht das sehr häufig. Ihm entgeht ja auch, wie die Münze oder die Spielkarte des Zauberers verschwindet, es erkennt den doppelten Boden nicht und registriert kaum die winzige Bewegung eines Fingers, der eine Zigarette austauscht. All die Handfertigkeiten, deren sich der gewöhnlichste Magier für seine Präsentation und für das Gelingen des Tricks bedient, werden nicht wahrgenommen. Fingerspitzenarbeit kennzeichnet den Meister. Sie verleiht Eleganz und sorgt für den Gestus von Selbstverständlichkeit. Gerade in den unerwartetsten, den schwierigsten Augenblicken. Und wenn das Publikum überzeugt ist, alles unter Kontrolle zu haben, alles genau verfolgen zu können, ist plötzlich der Ping-Pong-Ball verschwunden, die eben erst gelöschte Zigarette wieder angezündet oder das rote Tuch zu einem blauen geworden.
Schon früh haben mich, wie wohl alle Kinder, die Magier fasziniert. Sie öffneten unüberwindlich scheinende Grenzen und zauberten aus der leeren Tüte wunderbare Geschenke. Es war und ist ein besonderes Volk, eine Gruppe von Auserwählten, die mehr können als andere, die die Träume beherrschen, die Märchen wirklich werden lassen. Es ist eine Welt, in der das Fühlen wichtiger als das Verstehen ist. Dank unsichtbarer Arbeit

der Hände gelingt es, Illusionen zu erzeugen. Damals, als Kind, konnte ich noch nicht erkennen, wieviel Gemeinsames Magier und Musiker besitzen.

Auch in der Tonkunst wird vieles, trotz des Siegeszugs der Elektronik, Handarbeit bleiben. Und das gilt im besten Sinne des Wortes. Die Phantasie, die Inspiration, das Hörvermögen werden in ihrer Bedeutung davon nicht geschwächt.

Vielleicht scheinen in diese Betrachtung die Sänger nicht zu passen, da ihr Arbeitsorgan den Blicken nahezu entzogen ist. Die Kunst von Sängern wie Schauspielern hat dennoch auch mit Handarbeit zu tun. Ich meine nicht das „Zerschneiden der Luft mit den Händen" (Hamlet über die Komödianten), um ein Maximum an Aufmerksamkeit auf sich zu lenken. Das Handwerkliche von Sängern spielt sich in der Kehle, im Brustkorb und Zwerchfell ab. Aber auch hier bleiben die Wunder, der technische Aufwand eines modernen Zauberers, der Erkennbarkeit entzogen.

Zurück zu den Instrumentalisten. Deren Handarbeit geschieht freilich oft unsichtbarer als jene von Tänzern oder Jongleuren.

Schöne Hände: was für ein Magnet.

Kräftige Hände: bis zur letzten Reihe im Saal ist alles zu hören.

Feine Hände: wie wunderbar erwecken sie für das Ohr einen juwelenhaften Klang.

Lange Finger: die Glücklichen, die sie besitzen, haben es angeblich leichter.

Flinke Finger: wie geschickt gehen sie bei Übergängen von Ton zu Ton der bekannten Schmierpraxis aus dem Wege.

Vibrierende Finger: was für einen warmen Ton, bis zum Verschmelzen, sind sie zu erzeugen fähig.

Bei Klängen nehmen wir eben das wahr, was wir hören, und genießen es. Wir wollen dabei gar nicht immer wissen, wie es gemacht wird. Sicher gibt es Musikliebhaber, die neugierig sind, durchschauen wollen. Aber das Messen in Dezibel oder Schwingungen sollte eine Angelegenheit des Labors bleiben.

Mir war das Entzaubern immer fremd, und ich würde immer das Geheimnis bewahren wollen. Darum auch mein Bemühen, die Handarbeit nicht zu erkennen zu geben, besonders wenn es um etwas bekannt Schwieriges, wie die „Letzte Rose" von Heinrich Wilhelm Ernst geht. Fragte mich jemand, wie man dieses teuflische, im Stil Paganinis komponierte Stück überhaupt spielen könne, antwortete ich guten Gewissens:

„Es kommt auf die Musik an, alles andere soll von alleine funktionieren." Das bedeutete: „Üben, üben, üben! Damit niemand merkt, wie du es machst." Die traurige Melodie und ihre ausdrucksreichen Verwandlungen, nicht die Bewältigung atemraubender Ketten von technischen Ornamenten, hatte den Ton anzugeben. Das ganze Potential des musikalischen Ausdrucks eröffnet sich wie bei Schuberts genialem Minimalismus aber nur dem, der ein Ohr für das hat, was über den Schönklang hinausweist.

Ein Künstler benötigt zu einer angemessenen Übersetzung der Partitur neben Gehör, Verständnis und Erfahrung Hände und Finger. Pianisten hilft gelegentlich die Fußtechnik beim Erreichen ihrer Ziele, also das Pedal, besonders beim Legato und Cantabile. Bei Streichern sind es die Feinheit der Bogenführung, das variable Vibrato, geschickte Fingersätze, unmerkliche Übergänge, die Geläufigkeit: Krönungen eines endlosen Lernprozesses. Kinderhände in all ihrer wunderbaren Unschuld können es noch nicht. Nur diejenigen, die Herr ihres Handwerks werden, haben die Chance, Musik zum Schwingen zu bringen. Vielleicht heißt es schließlich deshalb auch Hand-Arbeit, weil Jahre der harten Bemühungen dazu gehören. Nur dann, durch die Verzauberung des Gewöhnlichen zum Kunstwerk, eröffnet sich den Zuhörern eine andere Welt – die der Phantasie.

Absagen

Wir kennen Künstler, die gewohnt sind, schon bei virtuellem Schnupfen abzusagen, und welche, die um jeden Preis auf die Bühne gehen. Zu den ersteren zählen nicht selten Perfektionisten wie Arturo Benedetti Michelangeli oder Swjatoslaw Richter. Die Trotzigen oder Verläßlichen bilden die Mehrheit, so erübrigt es sich, ihre Namen zu erwähnen.

Ich gehöre offensichtlich zu den Disziplinierten. Trotzdem passierte es eben auch mir, daß die Schwankungen des Gemüts mit dem Professionellen in Konflikt gerieten. Die Herausforderungen des Berufs, die Zusagen, die auf Monate und Jahre hinaus verlangt werden, sind unnatürlich. Wie kann ich heute wissen, ob ich in zweieinhalb Jahren um elf Uhr morgens Lust auf Schubert, Prokofieff oder Ferien habe? Warum wird das von uns verlangt und erwartet?

Ich bin mir im klaren, daß die ganze Musikbranche vom Marktdenken vergiftet ist. Die Kunst, das Kreative und die ferne Sonne werden dem gleichen Prinzip unterworfen wie die gesamte Wirtschaft. Wenn ich nüchtern darüber nachdenke, bemerke ich, daß Kunstmanager die Sprache von Wirtschaftsexperten angenommen haben. Sie beschäftigen sich mit Umsatz, Anteil, Produktion und dem Dow-Jones-Index. Ein Agent sagte mir einmal, er könne es sich nicht leisten, zu sehr an Einzelinteressen seiner Künstler zu denken, da er, um sein Büro funktionsfähig zu halten, dreißigtausend englische Pfund pro Tag Umsatz machen müsse. Sollte man sich wundern, daß ihn später Antiquitäten-Handel mehr interessierte als Musik?

Die Künstler, Komponisten, überhaupt kreative Gemüter werden dem Erfolgsprinzip unterworfen und, wenn sie nicht mehr verkäuflich genug sind oder so wirken, hängengelassen – wie aus der Mode gekommene Mäntel des letzten Winters.

Wie in jeder anderen Branche herrscht ein harter Überlebenskampf. Die Zahlen haben Vorrang, sie müssen stimmen. Das Kunstwerk? Nicht unbedingt. Solange die Kasse stimmt, stört Idealismus nicht, stimmt sie nicht, wird Idealismus obsolet.

Wenn ich von Zahlen spreche, denke ich nicht nur an Gesamtkosten, sondern auch an Termine, langfristige Planung, programmierten Erfolg. Es stellt sich aber die grundsätzliche Frage: Kann man etwas Kunstvolles, Bewegendes planen? Ist da nicht nur das wirklich von Bedeutung, was auch ein gehöriges Maß an Überraschung und Unvorhersehbarem in sich trägt? Das, was man – nicht nur in früheren Zeiten – Geheimnis nannte? Die Marketing-Strategen denken anders – das Manipulieren von Namen, Werten und Emotionen hat sich inzwischen die Schallplatten- und Festspielindustrie so sehr zu eigen gemacht wie Hollywood. Die Branche muß auf alle Fälle auf ihre Kosten kommen, durch eine geschickte Künstler- oder Verkaufspolitik. Sonst verlieren die Konzerne und die Sponsoren das Interesse.

Mit anderen Worten: Wir werden von denen gesteuert, die selber kaum je auf der Bühne erscheinen, aber im Hintergrund die Drähte ziehen. Diejenigen, die sich verlieren, werden ausgewechselt. Wir Künstler aus allen Nationen und Richtungen werden zu Marionetten in einem größeren, oft kaum überblickbaren Spiel. Einigen von uns mag die Rolle sogar gefallen, von cleveren Vertretern verwaltet zu werden. Am Anfang des Weges zum Rampenlicht ist man dem Prozeß ohnehin ausgeliefert. Später beginnt der Kuhhandel: Du mir – ich dir.

Es geht zu wie im Bazar, auf der Börse und bisweilen – man verzeihe mir – wie auf dem Pferdemarkt.

Soll man sich wundern, daß jener Profi geschätzt wird, der die Partitur, sich selbst oder sein erfolgssüchtiges Publikum nicht in Frage stellt und zur erwarteten Zeit und zum ausgehandelten Mindest- oder Spitzenhonorar zu haben ist? Überrascht sein sollte man eher, wenn der eine oder andere sich den Regeln nicht unterwirft und streikt. Daß man hie und da noch mit eigenen Emotionen und Schwächen kämpft, scheint mir auf alle Fälle aufrichtiger zu sein als der Auftritt um jeden Preis. Vielleicht sollte man lernen, trotz momentaner Enttäuschung und vergällter Vorfreude, Aussteiger wie Martha Argerich oder Carlos Kleiber auch ihrer Unsicherheit wegen zu schätzen. Wir sollten erkennen, daß es ein Versuch ist, zu den eigentlichen Impulsen von Kreativität zu stehen; etwas, das immer seltener zu finden ist.

Interpretation

Vermutlich kenne ich zu wenige Interpretationen anderer Künstler. Sogar meine eigenen Aufnahmen, die jahrelang zurückliegen, sind mir nicht selten fremd geworden. Obgleich ich sie gelegentlich wieder zu hören bekomme, meide ich jede Initiative, um mich mit dem verlassenen Terrain abzugeben.

Unsicherheit? Unzufriedenheit? Wahrscheinlich. Aber dahinter steckt noch mehr. Es ist die Art der Einstellung, die mich etwa bei fernöstlicher Kultur anspricht. Das Jetzt – in Tönen und Leistungen. Dort ist es nämlich noch stärker wahrzunehmen als im Privatleben, wo wir oft zu Wiederholungen gezwungen oder verdammt sind. In der Musik verlasse ich mich beim Versuch einer Rekreation auf die Impulse der Gegenwart. Natürlich läßt sich das Gewohnte nicht immer in den Hintergrund drängen, Fingersätze, Bogenstriche, sogar vertraute Tempi und angenommene Stimmführungen brechen durch. Trotzdem ist mir in bestimmten Augenblicken nichts wichtiger als das voraussetzungslose Erzeugen des Klangs. Deshalb vielleicht die Identifikation mit „La Lontananza" von Luigi Nono, einem Werk, daß dem Psychogramm einer Suche nach dem richtigen Weg gleichkommt. Häufig jedoch arbeiten nicht minder ernste Kollegen ganz anders, machen auf eine mir fremde Weise Musik. Dabei trifft das Wort „machen" im einen oder anderen Fall den Sachverhalt genau. Vielleicht entdecke ich gerade darin die Fremdheit, weil mir „machen", auch das englische „to make", im Hinblick auf Interpretation suspekt erscheint. Auch wenn mir ein begeisterter Aufnahmeleiter oder Zuhörer sagt: „Mein Gott, wie machst du das nur?" befremdet es mich eher. Ich sehe die primäre Aufgabe eines Musikers im Hören, im Empfinden und – als Konsequenz – im Vermitteln. Das „Machen" hat für mich etwas ausgesprochen Artifizielles. Es stützt sich vor allem auf Imitation und Intellekt.

Man hört die Aufnahmen seiner Kollegen, vermerkt genau, wo wer was wie gestaltet hat. Alles wird gespeichert. Dazu tritt das Erforschen eigener Leistungen beim Üben, in Proben, in früheren Aufnahmen und Konzertmitschnitten. Auch das landet im … Wo landet es eigentlich? Im Gehirn? In den Ohren? In den Händen? In den Zeichen, mit denen die Partitur erstellt wird? In den Worten, mit denen man etwas im Interview, in Programmheften zu erklären versucht?

Jeder hat selbst die passende Erklärung zu finden. Auch wenn man sich bei Kolleginnen und Kollegen Rat holt, in Büchern und Schriften sucht, ist das vermeintlich Versäumte ohne eigene Anstrengung nicht nachzuholen. Die künstliche Mixtur hat, so gut auch immer das Gesammelte kombiniert wird, keinen Kunstwert.

Es ist aber wichtig festzustellen, daß solche Mittel zur Interpretation von vielen Zuhörern und Profis akzeptiert werden. Die Künstler sind bisweilen erfolgreich damit, es gelingt ihnen, ihre Individualität so darzustellen. Und wenn sie eine gewisse Perfektion erreichen, hört man über sie sagen, sie seien originell.

Wir wollen nicht allzu streng sein. Sie sind originell. Die Arbeit mit Metronom und Stoppuhr ist oft aktiver Zeuge dieser Auseinandersetzung. Das Wiederherstellen der auf eigene Art veränderten, verfremdeten und verzierten Partitur zu einer Einheit zeugt zweifellos von einem Denkprozeß, von der Fähigkeit, etwas zu analysieren. Die Prozedur hat Anspruch auf Kreativität. Sie steht eindeutig im Gegensatz zum Verhalten jener jun-

gen Künstler, die sich die Mühe einer solchen Auseinandersetzung ersparen und die Fassungen lebender oder
verstorbener Kollegen umstandslos übernehmen. Die
Schallplattentechnik bietet sich dazu leicht an. Man muß
nur einen guten Kopfhörer und gelegentlich noch eine
Partitur vor Augen haben. Das ist die Praxis vieler Dirigenten, mit denen ich in Berührung kam. Kann man
andere vorspielen lassen, ist man sozusagen abgesichert.
Jedenfalls so lange, bis ein Kritiker, der ja auch Kopfhörer, Stoppuhren und Metronome besitzt, wie ein
Detektiv den tödlichen Vergleich anstellt. Er kann be-
weisen, daß es sich um Imitation und nicht um Interpretation handelt. Da aber in der Öffentlichkeit Genies
mit Spürnasen eines Sherlock Holmes nicht so oft vorkommen, wird den Fälschern und Pseudointerpreten
vieles abgenommen, von den Medien wie von den Ver-
brauchern, zu denen das musikliebende Publikum eben
auch gehört. Nicht jeder Kritiker und kaum ein Ama-
teur ist immer fähig, die Authentizität eines Produktes
festzustellen.
Natürlich ist das mit einer Interpretation, die in der
Gestalt eines Frankenstein daherkommt, noch schwieriger. Auch sie stellt eine Kreation dar. Unwissende
empfinden ihr gegenüber sogar Bewunderung. Bei wenig
überzeugenden Darstellungen assoziiere ich immer den
Helden Scharikow von Bulgakow, jene Figur, der in
dem gleichnamigen Roman ein „Hundeherz" einge-
pflanzt wurde und die nun daran leidet, sich die Pro-
letensprache angeeignet zu haben, mit der sie (noch als
Hund) so oft in Berührung kam.
Auch unzählige, mit hervorragender und vorzüglicher
Technik geschriebene Partituren sogenannter Avant-
gardisten entlarven sich bei der Aufführung als Werke
zweitklassiger Komponisten. Ihnen fehlt die individuelle

Stimme, das einzigartige Atmen einer Persönlichkeit, die mit Bescheidenheit dem All und Gott gegenübersteht. Kein Künstler dürfte im Grunde das eigene Ohr und den eigenen Puls verraten, keiner sollte auf Kosten anderer leben. Kopien kann auch ein Xerox-Gerät herstellen.

Wenn wir Aufnahmen von Künstlern wie Furtwängler, Toscanini, der Callas oder der Ferrier, von Gould oder Schnabel hören, bemerken wir den Unterschied zur Massenware und zu den Bestsellern, denen es gelungen ist, in die Charts zu kommen.

Ich wehre mich aber auch gegen die Ignoranz, Werte fast ausschließlich in den Werken der Vergangenheit entdecken zu wollen. Ohne die alten Meisterwerke in Frage zu stellen, glaube ich, daß es notwendig ist, sie mit unserem Lebensraum zu konfrontieren. Der Rhythmus und die Schwingungen haben zu jeder Zeit eigene Gesetze. Ihnen aus dem Wege zu gehen, empfinde ich als altmodisch oder konformistisch. Natürlich können Werte vorhanden sein, von denen man sich nicht trennen sollte. Aber man muß die Verfahren wählen, die unserer eigenen Zeit gerecht werden. Andere zu kritisieren oder anzugreifen ist nicht ausreichend, um sich selbst zu profilieren. Hier schließt sich der Kreis. Der Bumerang der eigenen Einstellung kehrt in meine Hände zurück. Jeder Schritt – auch der meine – ist wie jedes neue Tor ein Versuch. Vergangene Erfolge zählen nicht. Der einmal gefundene Weg, die einmal gelungene Interpretation ist zu vergessen. Wandern ist das Ziel.

Zugaben

Auf meinen ersten Rußlandreisen spielte ich nicht selten ein Repertoire, das das Publikum überforderte. Neben der mir nahestehenden Musik wollte ich vergessene Werke und soweit wie möglich Neues berücksichtigen. Das sorgte im Laufe der Jahre für ein gewisses Image. Damals schon legte ich viel Wert auf einen ganz und gar erfüllten Abend, wollte die Zuschauer auch noch mit der einen oder anderen schmissigen Zugabe erfreuen. Mit meinen Partnern nannte ich diesen Teil des Engagements: „Eröffnung des Buffets."

Tatsächlich wurde es uns zur Gewohnheit, das Unterhaltungsbedürfnis des Publikums zu befriedigen und die Stimmung noch etwas anzuregen. Ich wollte es aber nicht nur mit virtuosen Solostücken wie „Die letzte Rose", „Erlkönig" oder Paganinis „Capricci" erreichen. Unsere Encores waren Versuche, klassische Musik aus ihrer ideologisch verfestigten Aura zu befreien. In Rußland gehörten zu unseren humorvollen Zugaben populäre Stücke wie die Oginski-Polonaise oder das von Kreisler bearbeitete russische Volkslied „Ej uchnem". Einmal spielten wir mit Andrej Gawrilov zum Jahrestag der Oktoberrevolution übertrieben enthusiastisch und dekoriert mit einer Papierblume die Ouvertüre zum Film „Kinder des Captains Grant", ein Motiv aus unserer Kindheit. Geschrieben hatte sie Isaak Dunajevski, ein Komponist sowjetischer Filmmusik der dreißiger und vierziger Jahre und ein Meister des ihm wie allen anderen aufgezwungenen Pseudo-Patriotismus.

Dunajevski, einer der bekanntesten, optimistischsten Filmmusiker seiner Zeit, trug mit seinem Stil ungewollt dazu bei, dem von Stalin propagierten Sozialistischen

Realismus zum Durchbruch zu verhelfen. Er war ein sehr begabter Musiker, der unter anderen Umständen möglicherweise dieselbe zündende Musik zu anderen Zwecken geschrieben hätte. Auch ihn konnte man gewissermaßen als Opfer des damaligen politischen Regimes ansehen.

Zu den beliebtesten Werken beim Publikum gehörte ein Boccherini-Menuett, das wir in einer Fassung für zwei Violinen humorvoll parodierten. Auch eine Schostakowitsch-Romanze aus einer Filmmusik (abgesehen von Beethovens „Appassionata", die der Führer des Weltproletariats, Wladimir Iljitsch Lenin, angeblich mochte) war eine Zeitlang das obligatorische Paradestück aller Parteikonferenz-Konzerte, und wir amüsierten uns auf öffentliche und doch versteckt ironische Weise darüber sehr. Zugaben gehörten zu den Phänomenen sowjetischer Kultur. Kaum jemand wird sich auch nur an ein Konzert mit sowjetischen Künstlern oder Orchestern erinnern, die keine Zugabe spielten. Im Laufe der Jahre wurden sie gewissermaßen zum Gradmesser des Erfolges. Auf alle Fälle in Rußland, aber eben nicht nur dort. Je mehr Encores, desto überzeugender der Abend; eine Einstellung, die im Virtuosenzeitalter des 19. Jahrhunderts ihre Wurzeln hat, aber natürlich auch im Erfolgszwang der totalitären Ideologie.

Ich versuchte nach und nach die gewählten Stücke mehr auf ein von mir bestimmtes Gleis zu lenken. Ich wollte Abwechslung in die glänzenden, technisch schwierigen Demonstrationen bringen. Ich sah darin eher eine Fortsetzung, Weiterentwicklung oder einen Kontrast zum eigentlichen Konzert: Die Zugabe als Ausrufe- oder Fragezeichen zum Schwerpunkt des Programms und bisweilen als witzige Pointe. Auch reichhaltige Mahlzeiten werden oft mit einem Digestif oder einer krönend leichten Nachspeise abgeschlossen. Unlängst fragte mich eine junge Musikkritikerin in Moskau, ob ich denn immer vorhätte, „solche" Zugaben zu spielen? Sie meinte, es handle sich um Kitsch. Offenbar erlebt die mir noch so vertraute Doppelbödigkeit des Spaßes in Rußland zur Zeit keine Renaissance. Wenigstens nicht im offiziellen Musikleben.

In Orchesterkonzerten wird das Problem Zugaben nicht selten von der Spielfreude und -bereitschaft des Solisten bestimmt. Ein Bach-Satz, eine Ysaye-Sonate, eine Chopin-Etüde oder Rachmaninows „Prelude" – die beiden letzten für Pianisten – gehören zu den oft genutzten Möglichkeiten. Ich begnügte mich nicht damit. Mit Freude erinnere ich mich bei dieser Gelegenheit an den Einfall, mit Martha Argerich als Partnerin ein kurzes, dreihändiges Strawinsky-Klavierstück vorzutragen. Zu meinem Buffet gehörten „Der Tierkreis" von Stockhausen, eine Schubert-Polonaise, Piazzolla-Tangos oder Webern-Stücke.

Hie und da muß man damit rechnen, daß die Partner im Konzert, aus welchen Gründen auch immer, keine Zugaben akzeptieren wollen. Konflikte dieser Art hatte ich in Jerusalem mit Lenny Bernstein auszufechten und in Wien mit Thomas Schippers. In beiden Fällen wurde mein Interesse an Zugaben als Anmaßung eines jungen Musikers eingestuft. Bei Wiederholungen des Programms wurde ich von weiteren Aktionen dieser Art, zu Recht oder Unrecht, abgehalten.

Auch ein Orchester kann rebellieren. Das mußte ich während einer Europa-Tournee mit dem außerordentlich professionellen, künstlerisch aber widersprüchlichen amerikanischen Orpheus-Ensemble feststellen. Diese Gruppe machte das Spiel ohne Dirigenten zu ihrem Prinzip; Demokratie um jeden Preis. Jeder Musiker besaß angeblich die gleichen Rechte, einige – die ständigen Mitglieder – freilich noch ein wenig gleichere. Oft dauerten die Diskussionen über Verfahrensweisen länger als das Spielen selbst. Die Entscheidungen wurden von einem Komitee getroffen, das die Gruppe als eine Ansammlung von Solisten betrachtete. Die Möglichkeiten, sich selbst zu präsentieren, blieben uneingeschränkt, auch in den Zugaben, nicht aber diejenigen des Gastes. Im Zweifelsfall verließ das Orpheus-Ensemble schnellstens die Bühne.

Bei größeren amerikanischen Orchestern spielte nicht selten auch die Zeit eine bestimmende Rolle. Wie in einer Fabrik wird das Orchesterleben in den USA von Gewerkschaften beherrscht, für die vereinbarte Regelungen und Paragraphen wichtiger und entscheidender zu sein scheinen als der aktuelle künstlerische Anlaß. Die Musiker freuen sich zwar, ein „Overtime"-Geld für die Leistung des Solisten zu bekommen, nicht so die Manager, die die zusätzlichen Ausgaben für den Rest der am Konzert Beteiligten finanzieren müssen. Ich denke auch an einen Berliner Veranstalter, der Martha und mir eine Zugabe untersagte, weil er sonst mit dem Garderobepersonal in Schwierigkeiten gekommen wäre. Oder an das Wiener Burgtheater, wo wir vor kurzem nach einer Hommage à Piazzolla sogar behindert wurden, die Bühne zu betreten. Es war 23 Uhr – und die Gewerkschaften stärker als das Publikum.

Zugaben sind im eigentlichen Sinn des Wortes zusätzliche Gaben und werden meist nur von denen geschätzt, die für ihre Karte noch etwas bekommen. Es kann sich aber auch eine Art von Ritus daraus entwickeln, etwas, was man mit Recht zu fordern glaubt, und wo man mit Unzufriedenheit reagiert, wenn das Encore einmal ausfällt. Eine Gabe aber ist nur dann eine, wenn sie freiwillig erfolgt. Sinnvoll oder anregend sollte sie natürlich auch sein.

Ein Aufruf

Liebe Freunde! Ich danke Ihnen, daß Sie sich die Mühe nehmen, mich anzuhören. Ich wende mich heute an Sie mit einer ausdrücklichen Bitte. Es geht um Violinmusik. Schalten Sie in meiner Gegenwart nie Geräte ein, die Violinaufnahmen wiedergeben. Sie müssen wissen, daß mein Ohr und mein ganzes Wesen mitspielen, naturgemäß dann, wenn es sich um meine eigenen Produktionen handelt. Wenn wir uns treffen, will ich mich mit Ihnen unterhalten, essen, Spaß haben oder auch Probleme lösen. Die vertrauten Töne der Geige hindern mich aber daran. Die Ohren sind automatisch auf Empfang gestellt. Kein noch so schön und sorgfältig zusammengestelltes Menü wird meinen Magen erfreuen, auch der interessantesten Idee wird es nicht gelingen, in die Nähe meines Bewußtseins vorzudringen, und der spritzigste Witz wird mich nicht zum Lachen bringen. Alles wird vom Register des unteren G bis zum oberen C übertönt.
Sie sind doch meine Freunde, deshalb bitte ich Sie, zu tun, was ich sonst in Restaurants mache. Ich spreche mit dem Maître d'hôtel, damit er die Musik austauscht. Ich kann wirklich jede akzeptieren, außer derjenigen, die für Geige komponiert wurde. Ich bitte Sie, mich nicht in einen Fahrstuhl mit tönenden Bach- oder Vivaldi-Konzerten einsteigen zu lassen. Ich könnte sogar das Hotel wechseln, wenn im Management ein rigoroser Musikliebhaber sitzt, der ein Konzept für einen besonders schönen Klangteppich ausgearbeitet hat. Versuchen Sie auch zu verstehen, daß das Auflegen meiner letzten Aufnahme im Augenblick meines Erscheinens dem Abend keine Chance läßt.

Zum Schluß ersuche ich Sie, eine Gesellschaft zu gründen, deren Ziel es ist, die Musiker vor den Klängen zu schützen, die sie selber produziert haben. Ich bin bereit, Mitglied zu werden. Ich bin sicher, daß ich nicht der einzige sein werde, der dafür sogar eine Beitrittsgebühr zu zahlen bereit wäre. Für die meisten meiner Kollegen – sogar für die narzißtischen unter ihnen – gibt es Grenzen der Selbstbewunderung. Diejenigen, bei denen kein Limit besteht, haben ja schon ihre Gesellschaften.

Im Räderwerk

Die Abgeschlossenheit der Musikerfamilie – oft ein Fluch und keine Freude – wird selten gestört. Die Gesprächspartner sind zum großen Teil ebenfalls Musiker – ehemalige und zukünftige. Man befindet sich auf den Spuren von Musikern in Biographien, Briefen, Besprechungen bis hin zu Trivialem, zu Anekdoten und alltäglichem Klatsch. Man lebt unter Musikern, nicht nur weil man mit ihnen arbeitet, sondern auch weil man mit ihnen befreundet ist und untereinander heiratet. Es ist umständlich, sich in einem etwas weiteren Interessenkreis zu bewegen. Einigen gelingt es dennoch, Ausflüge in die Nachbargefilde der Musik zu machen, wie Alfred Brendel und Valery Afanassiev zur Literatur oder Dietrich Fischer-Dieskau zur bildenden Kunst. Es gibt auch erfolgreiche Kollegen, die gerne den Aktienmarkt verfolgen oder sich für Politik interessieren.

Auch ich verweile meistens in der tönenden Welt, habe selten Möglichkeiten, andere Interessen mehr als in Gedanken auszuleben. Sicher, in vielen Berufen, bei Ärzten, Schauspielern oder Wissenschaftlern, herrscht die gleiche Krankheit.

Den eigenen Schmerz spürt man aber mehr, auch wenn man dessen Symptome eher zu verdrängen geneigt ist. Es ist mir ein Bedürfnis zu fordern, über den eigenen Tellerrand hinauszublicken, zu versuchen, die Welt in ihrer Gesamtheit zu erfassen.

Und das bedeutet auch: etwas für Menschen zu bewirken, die in Not sind und uns brauchen – Leidende, Hungernde, Einsame. Damit könnten wir zugleich etwas für uns selbst tun. Weil die Öffnung nach außen auch die professionelle Eifersucht lindert, an der wir leiden, dem Mangel an Kenntnissen abhilft, der uns plagt, die Einsamkeit vertreibt, die die Fixierung auf Musik bewirkt.

Zeit zum Erwachen.

Die Begabung und ihr Drama

Als ich im Flugzeug bei meinem Nachbarn das Buch „Drama des begabten Kindes" von Alice Miller sah, war mir das Thema noch nicht so bewußt geworden. Der Titel wirkte jedoch anregend, und ich erkannte bald darin die Symptome eigener Sorgen; als habe sich eine bekannte Welt wieder zu Wort gemeldet. Von jenem Augenblick an verfolgte ich die Veröffentlichungen auf diesem Gebiet, las alles und sah in vielem mich als kleinen Jungen, der gerade wegen seiner Begabung und dem Druck, den die liebenden Eltern auf ihn ausübten, zum Geiger wurde. Ich spürte das Problem, zugleich beschäftigte mich das Ausmaß dieses Dramas. Trotz aller Zuwendung erlebte ich den Zwang meiner Eltern; über mein Schicksal und meinen Beruf wurde – wie ich es oft formuliert habe – „schon vor meiner Geburt entschieden". Im Laufe der Jahre wurde mir bewußt, daß in meiner Kindheit viele meiner Interessen und vieles in meinem Wesen unterdrückt oder nicht verstanden wurde. Es war der Terror des Arbeitszwanges, der Ordnung, des Ideals, nach Erfolg zu streben. Und doch – vielleicht dank der Begabung – ging der Freiraum nicht ganz verloren, meinen eigenen Charakter zu suchen, zu entdecken und zu entwickeln. Dabei waren das großzügige Herz meiner Mutter, trotz zwanghafter Züge auch die Zuneigung meines Vaters, die Liebe meiner Großmutter und das Außergewöhnliche meines Großvaters von eminenter Bedeutung. Oft schwieg ich, erhob aber anderseits meine Stimme, wenn es um meine eigenen Interessen ging, ob es sich nun um Basketball, Violin-Repertoire, um Film oder die Suche nach einem Freund oder einer Freundin drehte.

Ich habe mich dagegen gewehrt, nur das zu sein, was man von mir erwartete. Mit der Zeit gelang es mir, gegen alle – das Zuhause, die Schule, den Staat – eigene Töne, wenn auch nicht immer die erwartet „perfekten", zu finden. Mir wurde aber auch bewußt, daß diese Überlebenskunst des „Ichs" ein Geschenk war. Viele andere gingen und gehen zugrunde, weil sie den Wünschen von Eltern, Lehrern, Managern, Kritikern gehorchen. Mangel an Phantasie, Eigensinn, Willen und die Schwierigkeiten im Lebenskampf führen zu Imitation, Frust und Vorurteilen. Da sie bei sich selbst das Kreative vermissen oder, noch schlimmer, die erlebte Unterdrückung weitergeben, zwingen sie, einmal im Besitz der Macht, die Mittelmäßigkeit – man denke nur an die Juroren mancher Musikwettbewerbe – und eine entsprechende Ethik ihren Schülern, dem Publikum und manchen Kollegen auf.

Es geht nicht darum, die noch lebenden Urheber der Misere zu beschuldigen, um sich selber zu befreien oder gar all das nicht Erreichte, jede erlebte Erpressung zu bedauern und jede Leidenserfahrung oder gar Selbstmitleid auszukosten. Es wäre fatal und schließlich auf eine andere Art gefährlich; der Beginn einer neuen Lähmung und Einengung des Lebensraums. Keine Schuldgefühle, sondern Verstehen der Ursachen für all diese Probleme sollte den psychischen Knoten lösen. Dabei könnten systemgebundene Therapien – sogar solche wie die von Frau Millers Anhängern und Adepten –, wenn sie als „einziger Weg der Befreiung" hochstilisiert werden, freilich neue Gefahren beschwören. In einem totalitären Staat aufgewachsen, bin ich allergisch gegen alles, was in eine Zwangsjacke von Ideen gesteckt wird. Um die wirklich nützliche und notwendige Lösung zu finden, müßte man einsehen, daß sie Zeit in Anspruch

nimmt. Nur so ginge man dem Problem auf den
Grund.

Alice Millers Bücher standen am Anfang meines Nach-
denkens über eine unter Musikern weitverbreitete
Krankheit. Wir sind nicht nur privilegiert, wir sind oft
auch Opfer unserer Eltern und unserer Begabung.
Selbstverständlich gehen viele von uns erfolgreich durchs
Leben, gewinnen Anerkennung und Autorität. Es geht
hier aber nicht um Äußerlichkeiten. Wenn ich über
einige meiner Freunde nachdenke, ihren Drang sehe,
überall zu sein, überall zu spielen, nichts zu versäumen
und die Erfolgsparanoia durch Überempfindlichkeit
kritischen Bemerkungen gegenüber zu kultivieren,
mache ich mir Sorgen. Weil das Falsche dieser Lebens-
weise – trotz Glamour, Ansehen, hoher Gagen – offensichtlich ist, weil es sie in der Nacht quält, auch wenn
sie sich am nächsten Morgen stolz ans Steuer ihrer
Limousine setzen, um einen weiteren Beweis ihrer
Wichtigkeit, ihrer Bedeutsamkeit zu liefern. Die unge-
lesenen Bücher, die nicht erlebte Natur, die Unfähigkeit, anderen zuzuhören, weil sie selbst immer sprechen müssen, all das sind Zeugnisse eines gestörten
Verhältnisses zur Welt und zu sich selber. Wenn ich
hier eine Variation über Alice Millers Thema auf meine
Art improvisiere, so nicht etwa, um mich über Autorität zu erheben oder gar über Kollegen den Stab zu
brechen. Es ist etwas, das mich beschäftigt, weil es mir
selbst vertraut ist und auch mich betrifft.

Das Bedürfnis, Alice Miller kennenzulernen, entstand
zu einem Zeitpunkt, da ich mich in einem ungelösten
privaten Konflikt befand. Ich wollte meinem Anteil
daran nachgehen, wollte versuchen herauszufinden, wo
ich als Opfer unfähig war, die Ursache zu verstehen.
Meine eigene Lebensgeschichte, von der ich mich ja

nicht distanzierte, war mir zwar bewußt, das Ausmaß der Wirkung meiner Probleme allerdings weniger. Ich war erfreut, als Alice Miller mich als Antwort auf meinen Brief anrief. Etwas in meinen Zeilen hatte sie berührt. Vielleicht versprach sie sich durch die Erfahrung mit einer ihr weniger bekannten Mentalität neue Ideen. Ein Treffen wurde vereinbart.

Der Abend war intensiv und wertvoll. Stunden vergingen, und Frau Miller hatte alle Geduld der Welt, mir zuzuhören. Wir haben uns in der anschließenden Zeit noch einige Male gesehen. Es war ein Kontakt, der selbst wie eine Therapie wirkte. Sie zeigte mir ihre unlängst entstandenen Bilder, brachte mich auf Artikel und Bücher, die wertvoll waren. Ich wiederum suchte nach einer Möglichkeit, ihr meine Musik näherzubringen.

Die Wirkung ihrer Persönlichkeit auf mich mag vielleicht am besten eine winzige Episode demonstrieren, die ich damals beim ersten Besuch in Zürich erlebte. Als wir spät abends auseinandergingen, sagte ich zu Frau Miller, ich würde mich sehr freuen, sie am kommenden Tag vor dem Abflug nochmals zu sehen, vielleicht bei einem gemeinsamen Mittagessen. Natürlich hätte ich Verständnis, wenn sie nicht könne. Ich sei auch so dankbar, daß das Treffen überhaupt möglich war. Sie müsse sich deshalb nicht verpflichtet fühlen, mir weitere Zeit zu widmen, weil ich eigens zu ihr gekommen sei. Alice Miller antwortete ganz einfach: „Wenn ich nicht gewollt hätte, hätte ich es nicht getan." Es wirkte auf mich wie die nächste Stufe auf der Treppe zu mir selbst.

Das Verborgene

Was überwiegt in einem menschlichen Leben? Das, was ein Mensch schafft, oder das, was für immer Wunschvorstellung und Hoffnung bleibt? Das Urteil darüber, was ein erfülltes Leben sei, wird wohl eher zugunsten des ersteren gefällt. Es gäbe aber gute Gründe, das größere Gewicht dem zweiten zuzugestehen. Wer kann schon den Raum der Phantasie messen?

Dennoch: Wieviel positive Energie – nicht selten aber auch destruktive – steckt in all dem, was wir uns seit der Kindheit vorgestellt haben! Aber so wie wenige Kinder sich zu Königen verwandeln, verlieren sich die meisten unserer Gedanken, Hoffnungen und Träume auf den überlasteten Lebensspuren. In einem Fall tauchen Lücken in der Begabung auf, im anderen fehlt der Treibstoff zur Überwindung finanzieller Hindernisse. Hier vermißt man die Courage, dort die Disziplin oder die richtige Betreuung. Das sind Gründe, die mehr oder weniger auf uns selbst zurückführen. Hinzu tritt noch die Gleichgültigkeit der anderen: Viele wollen nur ihr eigenes Leben, ihre Ziele verfolgen. Auf diese Weise spielen sich Dramen ab: Die Züge verfehlen ihre Geleise. Die phantomhaften Idealvorstellungen lösen sich in Untreue auf: gegenüber den eigenen Absichten oder den von uns Erwählten.

Wie oft bin ich außerordentlich talentierten Menschen begegnet. Die lange Freundschaft mit dem phänomenal geigenden Philip Hirschhorn begann schon bei meiner Ausbildung. Unsere Absichten und Ambitionen spornten uns gegenseitig an. Dann folgten die Jahre am Moskauer Tschaikowsky-Konservatorium. Allein das „Malaja Grusinskaja"-Studentenheim schien ein Universalzentrum für Talente zu sein. Viele dieser Talente waren so vielversprechend, ihr Einsatz für ihre Begabung total. Und dann? Nur wenige von ihnen konnten ihre Ziele erreichen. Und selbst sie brauchten Glück, wurden von Schutzengeln begleitet. Die andern aber, die, nicht weniger begabt, mit Herz und Seele dabei waren – wie traurig, daß es Philip nicht mehr gibt –, hatten mit bescheidenen Erfolgen zurechtzukommen und mußten versuchen, dabei nicht zu verbittern. Die Frage bleibt bestehen: Was zählt? Nur das Gelungene? Der Glamour des eindeutigen Erfolgs? Ich sage nein, auch wenn diese Behauptung im Angesicht eines sich materialisierenden Gelingens paradox erscheinen mag. Die Motivation, das Verborgene, die Knospe, die vielleicht aufgeht, das Gefühl, all das gehört zu den Lebensgeheimnissen. Träume, wie unergründlich auch immer, gehören nicht weniger zur Lebenssubstanz. Es ist mir ein Bedürfnis, mich dem, was nie in Erscheinung trat, zuzuwenden, nicht nur dem spürbar Gelungenen. Ich spreche dabei nicht ausschließlich von den Träumen am Beginn des Lebens. In den Vorstellungen von Kindern wechseln die Einfälle mit einer später kaum nachvollziehbaren Geschwindigkeit – Trommler, Basketballspieler, Feuerwehrmann oder Zirkusakrobat winken auf einem zukünftigen Lebensweg. Auch ich wollte alles das werden. Aber so wie für guten Wein nur die besten Trauben taugen, müssen sich auch Absichten noch der Auslese unterwerfen. Sie gelingt vor allem dann, wenn sie im Laufe der Zeit von den Kindern selber durchgeführt wird. Die Lebensumstände erzeugen genügend Chancen wie Hindernisse; als Betreuer müssen wir uns nur darum bemühen, Kindern den Glauben an ihre eigenen Kräfte zu stärken. Die eigene Erfahrung – auch wenn ich im Elternhaus viel von diesem Kraftstoff erhielt – lehrt: Das eine oder andere bleibt auf der Strecke. Ich will nun versuchen, mich nur auf das zu konzentrieren, was mit dem Künstlerischen zusammenhängt.

Hier drei Blicke:

1971. Nach und nach nähere ich mich der Kammermusik. Die Klänge, die Ober- und Untertöne von Mozarts Welt überwältigen mich. Die georgische Pianistin Eliso Wirsaladse bildet dazu einen Anziehungspunkt. Die Klavierkonzerte, in denen sie ihre Impulsivität und natürliche Empfindung hervortreten läßt, wecken in mir den Wunsch, mit ihr zusammenzuarbeiten. Wir proben, unterhalten uns, tauschen Bücher aus, einmal reise ich sogar nach Tiflis. Mein Engagement scheint übertrieben zu sein und ist einem Verliebtsein ähnlich, nur hat es ausdrücklich mit den Tönen zu tun: mit Wolfgang Amadeus Mozart.

Eliso macht bis zu einem bestimmten Tag mit. Dann läßt sie das Projekt plötzlich fallen. Vielleicht ist sie über mein Können enttäuscht oder will sich vor meinen Phantasien schützen. Jedenfalls wird sie von ihrem Klavierprofessor zur Absage bewegt. Vielleicht bin ich mit meiner Aufdringlichkeit oder meinen eigenen unvollkommenen Mozart-Tönen der Grund dieses Verlaufs gewesen. Die Narbe aber bleibt. In der Welt der Vorstellung herrschen andere Gesetze als Gerechtigkeit. Die Engelssprache kann nicht übersetzt werden.

In den achtziger Jahren schien es mir unabdingbar, eine ständige Besetzung zu bilden: Yo-Yo Ma, Kim Kashkashian und ich, zuerst als Trio und dann mit Daniel Philips als Quartett. Alle waren wir vom Quartettspiel fasziniert. Natürlich entstanden Terminschwierigkeiten. Besonders bei Yo-Yo und mir, jeder hatte

275

seinen Konzertkalender voll mit Engagements. Trotzdem planten wir, uns pro Jahr zwei bis drei Wochen zu treffen, und besprachen auch schon die nächsten Programme.

Es wurde nie etwas daraus. Die letzte Europa-Tournee als Streichtrio wurde Woche um Woche neu in Frage gestellt. Ein Team, das mit soviel Gemeinsamkeit und Interesse genährt wurde, zerfiel kurz danach der Sensibilitäten wegen, die sich im undurchschaubaren Raum der persönlichen Verhältnisse abspielten. Ein bitterer Nachgeschmack färbt bis heute das Verlorene, den vergeblichen Versuch, unsere Idealvorstellung vom Quartettspiel zu verwirklichen. Die Aufnahme des New Yorker Konzerts bleibt somit das erste und letzte Dokument eines Projekts, das sich im Alltag in Luft auflöste, jedem der Mitglieder dieses Klangkörpers seine Eigenständigkeit zurückgebend. Auch die Verluste können nur in der Vorstellung kalkuliert werden.

Im Jahre 1988 wurde ich gebeten, in New York ein Unternehmen zu leiten: die Kammermusikserie der „Brooklyn Academy of Music".

Mich faszinierte nicht so sehr, dadurch ein zusätzliches Terrain für Kammermusik zu finden, sondern die Institution als Basis für ein Vorhaben benutzen zu können, das eine Art Festival für kleine Besetzungen in sämtlichen Kunstgenres hätte werden sollen. Das Vorhaben war vielversprechend. Japanisches Theater sollte genauso präsentiert werden wie der großartige Mime Lindsay Kemp und seine Truppe, Spirituelles aus der Bronx wollte ich mit Leonid Czishyks Jazz aus Moskau an einem Abend zusammenführen, Haydns „Sieben Worte" sollten mit Lesungen von Joseph Brodsky verbun-

276

den und Arthur Louriés Werke mit Igor Strawinskys Kammeropern unter ein Dach kommen.

Regelmäßig traf ich den Vertreter der Academy, Harvey Lichtenstein, der als Unternehmer der New Yorker Szene gut bekannt ist. Die Einladungen wurden verschickt, meine Freunde von Lockenhaus bis Tokio mobilisiert, Verhandlungen mit Künstlern aus Moskau und Pakistan geführt. Der Druck des Prospektes vom „Chamber Art Festival" rückte in die Nähe – im Verlaufe von zehn Tagen sollten im März sechsundzwanzig Vorstellungen stattfinden. Abonnements wurden in Erwägung gezogen.

Im Dezember war ich in Kanada auf Tournee. Die Ausrichter besuchten mich, um letzte Details für das Layout der Broschüre zu besprechen. Am darauffolgenden Tag kam ein Anruf von Harvey, der mit seiner Mitteilung wie eine kalte Dusche wirkte: Die Sponsoren stiegen aus, wir bekämen kein Geld. Versuche, das Festival zu reduzieren, zu halbieren oder zu verkleinern, scheiterten. Das Projekt platzte wie ein Luftballon – eine sehr amerikanische Angelegenheit, mußte ich lernen.

Und wieder. Was blieb? Die Erfahrung, daß ein gewagtes Unternehmen das gleiche Schicksal erlitt wie der nicht gespielte Mozart, das nicht verwirklichte Quartettprojekt. Eine Idee starb: nie konkret geworden, nie erlebt, gesehen oder gehört.

In mir selber lebte sie weiter und ordnete sich in der Erinnerung in die Liste der nicht erklungenen Musik ein, der nie zustande gekommenen Projekte, die das gleiche Los erlebten oder noch erleben würden:

– die Aufnahme mit Glenn Gould,
– das Treffen mit Astor Piazzolla,
– die Arbeit mit Friedrich Gulda,

- der zweite Versuch, in anderer Besetzung mit Annette Bik, Cathy Metz und Clemens Hagen ein Quartett zu gründen,
- Das Tripelkonzert von Beethoven mit Misha Maisky/ Martha Argerich/Lenny Bernstein sowie unsere Trio-Tournee, über die fünfzehn Jahre diskutiert wurde,
- und noch einiges mehr, wie der Traum der Jugend, Regisseur zu werden, ein Stück zu inszenieren, einen Film zu drehen...

Im Vergleich zu all dem Verwirklichten vielleicht ein schmaler Katalog. Es ist mir aber ein Bedürfnis, festzuhalten, daß die Werte in einem selber liegen und die Umstände sie nur ans Tageslicht bringen. Was nicht bedeutet, daß man auf sie lediglich warten soll. Die Fähigkeit, im richtigen Augenblick, am richtigen Ort mobil und kreativ zu sein, entscheidet den Ausgang nach der einen oder anderen Richtung. Was für ein wichtiges Ziel – diese Bereitschaft in sich zu entwickeln, die Unverdorbenheit der Absichten zu behalten, die Ambitionen zu bewältigen, die Eifersucht zu dämpfen und der Sache sowie seinen eigenen Gefühlen treu zu bleiben. Das empfehle ich allen, die sich nicht mit der Norm begnügen und nicht am Leben vorbeigehen wollen. Die innere Welt steht nicht im Scheinwerferlicht, aber ihr Leuchten ist stärker als das Rampenlicht – auch im Privaten. Die einst Geliebten wie die Verstorbenen führen das Gespräch mit uns weiter, gelegentlich kann es intensiver empfunden und erlebt werden als die aufgezwungene oder vermeintlich notwendige Konversation mit unseren vitalen Begleitern.

Was bleibt?

Die Frage – „Was bleibt eigentlich, was ist der Wert der Dinge, wohin strebt die Seele?" – verfolgt uns alle. Und die Antwort, so komplex sie angesichts der Vielzahl der Möglichkeiten, Charaktere und Schicksale auch sein mochte, könnte lauten: „Alles, was man gibt, verschenkt, teilt, opfert, hat eher die Chance, Sterblichkeit zu überwinden." Ideen oder Taten, die von anderen weitergetragen, gedacht, gefühlt werden, führen in den Kreislauf des ewigen Gebens.

Das betrifft uns, als diejenigen, die etwas bekommen haben. Es betrifft aber auch jene, die noch die Möglichkeit haben, andere zu beschenken. Ich spreche von der Haltung, von der Geste, der Absicht, und meine in Wirklichkeit nicht weniger als alles, was mit Tönen, Musikberuf und Kunst zu tun hat. Auch das nicht-veröffentlichte Manuskript kann eine Gabe sein. Es hat die Potenz zu vermitteln, aufgefangen und bewundert zu werden. Es trägt sich mehr oder weniger verschlüsselt in die Schwingung von Freude und Leid des Schaffenden ein. Bei Noten wie bei Worten, die nicht mit Leben erfüllt sind, schlägt kein Puls. Wenn er es aber tut, kann er aufgenommen werden und weiterklingen. Will sich derjenige, der diesen Impuls aufgreift, nur damit schmücken, atmen die Töne nicht, sie vermitteln eher eine tote Schönheit. Das ist noch keine Musik, es sei denn, sie stellt, wie im vierten Violinkonzert von Alfred Schnittke, eine Art Reflexion über artifizielle Rituale und Klischees dar; er nannte sie „geschminkte Leichen". Die Musik beginnt nur, wenn man sich selber vergißt, aufopfert, das Weiterschwingen sucht. Applaus ist nicht mehr als ein Rückenwind oder ein gesetzmäßiger Schatten. In Erinnerung: Abende, an denen es – meist aus bestimmtem Anlaß – überhaupt keinen Applaus gab. Die Töne, die Gemütern verschiedenster Art etwas mitteilen, sprechen für sich: über die ersehnte Harmonie, die Vergänglichkeit des Augenblicks oder die Überwindung der irdischen Last. Glücklich ist derjenige, der dabeisein kann – der Interpret als Vermittler, der Zuhörer als Empfänger. Nur das ist wichtig. Alles andere, Orden und Medaillen, Honorare und Werbung, Lobgesänge oder Verrisse, Ovationen und Buh-Rufe, spielt keine Rolle. Die Mission ist erfüllt, wenn man dem Vogel zum Fluge verhilft, ihn beobachtet und bewundert. Und andere auf diese Möglichkeit hinweist. In der Kindheit war es „Carmen", die mir die Liebe so frei wie einen Vogel erscheinen ließ. Obwohl diese Freiheit nicht nur in der Oper einen hohen Preis verlangt, bleibt sie das einzige, was zählt. Worin besteht sie aber selber, die so einzigartige Göttin des freien Flugs? Sie verwirklicht sich ohne Anspruch auf Gewinn oder Guthaben. Die Mutter bringt das Kind zur Welt, aus einem Teil von sich. Der Vater sieht im Kind eine Fortsetzung der eigenen Existenz; seine Kräfte hat er dem Gesetz der Unendlichkeit gewidmet. Jeder trägt etwas Vergangenes in sich. Aber auch die Zukunft. Dabei kann man nur kurze Distanzen auf Kosten anderer, ob Eltern, Lehrer, Manager, Mäzene oder gar des Publikums überwinden. Jedem ist es selbst überlassen, seine Aufgabe zu erfüllen oder seine Fähigkeiten brachliegen zu lassen. Erfolg allein gilt noch nicht als Indiz für den richtigen Weg. Schließlich ist nicht einmal die Quantität oder die allgemeine Anerkennung des Erreichten wichtig. Geben trägt Früchte, auch wenn es nur einer einzigen Seele das Herz erleichtert. Musik kann trostvoll sein, wenn sie einem Menschen etwas bedeutet. Der Rest ist eine Tafel mit der Aufschrift: „Es lebte ein Spielmann, er hieß ...“

Wege

In den anderen und in der Welt sucht man, was einem entspricht; mit allen Unsicherheiten, Freuden, Überzeugungen, Einschätzungen. Die Welt aber bleibt stumm. Sie beobachtet die Schwingungen der Gefühle mit stolzer Gleichgültigkeit. Ab und zu eilt ein Mensch vorbei und gibt einen Ton von sich, dem eigenen ähnlich. Schon ist er fort, schon umarmt einen wieder die Stille. Schmerzen und Schlaflosigkeit: ein Teil des Ganzen. Die Verzweiflung: ein Tropfen im Meer. Der Tod: eine Begleichung der Rechnung, in der die Herausforderung als Täuschung abgeschrieben wird. Ambitionen, Hoffnungen, Begeisterung. Alles findet die Ruhe im Jenseits.

Erkenntnis hilft, löst aus, regt an. Jeder Augenblick: ein Splitter des Vergänglichen. Aber die verschiedenen Splitter verbinden sich nicht. Hie und da deuten sie allenfalls eine Berührung an.

Schwerelosigkeit der Versuche. Chaos der Möglichkeiten.

Gelegentlich entblößen wir uns. Aber die anderen bleiben verschlossen. Worte verwirren, Gesten täuschen. Gefühle lösen sich auf. Nur die Töne schwingen in einer Sprache, die Gemeinsamkeit durch Öffnen des Herzens signalisieren kann. Wenn sie gefunden werden. Wenn sie jemand wahrnimmt. Wer hört? Wer fühlt mit? Oft frage ich mich, wo ein Herz ähnlich schlägt. Und der Versuch einer Antwort lautet: dort, am anderen Ende des eigenen Tons.

EPILOG

Vor einiger Zeit besuchten Alexandra und unsere Tochter Gigi zum ersten Mal gemeinsam Euro-Disney in Paris.

In einem der „Wunderhäuser" mit Motiven aus Schneewittchen erinnerten mich das Rattern, das Bremsen, die Gespenster und die Geräusche an meine Beschreibung zu Beginn der „Obertöne".

Die Realität hatte die Reflexionen wieder eingeholt.

Gigi saß neben uns und jauchzte vor Freude. Ihre Augen strahlten. Sie wußte gar nicht, wohin mit all den Wundern. Sie kannte ja das Märchen, hier aber war es belebt, erkennbar, in vielen Details nahezu greifbar.

Wir freuten uns mit ihr. In ihrem Leben – sie ist jetzt erst drei Jahre alt – wird es wohl noch viele Märchen geben. Nicht nur in Disneyland, so hoffen wir.

Meine Gedanken drehten sich weiter: Gigis Lächeln wirkte unverkrampft, unbelastet. Es war – die Unschuld selbst. Wie in vielen Kindergesichtern, auch jenen, die wir in Rajastan erlebten, leuchtete in ihr etwas Engelhaftes. Nicht Wissen oder erworbene Kenntnisse, nicht die überwundenen Hürden eines längeren Lebenswegs, nicht die gesuchten oder behaupteten Ideen könnten jedoch den Zustand besser wiedergeben, der ihr bekannt, vertraut, selbstverständlich erschien. Ihr Lachen war wie Musik.

Nun wußte ich, wo Obertöne ihren Anfang nehmen.

NAMENREGISTER

Abbado, Claudio 134, 160,
170–176, 214
Accardo, Salvatore 68, 164
Adams, John 52, 141, 201
Adorno, Theodor 124
Afanassiev, Valery 47, 267
Agri, Antonio 197
Amnuel, Grigory 60
Anderson, Laurie 248
Argerich, Martha 104, 231, 256,
263, 264, 278
Ashkenazy, Vladimir 227

Bach, Johann Sebastian 22, 23,
30, 100, 116, 117, 118,
168 f., 221, 225, 235, 237,
263, 265
Barenboim, Daniel 188
Bartas, Sharunas 131
Bartók, Béla 157, 221
Baschkirowa, Elena 30, 106,
132, 147 f., 157
Bashmet, Yuri 135
Baudouin, König von Belgien 111
Beethoven, Ludwig van 23, 28,
73 f., 101, 104, 136, 170 f.,
192, 221, 223 f., 225, 233,
235, 262, 278
Benedetti Michelangeli, Arturo
154, 196, 254
Berg, Alban 102, 156, 163, 176,
221
Bernstein, Leonard 112,
139–146, 168, 178, 188, 197,
263, 278
Beyerle, Hatto 177
Bik, Annette 278
Boccherini, Luigi 262
Bodenheimer, Aron 41
Böll, Heinrich 34
Boulanger, Nadia 199
Boulez, Pierre 141
Brahms, Johannes 13, 136, 142,
168, 186, 188, 217, 223, 224,
225, 235

Brecht, Bert 122
Brel, Jacques 109
Brendel, Alfred 267
Britten, Benjamin 121, 223
Brock, Rainer 174
Brodsky, Joseph 276
Bulgakow, Michail 259
Busch, Adolf 223
Busoni, Ferruccio 224

Callas, Maria 9, 150, 260
Carrera, José 49
Carroll, Lewis 154
Casals, Pablo 225
Celibidache, Sergiu 40
Chailly, Riccardo 52
Chaplin, Charlie 248
Chopin, Frédéric 77, 93, 188,
233, 263
Cliburn, Van 109
Cocteau, Jean 76
Czishyk, Leonid 276

Damme, Charlie van 248
Dante, Alighieri 231
Davis, Colin 163, 168
Demitschev, Pjotr 57
Denissov, Edison 190, 194
Desyatnikov, Leonid 248
Dohnányi, Christoph von 51, 80
Domingo, Placido 49
Dovlatov, Sergei 33
Dubrovitsky, Vadim 200
Dukas, Paul 94
Dunajevski, Isaak 261 f.

Eicher, Manfred 131, 132
Elgar, Edward 121
Elisabeth, Königin von Belgien
111
Elizabeth, Königin von England
112
Enesco, George 164, 223, 224
Ernst, Heinrich Wilhelm 252
Eschenbach, Christoph 185

INHALT

MAGIER UND MEISTER